细讲中国历史

大国争霸与士的崛起

春秋

陈雪良 著

上海人民出版社

序

一

上海的郭志坤先生是我的多年老友。在十几年前世纪之交的时候，我同郭先生曾经有过一次非常愉快的合作，就是依照他的提议，共同编写了一本通俗讲述中国古代历史的图书，题为《中国古史寻证》，列入上海科技教育出版社"名家与名编——世纪初的对话"丛书出版。当时没有料到，这本书印行后博得相当不错的反响，使郭先生和我都觉得所作的一番努力是值得的。

以这件事为契机，郭志坤先生同我有不少次机会谈起历史学的通俗化问题。我们都认为，有必要组织编写一套系统讲说中国历史，将学术界的丰硕成果推广于大众的图书。郭先生精心拟出规划，并很快约请到多位学养深厚的作者，形成老中青结合的团队，投入了撰写的工作，其成果便是现在这套"细讲中国历史丛书"。

"细讲中国历史丛书"从夏商周三代写起，一直到最末的王朝清朝为止，全套共十二册。这套丛书的编写，贯穿了两条原则：就书的性质和对象来说，是"面向大众"；就书的体裁与风格而言，是"通俗化"。我认为郭志坤先生的这两条提得好，也提得及时。

先说"面向大众"。我近些年在不同场合屡次说过，历史虽不能吃，也不能穿，似乎与国计民生渺不相关，实际却是社会大众的一种不可缺少的精神需求。我们每一个人，不管从事什么职业，处于何种身份，都会自然而然地对历史产生一定的兴趣，这或许可以说是人的天性使然吧。一个人活在世界上，不但要认识现在，也必须回顾过去，这就涉及了历史。我从哪里来，又往哪里去，是每个人都会意识到的问题，这也离不开历史。人们不能只想到自己，还总会考虑到我们的国家和民族，这就更应该了解历史。社会大众需要历史，历史学者自当"面向大众"。

抗日战争时期，历史学前辈钱穆先生在西南联大讲授《国史大纲》，所撰讲义一开头便标举："当相信任何一国之国民，尤其是自称知识在水平线以上之国民，对其本国已往历史，应该略有所知"，"否则最多只算一有知识的人，不能算一有知识的国民。"历史学者的工作任务，不应只限于自身观察历史、探索历史，更有责任把所认识、所了解的历史，原原本本地告诉广大的社会大众，使大家对历史有应有的认识和必要的了解。

特别是在今天，当我们的国家、民族正在走向伟大复兴之际，尤其有必要推动历史学"面向大众"。中国有五千多年的文明历史，我们的先人创造了辉煌而且源远流长的文化，对人类的发展进步做出过丰富卓越的贡献。我们有义务把这样的史实告诉社会大众，提升大家建设祖国、走向世界的凝聚力和自信心，从而为今后人类的发展进步做出更多更新的贡献，这应当成为历史学者的襟怀和抱负。

再谈"通俗化"。"面向大众"与"通俗化"是结合在一起的，要想真正做到"面向大众"，历史著作就必须在语言和结构上力求"通俗化"。

说起"通俗化"，我联想到我国"二十四史"之首《史记》的作者司马迁。司马迁是学究天人的大学者，是"读万卷书、行万里路"的典范，然而他撰著历史，引经据典，还是在通俗上下了很大功夫。比如他论述唐虞以来古史，自然离不开《尚书》，而他本人曾受学于《尚书》博士孔安国，亲得古文《尚书》之学的传授，然而他在引用《尚书》时，对于古奥费解的字词，都采用意义相同的字来代替，这应该说是在"通俗化"方面的重要创意。另外，司马迁还尽力将史事的叙述情节化，使之活现于读者眼前，无愧于历史家的大手笔。这都是后人需要学习的。

必须说明，"通俗化"并不意味着降低历史学著作的学术水准。相反的，编写"通俗化"的历史作品，实际是对作者设立更高的要求，绝不是轻易就能够做到的。在这里，我还想附带说一句，即使是专供学术界专业阅读的论著，其实也应当（而且也能够）写得简明流畅一些。不少著名的前辈学者，例如胡适、郭沫若、冯友兰等先生，他们的著作不都是这样的么？

"细讲中国历史丛书"是"面向大众"的，并且在"通俗化"方向上作了很大的努力。郭志坤先生还说过："通俗，通俗，只有通，然后能俗。"这也很有道理。这十二册书是一个整体，作者们在上下五千年的一个"通"字上花费了不少精力，对于内容的构架和文字作风也下了一番苦功夫，相信这套书的读者都会体认到他们的用心。

李学勤

2014年8月17日

序二

我和李学勤先生在讨论历史学的通俗普及问题的时候，很自然回忆起吴晗先生。二十世纪五十年代末，吴晗以史学界权威和北京市副市长的身份，向学界提出："要求各方面的学者、专家也来写一点通俗文章、通俗读物，把知识普及给民众。"吴晗不仅撰文提倡，向史学界游说，还亲自主编影响很大的"中国历史小丛书"。这段回忆让我们萌发了组织编纂"细讲中国历史丛书"的打算。

当我向李先生提交了编纂方案后，他认为，这对以史鉴今、以史资政、以史励人是极有意义的事，很值得编纂。随后，我们又把多年酝酿的编纂构想作了大致的概括：突破"阶级斗争为纲"和"残酷战争"描写的局限，注重于阶层、民族以及世界各国之间的友好交融和交流的记述；突破"唯帝王将相"和"否帝王将相"两个极端的局限，注重于客观反映领袖人物的历史作用以及"厚生""民本"思想的弘扬；突破长期分裂历史的局限，注重阐述统一始终是主流，分裂无论有多严重，最终都会重新走向统一；突破中原文化中心论的局限，注重全面介绍中华文化形成的多元性和影响力；突破历朝官方(修史)文献的局限，注重正、野史兼用，神话传说等口述历史与文物文献并行；突破单一文字表述的局限，注重图文并茂，以考古文物图表佐证历史。

"细讲中国历史丛书"的编纂重在创新、面向大众和通俗化。李先生认为这一美好的愿望和构想，要付诸实施并非容易的事。他特别强调要组织专业队伍来撰写，并提出"让历史走向民众是史家们义不容辞的责任"。令我欣喜的是，精心撰写这部"丛书"的作者本身就是教师。他们中有的是学殖精深、卓有建树的史学名家，有的是常年立足于三尺讲台的传道、授业、解惑者，有的还是以"滔滔以言"享誉学界的优秀教育工作者，其中多为年轻的历史学博士。由这样一个教师团队来担当编写中国历史读物的重任，当得起，也信得过。

我们把编纂的原则性方案统一后，在同作者商议时遇上了某些疑虑：一是认为这类图书没有多大市场，二是认为通俗作品是小儿科，进不了学术专著之殿堂。经过一番调查分析后，我们取得了共识，一致认为，昨天的历史是创造明天的向导，从中可以汲取最好的营养，好的历史通俗读物是很有市场的，因为青年读者中普遍存在一种历史饥饿感。本套"丛书"的作者深感，编写中国历史通俗读物，历史工作者最有得天独厚的条件和义不容辞的责任。旅外学者得悉我们在编纂这套"丛书"，认为这是很有价值的，也很及时。美国纽约州立大学历史学博士张德文参加撰写并专门来信期待我们早日推出这套丛书。信中说："在知识大众化、数字化的年代，历史学者不应游离在这个历史进程之外。个人电脑以及智能手机的普及，大大促进了微知识的渴求。在此背景下，历史学者的通俗表述为微知识的传播提供了必要的积淀和范本。"行文虽然不长，但一语中的，说清了普及历史知识的重要性。复旦大学历史地理研究中心邹逸麟教授、华东师大历史系王家范教授等读了"丛书"的文稿后还专门撰文评说，认为这既是一套通俗的、面向大众的历史读物，又是一套严谨而富于科学精神的史著，对于广大读者学习和发扬中华民族的爱国传统、学习和发扬中华民族的奋斗精神，为推动中华民族复兴的中国梦早日实现很有作用。

这一切，让我们得到莫大的鼓舞。作者在通俗方面作了极大的努力，他们中的不少人在写作中进行了刻苦再学习。从史实的查证，到篇章的构架，再到文字的通俗易懂以及图片的遴选，都花费了他们大量的时间和心血。丛书采用章节结构的叙史形式，目的在于从目录中就一目了然书中的大概内容。中国历史悠久，史料浩如烟海，读史者历来有"一部二十四史，不知从何读起"之叹，讲史时"以时间为纲"，即可以从纷繁中理出头绪来，再辅之以"专题为目"，这样在史料取舍上就更加突出主题、把握中心。细讲中注重故事取胜，以真实的历史故事吸引人、感动人、启迪人。图文并茂也是本丛书通俗化的一途。中国历来重视"右文左图"，以文注图，以图佐文。

通俗而雅，也是这套丛书的一大特色。雅者，正也。通俗不是低俗，亦不是庸俗，它是建立在科学和学术的基础上而展开的。把应该让读者知道的历史现象和历史观念用最浅显明白的方式告诉读者，这就是我们所需要并强调的通俗。本套丛书的学者们在撰写时一是力求在语言上的通俗，二是着力于情节中的通俗，继承和发展了太史公司马迁那种"以训诂代经文"的传统，把诘屈聱牙的古文经典用活了。所以说，深入浅出的通俗化工作更是一种学术活动。

为了增加生动性、可读性，作者尽量选择对某些有意义的人和事加以细讲，如对某些重大的出土文物的介绍评说，对悬而未解的疑问加以释惑，对后人误传误解的问题予以纠正，对某些典故加以分析，对某些神话传说进行诠释。在图表上尽量做到随文佐证。在每册图书之后增加附录，旨在增强学术性和通俗性：附录"大事记"，旨在对本段重大历史事件有个大致了解；附录"帝王世系表"，意在对本朝创业、守业和虚位之王的传承有所知晓；附录"历史地图"，在于对本段历史地理形势方位有个立体印象；附录"主要参考书目"，目的在于提供进一步学习本段历史的索引。

　　意愿和努力是如此，最终的结果如何？诚望读者鉴定。

郭志坤

2014 年 8 月 19 日

目 录

13 至圣先师孔夫子

附录

结束语 / 296

导语

这公元前771年，周幽王被杀，次年平王东迁，开启了中国历史上的春秋时代。

这是个动乱的时代，也是变革的时代。

动乱的形式是多种多样的，而春秋时期动乱的基本形态是战争。从公元前770年的平王东迁，到公元前453年前后的三家分晋，凡三百一十八年，其间大小战争千余次，平均每年有三四次之多。"春秋无义战"。战争是力的博弈，智的较量，春秋时期的战争发起者的动因和目标就是兼并和"争霸"，与周代形成并完善起来的"义"的观念实在是风马牛不相及的，甚至可以说是背道而驰的，说是"无义战"，有一定的道理。

不过，历史地看，春秋时期的战事频仍也并不完全是坏事。开始参与兼并和争霸的国家为数众多，后来逐步收缩到少数几个霸权国家。我们可以画出这样一条春秋争霸的路线图：最早站上霸主圣坛的是东方的强国齐国，然后继起的是在中西部争雄的晋国，这时的争霸舞台主要还在华夏地区。到楚庄王战胜晋国从而成为春秋第三霸时，争霸的格局改变了，南北争霸成了一段时间的主旋律。而春秋时期的最后百余年则是南方吴、越两国的崛起。在南北双方订立"弭兵"之盟的情况下,吴、越争霸一度成为全国争霸的主战场。

战争最终是要靠经济来支撑的。为了打好争霸战,当时的春秋各国都实行了一系列的改革措施。齐国管仲的重大改革措施的出台,中西部两大国的"永结秦晋之好",既是观念形态上的重大变革,又是经济文化上的互通有无。楚庄王"一飞冲天",也完全与其快刀斩乱麻式的改革有关。至于越王勾践的"卧薪尝胆",更是改革的千年佳话。正是这种种改革措施,促进了当时经济的大发展。历史文献和地下发掘证明,正是在春秋时期,中国进入了铁器时代,正是在这一时期,中国进入了对农业来说具有关键意义的牛耕时代。中国历史上最早成文法典的公布,流通领域金属货币的广为使用,说明春秋时代的社会变革的确是深刻而全方位的。

战乱,以及经济、政治、社会生活等方面的发展变化,为人口的流动创造了异乎寻常的条件。孔子在当时就被称为"东西南北人",那是因为他的文化追寻。其实,像孔子这样的"东西南北人",还有的是。从夏王朝的建立起,生活在祖国大家庭中的各族人民之间就有所谓的"华夷之争",但历史告诉我们,更多的是相容和相融。经过大约一千五六百年的交互融合,到春秋时期华夏族大致上已经形成。

春秋时期更大的成就在文化上。周室王权的衰微打破了"学在官府"的沉闷格局,出现了"学术下移"的可喜现象。学术一旦接上地气,突破藩篱,它就会充满生机和活力,出现前所未有的繁荣景象。可以说,"显学"的形成正是当时学术繁荣的结晶。

春秋三百余年最可大书特书的是它给中国历史贡献了一个大圣人孔子。这也是春秋史重彩浓墨的所在。孔子是中国历史的良心,他发明了"仁学",他要人们怀着一颗仁爱之心去生活、学习、交往。孔子是终生学习的首创者。"三十而立",三十岁那年他开始当老师,是中国私学的开山祖。"学而不厌,诲人不倦"是他留给后人的永远的遗嘱。孔子是一个"集大成者",他上承黄帝到他那个时代大约两千五百年的文化成就,又下开身后两千五百年的文化新风。在五千多年的文化传承中他刚巧是一个承上启下的不可替代的人物。研究春秋史,甚至可以说研究整部中国史,不可不研究孔夫子。

01

平王东迁

西周王朝的由盛而衰

　　在一般人的心目中，周代是三代中所谓的"太平盛世"，用孔子的话来说，叫做"郁郁乎文哉，吾从周"。其实，细细探究这段历史，情形并非全是这样的。从公元前十一世纪初周武王起兵灭商、建立周王朝起，到公元前770年周平王被迫东迁，历时两百余年，传十一世十二王，期间真正称得上"太平盛世"的，也无非就是文、武、成、康四朝而已；到得那穆王时期，这个王朝已出现种种衰相了。到平王东迁后，王室的威风已经扫地，诸侯国地方霸主的地位已经形成。

　　西周早期之所以有百年之盛，是

周公像

与周公对成王的"无逸"之训,有着直接的极为重大的关系。

事情是这样的:周公旦还政于成王以后,成王到了新建成的洛邑城,它比起陈旧的丰镐城来当然是另有一番景象。成王从洛邑回都后,不谈民生,不谈治国方略,而大谈洛邑风光如何绮丽,美女如何妖艳,饮食如何可口。这使周公大为警觉起来:一个王者如果走上贪图安逸、腐化堕落的道路,那会意味着什么呢?

周公旦把成王请来,先施君臣之礼,然后郑重其事地说:"今天老臣把国君请来,是想跟君王谈一件最重大的事。"成王对从小就扶持自己长大的叔父周公旦还是尊重和怕惧的,他战战兢兢地作答:"叔父尽管说来,小侄正洗耳恭听着呢!"周公旦一脸严肃地说:"我要说的是两个字:无逸。国君,你听清楚了没有?想一想,什么叫'无逸'啊?"成王谦和地回答:"侄儿见识浅薄,正静候着叔父的教诲呢!"周公旦告诉成王:"所谓无逸,有两层意思:一是要勤奋,要懂得稼穑之艰难,无论如何要带领全体民众走艰苦创业的路。二是生活要简朴,不能贪图安逸、贪图享乐,更不能腐化堕落。殷鉴不远,要记住了,殷纣王就是从腐败开始走上亡国之路的。"

听了周公旦的一番教诲,成王省悟了,他说:"尊敬的叔父,你说的我真的懂了,我要做一个真正的无逸之主,把先祖开创的基业继承好!"为了教育后代君王,周公旦把这次谈话,写成了《无逸》训文,希望后世君王都能遵循。可惜这篇训文在典籍中只存篇名,而文章却佚失了,这不能不说是一件憾事。

纵观文、武、成、康四代,周王室基本上保持纯正朴实的政风。如果要作简单分析的话,表现在如下三个方面:

其一,厉行节俭。成王将要崩逝之时,恐怕太子钊不能胜任,就命召公、毕公率诸侯以辅佐太子，而后立钊为王。成王去世后，召公、毕公就率领诸侯与太子一起到先王庙中，教导他文王和武王创业之不易，教导他"务在节俭，毋多欲，以笃信临之"，作《顾命》篇。史书记载说："成、康之际，天下安宁，刑错四十余年不用。"这大概是真实的。犯罪的人少，刑罚就不太用了。

其二，关注民生。武王灭商后，曾经率"九牧之君"（相当于天下九州的州长），"登豳（bīn）之阜，以望商邑"，彻夜不寐。周公旦问他为何不寐，他说老百姓生活安定不下来，我睡不着啊！由此，周统治者决定每年的春日亲自耕作籍田，以提倡农耕，决定"马放华山之阳，放牛于桃林之虚"，让人们过上太平日子。

其三，关注民族和谐。从总体而言，民族融合这件事从夏王朝的建立开始一直是在推进着。不能说只是华夏族关注这件事，其实，生活在这一社会共同体中的各民族（各种族）都关注这件事。各族都作出了巨大的贡献。这里有两条史料值得关注：一条见于《史记》，说周初的王室在对待边远民族上是"耀德不观兵"，就是以德教礼仪相待，而不希望以兵戎相见。另一条史料见之于《左传》，说："戎朝于周，发币于公卿，凡伯弗宾。"（《左传·隐公元年》）其意思是说，周初边远民族进入周的镐京走动是常有的事，来时还常带一些礼物给周的那些公卿呢，而公卿大臣也不把他们当客宾看待。这样的关系应当说是很不错的。

有了这三点，整个社会还会不和谐吗？

可是，历史没有像周公旦期待的那样简单。正如史书记述的那样，到周王朝的第五王昭王之时，就"王道微缺"了，到第六王周穆王时，周王朝就出现了种种衰相。穆王违背"先王耀德不观兵"的传统，对犬戎大肆征伐，结果劳民伤财，无果而返。老百姓批评他，他就严刑峻法，创造出许多肉刑名目来。接下来的周共王为了与康公争三个美女，发动了一场战争，就莫名其妙把小小的一个密国给灭掉了。到周厉王时代，不去发展生产而听信荣夷公的鬼话搞什么"专利"，民怨沸腾，周厉王就派人监视谤者，"以告则杀之"。史书称这是"防民之口，甚于防川"，结果老百姓在忍无可忍的情况下，起兵攻打这个无道的厉王，厉王不得已逃到国外去了，后来客死在他乡。厉王年幼的儿子惊慌失措，无处安生，逃到了当时声望最高的召公家。暴动的人们知道后，大队人马包围了召公的住宅，大叫："把厉王的那个小子交出来！"召公没了办法，只得将自己的儿子冒充太子交了出去。这个假太子被愤怒的暴动者杀死了，而真太子则逃过了一劫。

厉王出逃后，国不可一日无主，只能由忠臣世家召公和周公（开国的召公和周公的后代）来代理政事了，这就是中国历史上有名的"共和政治"。公元前841年，就是共和元年。历史学家把这一年看作是中国历史有确切纪年的开始。在共和十四年间，"法文、武、成、

周公塑像

康之遗风,诸侯复宗周"(《史记·周本纪》),周王朝一度有了一些新气象。

十四年后,厉王已死,太子也已经长大,于是,召公和周公就共立当年厉王所立的太子为王,这就是周宣王。在实施井田制时期,每年开春,在春耕开始的时候,天子都要象征性地耕种所谓的"籍田",名为"籍礼"。这当然只具有象征的意义,表明天子提倡发展农业生产。可是,到周宣王时代,井田制基本已崩坏无存,周宣王只得无可奈何地宣布"不修籍于千亩"。这样,原先王家耕种的千亩良田荒芜了,戎人看到了感到太可惜,就纷纷在这千亩良田上开起荒来。这原本是戎人干的一件大好事,可在宣王看来,籍田千亩是王家的,让它荒芜着比给戎人去种强,于是就起兵发动了一场大的战争。王家的战士是不愿打垦荒的戎人的,结果是"王师败绩于姜氏之戎"。周宣王战败后,又发起搞什么"太原料民",就是要在那里调查户口,登记后征收"人头税"。这样的事,到头来还是没人理会他。

周宣王的儿子周幽王的倒行逆施则直接导致了"平王东迁"。

一个王朝的残阳夕照

一个王朝的覆灭,常常与天灾人祸连结在一起。

西周末年,接连发生旱灾,大片的土地都裂开了一个个大口子,地里的庄稼都枯死了。人民没有粮食吃,不少人饿死在大道旁。天干旱又易于引发火灾,在京城地区甚至发生了十多天都扑不灭的大火灾,不少民众被活活烧死。

宣王死后,传位给了儿子幽王(前781)。这是个除了会干坏事其他什么都不会的角色。就在他即位的第二年,"西周三川皆震"。歧山地区发生了一次大地震。高高的山陵瞬息之间变成了深谷,深深的河谷转眼之间耸立为山陵。多少条河流在沸腾,多少座山岭在崩裂。面对这一切,负责祭祀的周太史伯阳甫感叹地说道:"山崩川竭,这可是亡国的征兆啊。看来,周朝是要灭亡了!"

对太史的话,昏庸无能、淫乐无度的幽王根本听不进去,种种恶行愈演愈烈。

田园荒芜,民众饥饿,流离失所,这些幽王都不管。他整天沉湎在酒色之中。在他的后宫中,有的是美女,可他还是不满足,非要让人找个倾国倾城的不可。最后算是找到了,那就是褒姒(sì)。

自从得了褒姒以后,幽王就一点国事都不管了,整天陪着她在琼台花园玩乐。原先的王后不称幽王的意,就干脆把王后废了,原太子宜臼也被废了,让褒姒当起正宫来。王后说了些气话,幽王就把她打入冷宫,又立褒姒的儿子伯服为太子。

褒姒自从进宫以后,虽有山珍海味享用、歌舞音乐欣赏,而且用阴谋手段夺得了正宫之位,但是,这个女人从来没有舒畅地笑过一回。史书上记载说,"褒姒不好笑,幽王欲其笑万方,故不笑。"(《史记·周本纪》)所谓"万方",就是千方百计。一个当国君的,把"万方"放在博褒姒一笑上,可见其堕落到了何等田地。

幽王决心要让褒姒一笑。他在朝堂上公然宣布:"谁能博褒姒一笑,赏千金!"

这时有一个奸臣讨好地献策:"先王曾为防止外患,在骊山顶上设置了烟墩二十余所,只要有事,就点燃烽火,各地诸侯就会迅速前来相救。如果看到诸侯齐集而无事,王后也许会笑得起来的。"

秦公簋（春秋早期，
上海博物馆收藏）

　　幽王马上赞同了。当晚，幽王即与褒姒驾车往骊山游玩，并布置好了举烽火的事。此时，幽王的叔叔郑桓公郑伯友闻知此事，大惊失色，他找到幽王，说："无故而举烽火，这是戏诸侯也！"幽王说："朕与王后没什么可消遣的，偶尔戏一下，有什么大不了的？"他把叔叔郑伯友支开后，照"戏"不误。

　　天色黑了下来。周幽王命令大举烽火，大擂战鼓。霎时间，满天的火光红彤彤，满山的鼓声轰隆隆。京城附近的诸侯们以为有紧急敌情，立即调兵遣将，出动战车，星夜直奔骊山而来。当他们赶到骊山时，看到的却是另一番景象，周幽王正与褒姒一起在乐曲声中饮酒作乐。正在众人迟疑之时，幽王传下话来："各位辛苦，没有啥事儿，都回去吧！"诸侯们我瞧你，你瞧我，气得说不出话来，只得卷起旗帜回去了。褒姒看到诸侯匆匆忙忙而来，垂头丧气而去，禁不住大笑起来。幽王看到褒姒这笑，高兴得不得了，赏给了那个奸臣一千两黄金，这就是所谓"千金买笑"。

骊山烽火台遗址

这一"戏"可不得了,把周王室的"诚信"二字都"戏"掉了。

在西周末年人祸与天灾交迫的情况下,对周王朝失去信念的人们纷纷东迁。不少周人,尤其是周的贵族阶层,就纷纷把家中视为珍宝的青铜器埋入地下,身怀能带走的财物逃向东方,也就是中原地带。共和以后,流落到中原的周人数量是很大的。而当时的郑国是举国东迁而且取得巨大成功的典范。

　　要不了多久，来自西北方的外敌真的入侵了。这里所说的"外敌"，其实是既有西戎、犬戎这样边远民族的部队，又有被废王后父亲申侯的部队，还可能有对周幽王的统治极为不满的临时组建起来的民众的武装。申侯的部队是否参加了灭亡西周的战争呢？从一些信史资料看，他是参加了的。《史记·秦本纪》中说到："西戎、犬戎与申侯伐周，杀幽王骊山下。"申侯的身份很特殊，作为周的王公贵族，他是属于周的势力；从受到周幽王排挤的角度剖析，他又是属于周的敌对阵营的。

　　历史成全了申侯这样一个人物，他不只赢得了西戎等边远民族的信任，也赢得了即将新建王朝的权势——即将建立起来的东周平王乃是他的亲外孙。

　　周幽王一看大势不好，慌忙命令点起烽火。可是，那些以前上了当的诸侯都说："周王是在'戏'我们呢，不要理会他！"当然，有许多的诸侯对周幽王的统治早就失去了信心，就也借故按兵不动了。京城的兵力本来就不多，一些将士看到幽王如此荒诞，也就纷纷离去；能打仗的，只有幽王的叔叔郑伯友。郑伯友为了保卫周王朝，拼死一战，不幸最后死于乱军之中。

　　外敌很快攻入了京城，在骊山杀死了幽王，掳走了那个祸国殃民的褒姒，把京城的财宝也洗劫一空。

　　《诗·小雅·十月之交》一诗具体而微地描述了幽王覆灭时的一幕。那是十月的一天，白天出现了日食，白日黑得比黑夜还黑，真正是伸手不见五指。到了晚上，月亮也被"天狗"吃掉了，整个世界像是沉没在黑暗的深渊中一样。先是雷声震动，后是山摇地动，整个世界都翻了过来。"百川沸腾，山冢崒崩。高岸为谷，深谷为陵。"在风狂、雨暴、雷迅、地动、山摇的那个夜晚，周幽王被杀于骊山下，周幽王宠幸的褒姒被掠走，周幽王的七个暴虐无道的佞臣一个个都身首异处，原先繁华的镐京也被夷为了平地。

在十分凄凉的落日余晖中，西周王朝灭亡了。

无奈的平王东迁

镐京沦陷，幽王被杀，大将郑伯友壮烈战死，极大地震动了各诸侯国。被幽王所废的太子宜臼，则一直在其外公申侯的保护之下。还没等大家弄明白是怎么回事，申侯就把太子宜臼带到镐京外一个相对比较安全的地方，强势地宣布：国不可一日无君，幽王已殁，从现在起太子宜臼就是周的新王。他就是周平王。

谁能说什么呢？太子宜臼的被废原本是不合法的，现在恢复他的应有地位，有什么不可以呢？

面对西戎的强势入侵，一些与自身利益生死攸关的诸侯国表现得特别的敏感和强烈。接到郑国诸侯郑伯友战死的消息后，整个郑国都沉浸在悲愤之中。郑伯友的儿子掘突马上被立为郑武公，并立即统率郑国大军，出动战车三百乘，星夜杀奔镐京而来。出于自身利益的考虑，同时起兵勤王的还有秦襄公、晋文侯和卫武公。

郑国的大军首先赶到镐京城下，郑武公报父仇心切，急令攻城。西戎军以逸待劳，给郑军一个下马威，分两路把郑军打得七零八落。正在危急关头，秦、晋、卫三支大军赶到，分三面夹攻西戎军。西戎军先是抵挡了一阵，后终因寡不敌众，在抢掠大量财物后突围而去，在

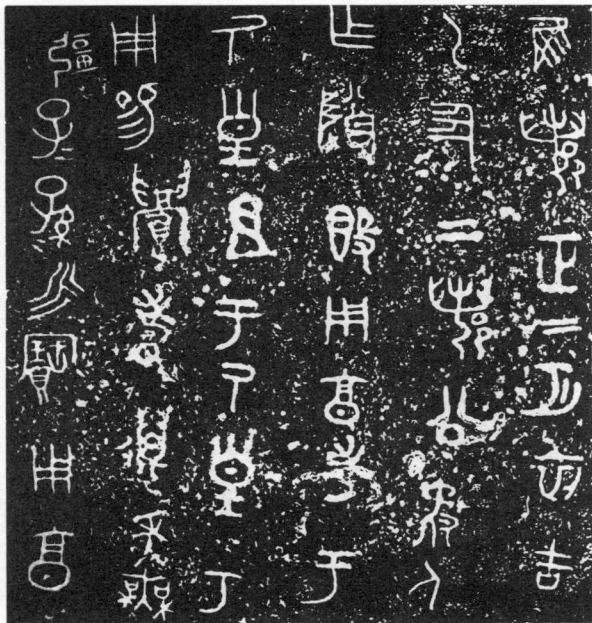

上郘 (ruò) 公敔人簋 (guǐ) (东周)。铭文说"万年无疆, 子子孙孙永宝, 用享"。

离镐京城百里之外, 扎下营盘, 伺机卷土重来。四支勤王大军也不追赶, 进入镐京城以后, 安排起种种后事来了。

"镐京差不多被战乱夷为平地了, 要不要或者说能不能马上重建京都呢?"晋文侯向大家发出这样的疑问。

"重建?"卫武公沉思了一阵说, "要重建, 那可不是件容易的事, 非得有三五年时间不可, 还得有相应的人力物力。"

"如果三五年真能平平稳稳地重建, 那倒是件大好事了。而现在的情况是戎人和夷人近在咫尺, 随时可能卷土重来, 他们会将三五年之功毁于一旦, 那可怎么办?"深受戎夷之害的郑武公显得深谋远虑。

众人犹豫了。一时显得有点没了办法。晋文侯和卫武公竟焦虑地在议事厅里打起转来。

司寇良父壶（春秋早期）。铭文说"子子孙孙永保用"。

"办法应该说还是有的。"年岁较大也显得老成持重的秦襄公扬起右手，显得很自信地说，"两个字——迁都。"

"迁都？"晋文侯、郑武公、卫武公三人几乎同时发问。

"是的，是迁都。"秦襄公显然胸有成竹，"洛邑（今河南省洛阳市）为天下之中，又远离戎夷，比较的安全。而且早在周王朝开国之初，周、召两公着力经营过，宫廷房舍都是现成的，只要稍加整饬，即可使用。"

经秦襄公一提醒，大家一致赞同了。

于是，由秦、卫军开道，晋、郑军护后，一路护送周平王一行向洛邑进发。沿途虽有少部戎夷部落的干扰侵袭，但在四位诸侯所属部队的重兵保卫下,周平王一行总体上还是安全的。

一路辛苦,到得洛邑后,周平王才得以有了安身之地。他以天下共主的身份对四诸侯说:"你们也辛苦了,现在大事已毕,都可以回你们的领地去了。"卫、郑两公领命而去,可秦襄公和晋文侯却迟迟不肯离去。周平王究竟年轻,不知其内里的奥妙,平王身边的一些老臣看出了缘由,对平王说:"护送君王,秦、晋两国都是立了大功的,君主不可不赏啊!"

这时,周平王才悟到,周王室的权威已今非昔比,不重赏看来是不肯走人的。在老臣们的建议下,平王将岐西之地赠予秦襄公,并列其为诸侯(秦国国君此时第一次当上了诸侯),将河西之地赠予晋侯,这些都是为了奖励他们的勤王之功。有了如此重赏,秦襄公和晋文侯才率部离去。

平王东迁标志着东周王朝的开始。从公元前770年建立东周后的六十余年里,周王室依靠晋、郑等国的支撑,过了一段相对比较安稳的日子。

值得提一笔的是,在如此纷乱的王朝末期,人们拜神拜祖以期消弭战事、安定社会之心并未泯灭。在春秋早期贵族君王墓地的随葬品中,有不少的铭文表达了人们追寻永久太平的愿望。

郑庄公「小霸」

02

春秋时代的历史进程

随着平王的东迁，此后的周朝被称为东周。东周又分为"春秋"与"战国"两个时期。

《春秋》本是记述自鲁国隐公元年（前722）到鲁哀公十四年（前481）二百四十二年间鲁国历史的一部编年史。据史料记载，"春秋"也是周代列国国史的通称，据说当时的大思想家墨子就说过"吾见百国春秋"（《史通·六家》引墨子之语，但不见于今本《墨子》）这样的话。孔子虽说没有作过《春秋》，但他创办私学后"教之《春秋》"（《国语·晋语七》），可见《春秋》是孔子给学生讲课时的一本历史教科书。因为鲁国的那部《春秋》所记述的历史年限，基本上与东周时期大国争霸的那段时期相吻合，于是后人就笼统地称公元前八世纪到公元前五世纪那段大国争霸的时期为"春秋时期"了。

史家有言：合久必分，分久必合，这是历史发展的常规。在后世儒生的想象中，夏、商、周（西周）三代是统一为主流的时代，是"合"的岁月。从公元前二十一世纪夏启打造出第一个"统一"的王朝，到公元前八世纪的周平王被迫东迁，其间已"合"了大约十三个世纪，称它为"合久"大约是不为过的。到平王东迁前后，王室衰微，难以驾驭全局，社会矛盾激化，诸侯势力强大，于是，"合"的局面渐次为"分"的态势所取代，诸侯国间的争霸成为春秋时期的一大特征。

"合"是一种有序，"分"是一种无序。从这个意义上讲，孟子说的"春秋无义战"这话还是有一定道理的。打来打去，谁都想当霸主，哪还有"大义"可言？然而，认真梳理一下春秋这段历史，其实也不完全是"无序"，是一种"无序"中的"有序"。每当一个霸主站到历史舞台的中央的时候，都会抛出自己设定的治国安邦的方略，并力求付诸实践。当"分"走到尽头的时候，正是新的"合"到来的时候。在中国历史的流程中，统一始终是主流。

春秋三百年的历史大体上可以分为六个相互衔接的阶段。

第一个阶段是郑国"小霸"的时期，从平王东迁直到下一个世纪初，郑庄公主持下的"恶曹会盟"，时间上绵延了约半个多世纪。这是个以郑国为首的诸侯国打破周天子的权威，建立诸侯国权威的阶段。在建立新的权威上，郑庄公起到了领头羊的作用，可谓后来各国的称霸的滥觞。

第二阶段是齐桓公称霸时期，从齐桓公夺取齐国政权、重用管仲实行大刀阔斧的改革开始，一直到齐桓公三十五年实现"葵丘之盟"达到霸权的顶峰为止，也有四十来年的时间。桓公去世后，霸业即衰。

第三阶段是确立晋的霸主地位的时期。公元前636年雄才大略的晋公子重耳被立为晋文公，通过"勤王"确立了自己在诸侯国中的威信，通过"城濮大战"战胜了自己的强大对手，确立了大国地位。

晋文公亡后，晋襄公继霸，晋国称霸时间最长，历时近百年之久。

第四阶段是楚国称霸时期。楚穆王登上王位以后，不断地向周边扩张，而此时晋正中衰，楚庄王上台后击败了晋国，奠定了霸主的地位。

第五阶段是晋楚南北两霸进入相持阶段，战事频频，小国受累，晋楚两国也备受煎熬。在这种情况下，出现了各国间的"弭兵"，一度实现了相对和平。这段时间大约也有半个多世纪。

第六阶段是在中原争霸战争相对低落的情况下，南方出现了吴、越两个强国。它们之间一面是相互长期厮杀，同时又相继北上争霸，成为春秋后期的两大霸主国。越王勾践灭吴称霸后，结束了大国争霸的局面。公元前453年，韩、赵、魏灭智氏，进而实现了三家分晋，从此春秋时代转入了战国时代。

春秋时代是大国争霸的时代，这争霸的"争"，争的不只是武力，还有财力和物力上的竞争，这就促进了各国政治、经济上的变革。总体而言，春秋三百年间虽战事绵绵不绝，但社会生产力的发展还是比较快的。争霸除了军事力和经济力的竞争外，同时也是智力的竞争，治国谋略上的竞争。从历史经验角度看，这段时期可总结的东西真还多着呢！

在春秋时期，不少史学家注意到了春秋"三事"之说。《左传·文公七年》（前620）记载，晋国贵族郤缺说："正德、利用、厚生，谓之三事。"成公十六年（前575）记载，楚国申叔时说："民生厚而德正，用利而事节。"襄公二十八年（前545）记载，齐国晏婴说："夫民，生厚而用利，于是乎正德以辐之。"三位政治家在时间跨度上达近百年，地域上有东部的齐、西部的晋、南方的楚，发出的是同一个声音——任何成功的统治者都应办好"三事",即"厚生",改善民生;"利用",改良工具器物,并加以积极利用;"正德",提高道德水准。在很长一段时期内,晋、楚、齐三大国有远见的思想家和政治家都坚持认为要重视"三事",这是值得注意的历史现象。著名史学家张岱年说:"春秋时代的'三事'之说,兼重精神生活与物质生活,是比较全面的正确观点,确实是中国文化史上一个重要的指导思想。"①

郑国的东进方略

郑庄公的"小霸"是春秋时代的一个大事变。言其"小",那是因为它是一个小国之"霸",与较后的晋、楚、秦这样的大国之"霸"比较起来,实在是小巫见大巫了。然而,郑庄公称霸的时间长达四十五年之久,威势达到华夏全局,更重要的是郑庄公的"小霸"完全改变了当时的政治格局,开拓出了一个从西周王权统治到春秋诸侯国争霸的新时代。过去一般史著不太重视这段历史,往往轻描淡写、几笔带过。笔者认为那是不妥的。事实上,郑庄公的"小霸"标志着周王权时代的终结和诸侯争霸时代的开始,值得大书而特书。其实,小国争霸有小国争霸的难处,它要顶住外部的强大压力,还要整治内部的种种纠葛。郑国就是如此。郑庄公要对付母后武姜和弟弟共叔段的叛乱问题。《左传·鲁隐公元年》有"郑伯克段于鄢(yān)"的记载。这可算是《春秋》中首年(即鲁隐公元年)记录的列国中的第一大事。郑伯就是郑庄公,段即为他的弟弟共叔段。郑庄公其弟骄纵至极,欲夺国君之位,后郑庄公使计打败共叔段。从中也足见他在春秋列国纷争中能小霸中原实属不易。

在周代分封的各个侯国中，郑是较为后起的。周公讨平叛逆以后，为了"兼制天下"，以成王的名义"立七十一国，姬姓独居五十三国"。在这初封的七十一国中，找不到郑国的名号。到康王时仍属太平盛世，又有一批分封国，大概是又分封了几十国吧，郑还是没有列名其中。直到周宣王的时候，虽然有"宣王中兴"的说法，但实际上周的国力已经大不如前，在宣王二十二年（前806），作为周厉王的儿子、周宣王的兄弟的姬友才始封于郑（今陕西省华县东），号为郑桓公。他算是郑国的始祖了。

郑桓公在位三十六年，经历了宣王和幽王两代君主。作为周宣王的手足兄弟，他是受到了重用的。郑的封地在贴近镐京的东边，这本身可以看作是周宣王对郑桓公姬友的信任。周宣王又让他担任了司徒一职。司徒主管民事，包括农田水利、山林建设、田赋税收等，他都能一一料理得十分周到，司徒一职一直担任到幽王上任以后。可以这样说，郑桓公的官声是在当时的官员中最好的。据史书记载："（郑桓公）和集周民，周民皆说（悦），河洛之间，人便思之。"结论是："百姓皆便爱之。"（《史记·郑世家》）一个新起的诸侯，能让百姓自觉自愿地说一声"爱之"，实在是件了不起的事。

郑桓公不只是能办事，是受到百姓大众拥戴的诸侯，还是个有着远

郑桓公像

见卓识的聪明人。在他的晚年，目睹了晚周"幽王治多邪，诸侯或畔之"的衰亡景象。他知道，周王朝的寿命不会太长了，便思考着怎么应付时变的问题。他深知，幽王如此的倒行逆施，周王朝的灭亡是早晚的事。周王朝一亡，镐京就会首当其冲地受到外来势力的冲击，而身处王城边上的郑国也免不了会受到池鱼之灾。怎么办呢？他找来了可以推心置腹谈心里话的周太史伯，征询他的意见。两人的意见大致上是一致的，都认为周王朝将亡，天下会大乱，"郑"这块封地是不能再待下去了，再待在那里将会与周王朝一样遭受到灭顶之灾。郑桓公请教太史伯，去江南如何？太史伯的回答是不妥，那里气候太潮湿，不太适宜于北人的生长。那么，去楚地如何呢？太史伯只是摇头，说那里是楚人的世居地，而且楚国正在强大起来，你初来乍到，哪会有你的立足之地？

郑桓公有点儿急了，问："朝廷那样多变故，可以说已是危在旦夕。一旦有事，何处是我真正的逃命求生之地呢？"太史伯似乎已是胸有成竹，十分肯定地说："只有洛水以东的地方，黄河、济水的南边，才是你日后真正的家园。"郑桓公追问："那是为什么？"太史伯回答："那里历来被称为中原之中，地势险要，又有开阔平整的农田，物产丰富，是王者必争之地。经过这些年的几度折腾以后，那里至今没有像样的大国立足，只有虢（guó）、郐（kuài）这样两个小国勉强生存在那里，而那两个小国的国君又是那样的贪得无厌、腐败无能，没有一点政治远见，你如果到得那里，以你的名声和能力，那是一定能干出一番大事业来的。"

郑桓公一听此言大喜，说："行啊，就去中原安生吧！"太史伯是个有社会经验的人，他说："不过，那是一步险棋，千里远迁，保不准

郑氏三公雕像。"郑氏三公"即郑桓公、郑武公、郑庄公，他们是郑国开国后的三代君王，分别被郑氏后裔称为太始祖、二世祖、三世祖。

会闹出什么是非来。"郑桓公回答说："事已至此，这个险也不得不冒了，不冒这个险，那是死路一条。"

怀着杀出一条血路的雄心，郑桓公决定去走好东进这一步"险棋"。

事不宜迟，郑桓公马上就向周幽王报告了准备东进中原这件事。此时的周幽王整天沉溺于酒色之中，想都没多想就答应了下来，说："你带着领地的民众到洛水以东的地方去安家吧！"

实际上，从周幽王答应郑桓公东迁中原到西周王朝的灭亡，只有一两年的时间，郑桓公带着自己的儿子（后来的武公）就抢着把东进

山奢虎簋（春秋早期，上海博物馆收藏）

的前期工作办妥了。郑桓公把动员工作做得很细，通过里正（最基层的乡里官员）把东迁的道理挨家挨户地向大家讲清楚。在耐心的教育说服下，有不少的原居关中的郑民迁到了中原，并初步立住了脚跟。这是郑桓公东进方略的一大成果。

正在这时，风云突变，政治局势发生了巨变。被幽王所废的王后的父亲申侯，率领大军与边远地区的戎族军队一起长驱直入，很快攻陷了镐京，杀死了幽王，郑桓公也在这场大动乱中战死。这些都是前面讲到了的，不再赘述了。

郑武公经营中原

像他的父亲郑桓公一样，郑武公也是个有为的诸侯，他的首功是以尚武的精神，护送周平王东行，使得周平王得以在东都洛邑站稳脚跟，建立起东周王朝。后来周平王和他的臣僚一直说："我周之东迁，晋、郑焉依。"(《左传·隐公六年》)这里所说的"依",就是依靠、依赖的意思。在东周定都洛邑后的近百年间,东周能站住脚跟,主要依仗的就是当时说话还算算数的晋、郑两国,而在相当长一段时间里,最具权威的是郑国。一个晋国在黄河以北,一个郑国在黄河以南,隔岸相望,护卫着这个声望和力量不可与当年的西周王朝同日而语的衰弱王朝。

平王被护送到洛阳以后,四个护卫国从平王手里各有所得。除郑国外的其他三国从平王那里都获取了大片的土地,这样,东周王国实际控制的土地便大约缩小了一半。而郑武公很聪明,他没有提出土地要求,而是获取了这个王朝的最大的权力,即卿士的高位。何为卿士?在当时就是王朝的执政官。郑武公就是利用周王朝卿士的特殊地位,经营中原、发展中原,直至使自己一度成为华夏之霸的。

郑武公有了卿士这一高位,就可以放开手脚去经营中原了。"虢、郐之君贪而好利",郑武公就利用这两位君主的致命弱点,胁迫其"心甘情愿"地"献出十邑"。这样,从关中迁徙过来的大量民众就有了初步稳定的立足之地。

虢、郐之君长期鱼肉百姓,因此"百姓不附"。郑武公看准了这一点,对广大中原的百姓做宣传教育工作。当时河、洛一带有的是荒地,郑武公带领当地失去土地的民众垦荒,大大地改善了民众的生活。在吸引百姓归附到自己身边的基础上,郑武公一举消灭了虢、郐两国,使自己的地盘更开阔了。

郑桓公又与先期到达那里的商人处理好关系,联手共同开发这块宝地。据史书记载,当时新从关中迁入中原的郑人与已在那里生息繁衍了两三代的殷商人之间关系相当和谐,"斩之蓬蒿藜藋而共处

郑国车（引自郑王陵博物馆）

之"，就是说，那原先长满了蓬蒿和杂草的地方，现在成了这两大族群"共处之"的好地方。这里说的"共处之"，不是一般意义上的共同生活，而更多的是共同开发。

商人善经商，降服于周的商人仍不改经商的习性。郑武公鼓励郑人与商人杂处的过程中，也从商人那里学得了经商之道，对中原地区商业的发展起了促进作用。春秋时期的郑国出了许多大商人，弦高就是其中最著名的一个。弦高于郑穆公元年（前627）往周经商过滑（今河南省偃师市西南），正遇到准备袭击郑国的秦军。弦高灵机一动，将计就计，他假借郑穆公名义用四张皮革和十二头牛犒劳秦军，以示郑已知其军情，同时派人回郑告急。秦军的统帅孟明以为郑已有备，遂领兵返秦了。后来郑穆公以救国难的大功要重赏弦高，弦高却坚辞不受。

"王室将卑，戎、狄必昌。"（《国语·郑语》）这可能是一大规律。在平王东迁以后，一是地方诸侯的地位上升了，他们无视和傲视王

郑王墓（引自郑王陵博物馆）

权，甚至凌驾于王权之上；二是边远少数民族势力的活跃和上升，也就是所谓的"戎、狄必昌"。郑武公入主中原以后，对戎、狄不是采取打压政策，而是共存共荣，携手发展。南方的楚国在很长历史时期内被视为蛮夷，在春秋早期郑最早与楚建立了亲密的关系，并在经济上和军事上有过较为务实的合作，可见，郑的统治者对边远民族是较少偏见的，合作也是有成效的。

经过郑桓公，尤其是继任的郑武公的苦心经营，建都于新郑（今河南省新郑市东）的郑国一度成了当时中华大地上最繁华、最稳定的地方。

郑庄公"小霸"及其影响

西周全盛时期是推行"君君、臣臣、父父、子子"等级制度的社会。"君君、臣臣"是社会政治层面上的等级体制，从一人之下、万人之上的国相（卿士），到各级官员，再到黎民百姓，作为臣下，都得无条件地服从君上。"父父、子子"是家庭细胞层面上的等级体制。父为上,子为下,子女要绝对地服从于父母。而家国是一体的,君也是父,称君父;臣也是子,称臣子。君父统治臣子,臣子服从君父,被视作是天经地义的。

这种君、臣、父、子的森严等级制度,是通过严格的礼仪规范固定下来的。《礼记·王制》记述的就是周代全盛时期的君臣礼仪规范。书上有这样的话:"诸侯之于天子也,比年一小聘,三年一大聘,五年一朝。"这是处于上位的天子对处于下位的诸侯定下的规矩:每两年当诸侯的必须带着聘礼到天子那里问候一次,这称之为"小聘";每三年当诸侯的必须带着重礼到天子那里进行问候,并参加在京都举行的祭祀活动;每五年当诸侯的必须亲自入京朝见天子,汇报本国的情况。如果谁敢于破坏这种规矩的话,那是要受到不同程度的惩处的。根据孟子的记述,说是如果诸侯敢于一次不朝见天子,那就要贬低他的爵位,胆敢两次不朝见的,就要削去他的封地,如果个别诸侯胆大妄为,敢于三次不朝见的,那就要"六师移之"了,也就是派出王师征服他了,这样的诸侯一般是要捉拿到案后处以极刑的。另外,还规定"礼乐征伐自天子出",谁破坏了规矩,也不是随便哪个人都可以处罚他的,操生杀大权的只能是天子,或天子指定实施征伐的某些诸侯。

这当然是西周全盛期间定下的规矩,到平王东迁以后,这些规矩有的成了一纸空文,有的根本不管用。而带头破坏种种规矩的,正是郑国。

在春秋初期,各诸侯国的势力大致均衡,找不到一个特别强大的。当时齐虽大而不强,它所特有的渔盐之利还没有得到开发,因此

交龙纹盆 (春秋中期,上海博物馆收藏)

公元前706年北戎伐齐时,齐僖公还要郑派兵相助呢。鲁国与宋、齐两国接壤,并常发生摩擦,国力平平。燕国地处偏北,经济落后,一般不参与各国间的争斗。晋国地处黄河的中游,土地肥沃,地域开阔,但长期与周围戎、狄杂处,再加上内部争权夺利剧烈,使其在当时不可能成为真正的强国。秦在西方,三面被戎、狄包围,无力东向中原。楚在春秋初发展不快,直到公元前740年国君熊通自立为武王之后,其势力才向北发展。此时,唯有郑伯得天时、地利、人和之便,他是王室卿士,有资格发号施令,加上地处中原之中,交通便利,经济发达,社会稳定,郑国国君又善于驾驭时局,这样,在一段时期内便成了独居首位、执天下之牛耳的"小霸"。

郑庄公领导下的郑国既然一度成了列国中的龙头老大,一旦时机成熟,他就自然而然地成了冲决旧有樊篱的"领头羊"。

郑庄公对王权的冲击是一波接连着一波。

第一波:公元前722年甩开王室征讨卫国。

子仲姜盘（春秋早期，上海博物馆收藏）。铭文记录六月初吉辛亥日，大师为其夫人子仲姜作此祈福之盘，盘既大且好，用来祈求长寿，子子孙孙要永远实用。

郑庄公即位后，他与同母兄弟叔段之间的矛盾激化。叔段依仗母亲武姜的权势和宠信，联手频频向兄长发起挑战。叔段先是要兄长封他到制邑（虎牢关）去，郑庄公因那是个险要之处而不予同意，后封他到了京地。叔段到任后，忽然越出所属地域范围通令郑西部和北部边境地区要听命于他，野心已昭然若揭。不少人主张马上除掉叔段，可郑庄公仍旧坚持认为"多行不义，必自毙"。直到公元前722年武姜与叔段联手作乱时，郑庄公才决心平乱。当叔段的儿子出奔卫国时，郑庄公不通过周平王径自出兵伐卫。这是春秋时期不经周王授权一个诸侯国自行征伐另一个诸侯国的开始。此举使周平王的颜面扫地了。当时平王的势力已十分衰弱，面对强势的郑庄公，只得忍气吞声、默不作声。那是发生在周平王去世前三年的事。

第二波：公元前721年的"周郑交质"。

周平王此时已是当了五十年周天子的人了。这整整半个世纪的周天子虽然当得不舒畅,但绝大多数的诸侯至少还对他保持一个表面的尊重,过去一年郑庄公的不经过周王室同意擅自出兵攻卫,使他颜面尽失。他虽不敢说什么,但心里总感到不是滋味。有个大臣看出了周平王在想什么,就给他出了个主意:"郑庄公之所以敢如此胆大妄为,那是大王给他的权太大了,如果分掉他一大半的权,那事情就会好办得多了。"周平王一想:也对。于是立即把西虢公召来,好言抚慰,封其为卿士,与郑庄公平起平坐。周平王是谨慎的,他没有公布这个消息。可是,天底下没有不透风的墙,郑庄公马上得到了这一信息。此时的郑庄公已是无所顾忌,怒气冲冲地入宫责问周平王为何封西虢公为卿士。周平王在凶相毕露的郑庄公面前像是一个犯了错误的小孩,竭力地抵赖,说:"那……那是误传,根本就……就没那回事……"郑庄公一肚子的气,转身就走。为了安慰郑庄公,为了平息这场风波,周平王让王室特使去郑国和谈,提出为了增进周、郑互信,实施"周、郑互交质"——让王子狐作为人质到郑国去,让郑公子忽作为人质到周都来。

有学者把"周郑交质"作为春秋时期王权凋零、诸侯专权的一个重大标志,这是很有道理的。特别值得注意的是,这一"交质"是周平王自己提出来的,这更能说明当时政治局面的真实情况。

第三波:公元前719年周桓王即位后郑国对其经济上的挤压。

公元前720年,当了五十一年天子的周平王在郁闷中离开了人世。第二年,周桓王即位。他即位后的第一件"大事"就是企图削弱郑庄公的权力,明确分权给虢公。郑庄公得知此事后,马上做出了反应。这次不再是一味地政治上施压,而是从经济上去挤压周王朝。四月,郑庄公派出大夫祭足带兵把周温地的麦子全割去了。秋天,又

郑桓公陵园

把成周一地的稻谷抢先收割掉了。

　　这对周王朝来说无疑是雪上加霜。周王朝东迁后，大片土地已经失去，经济来源十分匮乏，连支撑朝廷成员的日常生活都极为困难。许多诸侯都不来朝觐了，说明贡献物也日见减少。按照当时的礼仪，天子丧后半年是要下葬入土的，可是下葬要有一大笔钱，朝廷的国库里又拿不出，于是只得到诸侯国去借贷。周桓王派成氏子到了鲁国求助，要求鲁国以丧礼的名义出一笔钱，鲁国也不肯爽快地从钱包里掏出钱来。办丧事的钱都拿不出，周王朝经济上的窘况于此可见一斑。春秋两季的收成被郑庄公掠去后的困境是可想而知的。

第四波：公元前707年的"繻葛之战"。

周桓王多少有点初生牛犊不怕虎，他对郑庄公的傲视王权还是心有不服。桓王二年（前718），郑庄公装模作样地去朝见天子，桓王不理不睬，"不礼焉"，就是故意冷淡他。周公提醒桓王："周的东迁，主要靠的还是晋国和郑国，现在虽然出了许多不愉快的事，为了大局，看来还是得尊重这位郑庄公。"周桓王没说什么，转身走了。桓王五年（前715），周桓王任命虢公忌父为卿士，与郑伯平起平坐。桓王八年（前712）周王夺去了原属郑的邬、刘、苏、蒍四邑的田地。这样，周与郑之间长期积累下来的矛盾处于一触即发的险境了。

桓王十三年（前707），这一年周桓王完全剥夺了郑在王朝中的权力，郑也宣布不再朝觐。双方经长期斗争终于"摊牌"。这年秋天，周桓王想先发制人，集结了虢、蔡、卫、陈等国军队伐郑。王率中军，虢公林父率蔡、卫军为右军，周公黑肩率陈人为左军，向郑大举进攻，双方战于繻葛。战争一开始，郑的左右军挥动大旗鸣鼓前进，蔡、卫、陈的军队迅速溃败，于是，郑军集中力量合击周王师。周军大败。周桓王被郑将军祝聃的箭射中肩膀。桓王受伤后，奋力指挥军队突出重围。郑将军要挥师乘胜追击，郑庄公却假惺惺地说："君子是不应该欺人太甚的，何况我们面对的是天子，更不能侵侮于他了。如果能使我得到应得的地位，使国家免于灭亡，就什么都足够了。"那天晚上，郑庄公派出使者祭足到周营去，慰问受伤的周桓王及天子的群臣。

通过上面这样四次大的"冲击波"，尤其是"繻葛之战"郑国轻而易举地击败王师，射伤周桓王，使周天子的威信一落千丈。原先尚能维持的所谓"王命"现在完全失去了作用。在人们的心目中，周天子再也不是天下共主了。

而这四次大的"冲击波"让郑在人们的心目中的地位迅速攀升。"繻葛之战"的当年,周天子恢复了郑在王朝中的最崇高的地位,第二年,大国齐国被北戎侵扰,不得不向郑国求救。郑国派郑公子忽率军救齐,结果是大获全胜。当时的齐僖公为了示好于郑,刻意想把女儿下嫁给郑公子忽,公子忽以"小国不取大国女为妻"的理由拒绝了这门婚事呢!过去宋、卫等国长期是郑的敌国,现在却纷纷向郑靠拢。公元前701年,齐、卫、宋和郑在"恶曹"会盟,共推郑桓公为盟主,与盟的各国表示愿唯郑之命是从。这说明郑的势力一度已极强,实际上成了春秋初年的天下霸主。

郑庄公去世后,郑国从诸侯中最强大的国家的巅峰一下跌落下来,由于国内一直发生君位争夺的斗争,郑国的国力进一步削弱了,沦为华夏诸侯中的次等强国,并成为晋楚齐秦争霸中必须争夺的方国。

郑子产"铸刑鼎"

郑庄公率先打破周王的权威,在春秋时代具有重大的意义,但作为一个小国,在以后引发的大国争霸中并没有给郑国带来任何意义上的好处。郑庄公在位四十三年,那是郑国最强盛的时代。公元前701年,郑庄公去世,之后郑国国内就发生变乱,郑一直在走下坡路。郑庄公"小霸"时得罪了不少国家,一看郑破落下去了,就赶来报复。公元前698年,也就是郑庄公去世的第三年,宋、齐、蔡、卫、陈五国联军伐郑,焚烧了郑的渠门,攻入了城内的大街,又侵扰了郑的

铸刑鼎

东郊，夺取了牛首之地，甚至把郑祖庙的椽子都拆掉了。郑不只是吃了败仗，还受到了莫大的侮辱。

之后，郑作为一个小国，一直夹在诸大国中间受到种种胁迫，处境十分困顿。由于处在"百战之地"的中原，郑不只受到中原大国的欺凌，连南方北上的楚、吴、越等国，也往往把郑当作利用或打击的首选对象。

郑国在困顿中，其统治层中头脑清醒的一些人，开始思考起了小国在乱世如何自处这样一个问题了。

郑简公元年 (前565)，郑国的贵族出兵攻击蔡国，一举打败了蔡军，而且俘获了蔡军的一员大将。这时，郑国可以说是举朝皆贺，认为这可为衰弱中的郑国出了一口恶气。这时，年方十九的子产站出来反对，他说了句令满朝文武都大为震惊的话：

"小国无文德而有武功，祸莫大焉！"

大家都很想听听子产对这句话的解释。子产分析说，蔡国是楚国的友好国家，郑国打败了蔡国，楚会不出来帮忙吗？楚国一出兵晋国也会卷入，如果晋、楚都来攻打郑国，郑国还会有活路吗？恐怕要不了四五年，郑国就要灭亡了。

郑子产"小国无文德而有武功，祸莫大焉"一语深深震动了朝中百官的心。郑简公三年，郑国发生了一起重大的政治暴乱。一群暴徒冲入宫内，杀死了主政官，子产的父亲也在抗暴斗争中献出了自己的生命。当时子产二十二岁，他果断地站出来平定了暴乱，维护了郑国的安全。

子产英雄果断，成了郑国众望所归的人物。简公十二年（前554），子产被任命为卿，第二年命为执政。子产执政凡三十三年，改变了郑的面貌，同时也可以说一定程度上改变了春秋时代中国的面貌。

那么，子产所谓的以"文德"而不以"武功"治国，究竟是怎么回事呢？

中国自古以来是农业社会，子产的"文德"从田制改革入手。自西周末年以来，井田制受到了破坏，大量土地落到了社会的权贵阶层手中，子产想通过

子产画像（清代金农绘）

"田有封洫"的办法重新丈量土地，使被权贵侵吞的相当部分土地回归到农民手里。这是一个大手笔，在当时也是取得了一定成效的。

子产"文德"的第二个举措是"作丘赋"。以前，很多有特权的人都是不供应军赋的。军赋包括车马、甲盾、徒兵等。现在子产就按照"丘"为单位派赋，郑国任何权贵都要在自己的"丘"内纳赋。这样做当然会让老百姓拍手称快的。

最为重要的是，子产实行了"铸刑鼎"。这是郑简公三十年（前536）实施的一项具有伟大历史意义的改革。就是国家制定成文法律，将这些法律条款铸在刑鼎上，让全国的每个人都知道，从而达到严格执法的目的。

《左传·文公六年》有关"制事典，正法罪，辟刑狱，董逋逃"的记载

郑子产的"铸刑鼎"引起列国的巨大反响，晋国的叔向情绪激动地写信给子产，表示坚决反对。他说："你这样把法律一公布，那老百姓都知道什么是是、什么是非了，大家就不会再按礼俗的规范去做，而是引征刑鼎上的条文去定是非了，结果会使刀尖那么细微的事也会争议不休了。"郑子产的态度是坚决的，他在给叔向的回信中明确表示：

"铸刑鼎，吾以救世也！"

子产说的是心里话，他这

夔凤纹罍（春秋晚期，山西省考古研究所藏）

样做，完全是为了挽救这个世界，让老百姓过上更安定、更有尊严的生活。在子产死之前，他给继任者留下了这样的遗嘱："夫火烈，民望而畏之，故鲜死焉。水懦弱，民狎而玩之，则多死焉。故宽难。"他说这话的中心思想是，当政者一定要严于法纪，学会以法治国。

子产的继任者没有深刻领会子产的遗嘱，走了一段弯路。面对违法者，继任者不忍猛而从宽，结果"郑国多盗，聚而闹事者众"。继任者后悔没听子产的教诲，说："我如果早听从了先生的教导，就不会这样了。"于是，就兴兵攻杀那些盗贼和无端闹事者，"尽杀之，盗少止"。

子产的"铸刑鼎"开辟了中国历史的一个新时代。一些前辈学者指出："春秋成文法的公布，是中国由秘密法阶段开始向法典时代过渡的标志。"②而这种过渡是发端于子产的"铸刑鼎"的。从这个意义上讲，子产的这一行为的确具有划时代的价值。

子产"铸刑鼎"后二十三年，赵国赵盾专国政，开始"制事典，正法罪，辟刑狱，董逋逃"（《左传·文公六年》），即制定办事章程，建立刑法律令，审理狱中刑事案件，督察追捕逃亡的罪犯。这是一部完整的法典。七年后，晋国进一步修内政，赵鞅、荀寅将法典铸于铁鼎上，这就是晋国的铸刑鼎。

郑国和晋国的铸刑鼎，虽然在当时受到一些人的非议和批评，但是历史潮流不可阻挡，此后各国纷纷相继制定了各自的成文法，如齐国的《七经》、楚国的《宪令》、韩国的《韩符》、赵国的《国律》、魏国的《魏宪》等。

郑国的历史差不多贯穿了整部春秋史。它的前半期以武力征讨的"小霸"形象为世人所熟知，而后半部郑史却以"救世"的"铸刑鼎"著称。郑国的历史本身就是一部活教材，它告诉世人，国无分大小，最终的结局总是要走向法治的。

注释：

① 张岱年:《论中国文化和基本精神》，载《反省中国人》，中国文联出版社1999年版。

② 杨鸿烈:《中国法律发达史》，商务印书馆1930年版。

齐桓公的霸业 03

齐的建国及其"杂交"文化

　　西周初年，周武王封克商的功臣姜尚（又名吕尚，号太公望）于营丘（今山东省淄博市临淄区北），始建齐国。关于吕尚其人的家世，现在讲不太清楚了。有的学者据"炎帝以姜水成"为由，称生于姜水的吕尚是炎帝神农氏的后裔。有的学者则以为，"姜"和"羌"在古文字中原是一个字，姜太公该是西羌人，其祖先应居住在更西边的地区，后来才移居于渭水一带。姜尚直到七十来岁的时候，仍然过着穷困的生活，以渔钓为生，亦以渔钓为乐。后来被周文王相中，成为一代国师，称"尚父"。

　　关于齐地的文化性格，确实很有研

姜尚像

究的必要和价值。司马迁在《史记》一书中一再提到"齐带山海",处于"海岱之间","其俗宽缓阔达,而足智,好议论,地重,难动摇",这是一种难能可贵的"大国之风"。齐人豪爽、阔达、勇武,这可能与面泰山、背大海这种壮丽的自然环境有更多的关系。而"足智"、"难动摇"的品性,则与姜太公有更为直接的关联了。司马迁在《太史公自序》中说,他写《齐太公世家》,就是要彰显姜太公的"文武是师,功冠群公,缪权于幽"的个人品质对齐的深刻影响。"吕尚阴谋修德以倾商政,其事多兵权及奇计,故后世之言兵及周之阴权皆宗太公为本谋。"(《史记·齐太公世家》)齐地本土的"阔达"之气,与太公从西部带来的"阴权"智慧,杂交成了司马迁所言的"大国之风"文化。

其实,齐地文化的"杂交"历程,并非从齐建国始。齐国大政治家、大思想家晏子在与齐景公论《诗》和《乐》时,明确指出:"先王之济五味,和五声也,以平其心,成其政也。"(《左传·昭公二十年》)意思是说,齐国在"先王"之世就懂得各种文化的相"济"与相"和",然后使民众"平其心",国家"成其政"。这里说的"先王",那可就远了。"昔爽鸠氏始居此地",最早到齐地落地生根的是少皞氏的支族爽鸠氏,属东夷人。"季蒒因之",继之在这里定居的是虞夏诸侯季蒒氏。"有逢伯陵因之",后来是殷商诸侯逢陵氏在这里定居。"蒲姑氏因之",再后来又来了同样的殷商支族的蒲姑氏。"而后大公因之",最后才是姜太公带着周人来到这里。看,这里有东夷文化、虞夏文化、殷商文化、周文化,都水乳交融在一起了,言之为"杂交文化",看来是一点儿也不过分的啊!这里连续用了四个"因"字。"因"者,因袭也,陈陈相因也。旧的继承下来,再加上后来者的新的文化,形成一种更新、更有活力的文化。这个过程,在齐地是漫长的。

有这样一个故事：姜尚从周都东行就国，一路上行行走走，进程并不快。他是在思考着些什么。自己受命于华夏的周统治者，来到夷族人世居的东方，迎接他的将会是怎样的场景呢？他不能不去思考这些。一次，途中宿于客舍，客舍中人说："我听说时机难得而易失，客居于半途中又显得很安然，你实在不像是赴国上任的人。"在异地能听到这样的提示，太公一下兴奋起来了，半夜里就整衣冠上路了，天将亮时已赶到了封国。正好遇上莱人（处于营丘旁边的土著人）也来争这块地盘，幸好太公是早一步进了营丘，这样就少了很多麻烦。太公想，如果莱人已占有了营丘再要夺回来，不只会伤了和气，对日后的治国也会增加许多麻烦。他还真得感谢客舍中提醒他的那个人呢。

史书记载："太公至国，修政，因其俗，简其礼。通商工之业，便鱼盐之利，而人民多归齐，齐为大国。"（《史记·齐太公世家》）这里说的"修政"，就是推行西周王朝的政治制度。作为朝廷命官，姜太公这样做是必须的。同时，对当地千百年来形成的民风民俗采取尊重和继承的态度，这叫"因其俗"，对周礼进行大刀阔斧的删削，使其适宜于齐地民众，这叫"简其礼"。这样，在姜太公的妥善处理下，齐地很快就形成了一种东西方共通的"杂交"文化。

齐地和鲁地虽说相去不远，但文化血脉相去甚远。鲁地文化是全盘接受了周的礼仪文化的，可以说是一种比较正宗的周文化，孔子是鲁人，他说"郁郁乎文哉，吾从周"，那是有道理的。而齐地文化则大不相同，它是在保留东夷文化的前提下嫁接进周文化的。春秋初，鲁庄公要到齐国去观社（按东夷风俗祭土地神的典礼）和"矢鱼"，遭到鲁国一些大臣的反对，因为齐地的所谓社戏和矢鱼，有着东夷青年男女相互嬉戏的成分,而这些在以周礼为正宗的鲁人看来是"不礼"的。

齐地男女恋爱和婚姻关系也颇为自由。由于盛行"男从妇居"的婚姻,所以女儿往往不出嫁,倒是男子来女家生活,男女之间也相对比较平等。后世所谓的"赘婿"(倒插门),也就是这样发展过来的。

这里又有一个故事:太公就国以后只五个月,就派他的儿子吕伋(jí)往宗周"报政"了。周公见他回来得那么快,惊异地问:"何其疾也?"吕伋笑着说:"简其礼,因其俗,齐地的百姓都高兴,所以就快了啊!"这是一种因地制宜的统治术,既将周的文化渗入其中,又尊重当地的东夷文化和殷商文化,可说是最佳的统治方法了。

一个地区的安定,最终取决于经济的发展状况。据《史记·货殖列传》的记载:当年太公望来到营丘的时候,这里还是一片很难长庄稼的盐碱地,简直可以说是不毛之地。居民也很少。姜太公并没有失望,他鼓励那里的男子经营渔业和盐业,鼓励妇女勤勉劳动,精心纺织,要织出天下最精巧的产品来。齐地的妇女做到了,一段时间后,天下的人差不多都穿戴上了齐国人制造的顶冠、束带、衣服、鞋子,历史上称为"冠带衣履天下"(《史记·货殖列传》)。各地的人们像车轮上的辐条一样从周围凑合到齐国来,有不少人就在齐国定居下来了,这里的人口也多起来了。从东海到泰山的许多国家都恭敬地来到齐国经商和参观。

在《吕氏春秋·长见》篇中,有一段十分有价值的资料。说的是姜太公封于齐、周公旦封于鲁以后,两位老臣有过一次亲密的接触,话题是"何以治国",周公旦的答案是"亲亲上恩",就是要增强亲人间的亲善关系（亲亲），崇尚人与人之间的恩惠（上恩）。而姜太公的答案是完全不同的，他说："尊贤上功。"姜太公的治国思想是：尊重贤者和能者（尊贤），并对为国立功者加以奖掖（上功），使更多的人勇于为国立功。

齐国的这种具有"杂交"色彩的文化，大大有利于国家政治上的治理和经济上的繁荣发展。齐桓公的称霸正是建筑在如此坚实的经济和文化基础上的。

齐桓公用管仲为相

郑国的"小霸"只是昙花一现。郑庄公一死，到了他的儿子手里，就内乱不已，国力一落千丈了。而地处东方的齐国却在经过整顿后真正强大起来了。

到齐襄公时，在打败鲁国的基础上，齐国在列国间站住了脚跟。可是，正在这时，齐国国内出现了内乱。齐襄公在毫无防备的情况下为其叔父的儿子公孙无知所杀。在不得已的情况下，襄公的一个弟弟公子小白避居莒（jǔ，今山东莒县）国，他的师傅是鲍叔牙；另一个弟弟公子纠避居于鲁国，他的师傅是管仲。管仲和鲍叔牙早已相识，而且是极为要好的朋友。两人早年曾共同经商。在分钱时，由于管仲家中贫困，又有老母需要赡养，管仲经常多拿一些，鲍叔牙从不说什么。管仲曾多次给鲍叔牙出主意，结果大多失败了，可是鲍叔牙认为不是主意不好，而是时机不成熟。管仲先前曾做过三次小官，后来都被辞退了，鲍叔牙认为不是他不能干，而是国君不贤明。管仲打仗，有逃跑的记录，鲍叔牙认为不是他怕死，而是不愿在无谓的权力斗争中白白送

齐桓公雕像

死，而且家有老母，需要奉养。鲍叔牙与管仲之间的相互心知，是我国古代朋友相交的一段佳话。

不多久，齐国国内的局势发生了戏剧性的变化。自立为君的公孙无知出游时被他手下的一个大夫杀死，国内顿时大乱起来。这时，齐国出现了短暂的无君真空时段，填补真空的机会给了小白和纠这两位公子。

闻知消息后，公子小白和公子纠都在其师傅的陪伴下急忙往国内赶。为了阻止小白的回归，管仲受公子纠之命率军阻击于小白的归路上。远远看到小白前来，管仲拉起弓就射向小白一箭，只听到小白"啊呀"一声，手捂着胸口应声倒地，小白的随从马上把小白抢走了。管仲从小白手捂胸口这一点猜测，这一箭一定是射中了要害部位，想来丧命是必然的了。管仲就高兴地去向公子纠复命去了。这时，公子纠以为公子小白已亡，胜券已经在握，就慢悠悠地行进。管仲催他速行，公子纠却嬉笑着说："急什么，君位总是我的了，慢慢行，正好养养神！"管仲见公子纠不紧不慢的样子，也就不再多说什么了。他们一行走了六天六夜还没来到齐国。

话分两头。其实那一箭并没有伤着公子小白，叮当一声只是射中了他身上的带钩。小白是有智谋的，他故意应声而倒装死。回营后，乘着夜色马上急行军，两天一夜就回到了齐，并通过内应名正言顺地登上君位，这就是后来赫赫有名的齐桓公。

齐桓公即位后，以迅雷不及掩耳之势向鲁国进军，捉拿公子纠和他的师傅管仲。当时，齐桓公恨恨地说："公子纠是我的兄弟，我不忍亲自杀害他，让鲁国处置掉他吧！至于管仲，实在太可恶了，那是我的不共戴天的仇人，我只要是抓住了他，不把他剁成肉酱不足以解我心头之恨！"

同时，齐桓公修书一封，让使者交与鲁君，信上说："我齐桓公的意思很清楚，公子纠我交给你们处置了，召忽、管仲两个大仇人请你们交给我。如果你们不这样做，我是会对你们不客气的。"

鲁君一看来书，想：这不是最后通牒吗？看来不依齐君是不行的了。于是，马上让人将公子纠在一个叫做句渎的地方处死了，又把召忽和管仲两员重犯押

管仲雕像

解齐国。召忽自知不得善终，在半路上自尽了。而管仲似乎还在等待着什么，心甘情愿地让差役为自己戴上了刑具，一路上也表现得十分的平静。

这时，作为齐桓公之师的鲍叔牙，正在与桓公促膝谈心。

鲍叔牙问："你真的要杀管仲吗？"

桓公很气愤地说："当然是真的。管仲是我不共戴天的大仇人，那一箭之仇，不可不报。"

鲍叔牙仰天长叹一声，站起身来，说："我原以为你是个明君，现在看来我是错了，你不过是个只知报私仇而不计国富民强的小人。"说罢，急步要走。

桓公急忙离座，拉住他，问道："难道先生要我有仇不报吗？"

鲍叔牙重又坐了下来，语重心长地说："人世间有的仇可报，有的仇不能报。管仲这一箭之仇，万万不可报，万万不可报啊！"

"这是为什么？"桓公惊异地问。

鲍叔牙请桓公归坐，恭敬而严肃地放慢语速说："要知道，管仲是个了不起的人物啊！君主如果只求国家太平无事，社会安定，那么用高傒和我鲍叔牙两人就足够了，如果要国富民强，称霸天下，

莲瓣盖龙纹壶 (春秋中期，上海博物馆藏)

那非用管仲不可。"

桓公不作声，认真地想了想，问："真的吗？"

鲍叔牙起身下拜，语重千钧地说："君前无戏言。我与管仲是从小相知的君子之交。他出身贫寒，孝敬老母；他饱读诗书，学问非凡；他品格高尚，忠于职守；他阅历丰富，深知治国方略；他对天下形势了如指掌，懂得王霸之道。他比我鲍叔牙不知要高明多少倍，今天管仲为齐所得，真是幸甚呵！"

桓公又问了一句："果真如此？"

鲍叔牙答得斩钉截铁："果真如此！"

雄才大略的齐桓公这时兴奋地说："好，听先生的，我用管仲！"

于是，桓公派出鲍叔牙远迎管仲。在鲁国的北部边境，鲍叔牙就亲自为管仲解除了刑具。见齐桓公时，管仲表现得不卑不亢。齐桓公见此，更加优礼相待，先封他为大夫，不久，就任命他为相。

管仲对鲍叔牙的知己情谊和让贤品格，始终念念不忘，他感叹地说："生我者父母，知我者鲍子也。"司马迁在《管晏列传》里赞叹说："鲍叔既进管仲，以身下之。天下不多管仲之贤，而多鲍叔能知人也。"

历史是最好的教科书。齐桓公以

鲍叔牙像

管仲为相这个著名的历史故事，给了我们多方面的启示：姜太公当年在说到治国方略时说到要"尊贤上功"，这一治国方略在齐桓公不计私仇重用管仲上得到了印证，难怪司马迁要把齐桓公和管仲当作姜太公事业的继承人了。而管仲和鲍叔牙的友谊真可谓山高水长，与日月同辉了。有了这样崇高的友谊，人世间还有何种心结不可解、还有何种大事不可为？

齐鲁长勺之战

周庄王十三年（前684），齐鲁两国在鲁国的长勺（今山东省莱芜市东北）交战，在曹刿（guì）的谋划下，鲁国以弱胜强。

雄心勃勃的齐桓公即位的第二年，也就是公元前684年，就发动大军侵鲁。齐鲁两国相邻，为了领土纠纷，经常会有大大小小的战争发生。这次齐国主动出击，是为了报复不久前鲁国对公子纠的支持。当时管仲刚来到齐桓公身边，对整个形势还不太了然，因此对这次征鲁，

鲁庄公雕像

也不便发表意见。再说自己原先是公子纠旗下的人物，对征鲁的事更不好说什么了。齐军凭着兵强马壮，长驱直入，只几天时间大军就已经抵达鲁境内的长勺了。迫不得已，鲁庄公只得亲自带兵前去迎战。

鲁庄公正在筹划战事，有人报告说有个叫曹刿的求见。鲁庄公问："来者是何等样人？"通报者说："好像是个年轻的书生。"还没等鲁庄公允许，曹刿已经风风火火地冲了进来。

这个叫曹刿的年轻人对鲁庄公深深一鞠躬后，便直截了当地问庄公："国君，鲁国是那样的弱小，你凭什么去与强大的齐军抗衡呢？"鲁庄公想了想说："有衣有食我不敢独自享用，常常分一点给别人，我想，那些得到好处的人就会出力地去为我打仗。"曹刿冷冷一笑说："这样的小恩小惠你只能施予极小的一部分人，广大的民众还是不会为你去卖命的，你说是不是这样呀？"

曹刿又问："你还有什么招术？"鲁庄公又说："我按时祭祀祖先和神灵，祭祀所用的牛羊玉帛都是按规定的，一点都不敢马虎，在这方面，我是一直守信用的。"曹刿摆摆手说："单是守信于祭祀祖先和神灵，显然还是不够的，神灵也不会为此保佑你的。天道远，人道近，战争最终靠的还是人和人气。"

庄公沉思了一会，说："我做的

曹刿像

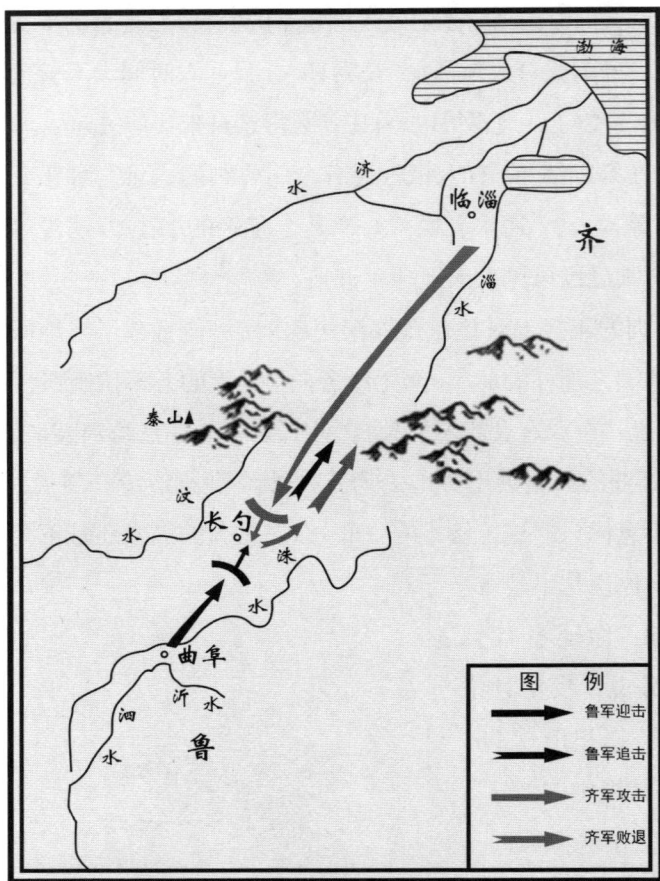

渤海

齐

临淄

济水

泰山▲

汶水

长勺

曲阜

沂水

泗水

鲁

图 例	
➡	鲁军迎击
➡	鲁军追击
➡	齐军攻击
➡	齐军败退

齐鲁长勺之战
示意图

最值得一提的事是，国内的大小诉讼案件，虽然不可能做到每件亲自审理，但我能做到的是，要求相关部门件件按实情处置，决不马虎。"曹刿听了，马上高兴地说："如果你真能这样做，那是老百姓最欢迎的事。只要老百姓真心拥护你了，何惧于齐国？"

鲁庄公被曹刿的一番话说服了，相信他是一个有军事头脑的人，就与他一起驱车来到了阵前。

这时，两军正对峙在长勺的一马平川之地，战前的气氛特别紧张，空气像冻结了一样，连一丝风也没有。鲁庄公自知不是齐桓公的对手，慌得身子都有点发抖了。曹刿紧随在他身边，还不时安慰他几句。

突然，齐军仗着兵多将广，首先击鼓发起了冲锋。这时，鲁庄公也想击鼓反击。曹刿马上止住他，说："不可。"当齐军第二通击鼓时，庄公问："我军可以击鼓进军了吗？"曹刿摇摇头，还是说："不可。"很快，齐军擂响了第三通进军的战鼓，这时，曹刿奋然高呼："我军可以击鼓进军了。"这时，鲁军如离弦之箭一样，直向着齐阵冲去。齐军竟经不起这突然的一击，溃退了。鲁庄公惊喜不已，马上想下令追击，曹刿却加以阻止低声说："且慢，让我观察一下。"他下车看了下齐军败逃时的车轨印迹，又上车观望敌军的旗帜，最后才对鲁庄公说："下命令吧，可以追击了。"

这一战，鲁军大获全胜。鲁军乘胜追击，一举把齐军逐出了鲁国的国境，这是鲁齐两国交战史上从来没有过的。

战争结束后，鲁庄公问曹刿战胜齐国的缘由。曹刿回答道："打仗，靠的是一股勇气。一鼓作气，二鼓就衰了，第三鼓就力竭了。在敌军三鼓后发起进攻是最妥当的，因为那时敌军最倦怠，而我军是后发制人，敌人三鼓而竭时，我军方一鼓作气。这样，就凭我军的那一股子勇气把强敌给打败了。"后来人们利用这个故事提炼出了"一鼓作气"这个成语。

这是我国古代战争史上以少胜多、以弱胜强的一个战例。说明战争中装备和军力固然是重要的，但更重要的是谋略和士兵的精神状态。

鲁庄公当时又问："敌人败退了，你为何不主张马上追赶呢？"曹刿回答说："齐军虽然败退，但它究竟是个大国，兵力强大，说不定他们假装败退，在什么地方设下埋伏，如果贸然紧追，说不定是会吃大亏的。后来我看到敌军的旗帜东倒西歪，车辙也乱七八糟，才相信他们阵势真的全乱了，所以才请你下令追击。"

鲁庄公这才恍然大悟，盛赞曹刿是个了不起的军事天才。

真是时势造英雄，要不是齐鲁间的那一场大战，要不是曹刿其人的自告奋勇，谁都不会知道鲁国有个曹刿。曹刿的青史留名，是历史对他的一种恩惠和厚爱。

"长勺之战"齐国的惨败，使齐桓公发热的脑子清醒了许多。他明白了，齐国虽说是一个大国，但如果不革新朝政，在列国的剧烈争斗中败亡也是可能的。基于这样的认识，齐桓公就决心依仗管仲实施改革了。

管仲改革齐政

齐鲁"长勺之战"后，齐桓公深感不改革难以图霸，于是，把改革的大权交付给国相管仲，要他放开手脚大干一番。

管仲正想大干一番呢！他知道，要想获取民众的支持，就得将自己的改革主张公之于众。春秋之世，已有勒石为文的习惯。他让人找来一块巨石，刻上两行文字：

仓廪实而知礼节
衣食足而知荣辱

（《史记·管晏列传》）

走过相府的民众总要驻足观赏这两行文字，从早到晚，络绎不断。一些民众在巨石前议论纷纷。有的说："国家的仓库里积满了粮食，民众才会懂规矩，社会才安定得下来，这是很有道理的。"有的说："要民众知书达礼，先得让大家有饭吃，有衣穿。"还有人说："吃饱穿暖了，谁还愿意去干坏事。即使有人干坏事，也只是少数几个。"民众的这些议论，可以看作是对管仲的那两句改革格言的注释。

民众在说这些的时候，管仲和其他僚属正认真地在屏风后听着呢！管仲对自己的好友鲍叔牙说："看，老百姓是挺希望过仓廪实、衣食足的日子呢！"鲍叔牙答道："当然希望，那样的好日子怕就是在三皇五帝时也难得过呢！"管仲满有信心地说："我们能够把齐国治理得比三皇五帝时还富足。"

管仲的改革纲领是得民心的，因为它贴近民众的利益，司马迁评述道："故论卑而易行，俗之所欲，因而予之；俗之所否，因而去之。"（《史记·管晏列传》）所谓"论卑"，一些史家释为政令贴近人民大众的切身利益。这是有道理的。管仲的"下令如流水之原"，就是因为他推行的那一套是"顺民心"的。

齐国是一个大国，在当时是地多人少，但由于土地高度集中，还是有相当多的民众无田可种。管仲通过没收封建采邑主的土地，使土地民户直接掌握在齐国国君手中。与此同时，再将土地按份额分配到户，使齐国户户有可耕之地。这件事也做得不容易。在实施中，管仲选择了齐大夫伯氏为典型。伯氏是个不大不小的土地所有者，他占有不少土地，在这片土地上劳作的无地农民有三百户，是齐国国君给他的采邑。伯氏在上交赋税时有所隐瞒，那当然是一种犯罪。管仲从他那里开刀，没收了他的土地，解放了这片土地上的农户，把土地分给农户，让他们自食其力。管仲的妙处还在于，事情并没有这么简单地结束，他亲自到伯氏那里面对面地做工作，让他知道自己的罪行，并晓以理义，使他心甘情愿地放弃这片土地和土地上的民户。当然，伯氏这样做有一个交换条件，就是管仲不降罪于他，将他作为自愿放弃非法占有土地的正面典型保护起来。后来，伯氏自己表态："管仲做得对，我到老死也一点没有怨言，我要老老实实地自食其力，即使以后粗茶淡饭过日子，心里也踏实。"伯氏的话是真心的。

这是一个有说服力的典型。管仲适时地、恰到好处地宣传了这个典型。最后不少人都交出了土地和人口，这一场古代的"土地改革"开展得挺顺利。

管仲把土地划分为各个等级，不同等级的土地收取不同的赋税。划入下等类的土地，如果用户着意改良了土地，得到了好收成，五年之间不调征。这样，农民改进生产技术、改善土地品质、提高粮食产量的积极性就大大提高了。发展生产有利可图，老百姓就不怕吃苦，老百姓不怕吃苦，国家就有希望。有这样的记载："是故百姓夜寝蚤(早)起，父子兄弟不忘其功，为而不倦，民不惮劳苦。"（《管子·乘马》）可见，当时老百姓对管仲的做法是拥护的，大家的生产积极性是很高的。

在农业发展的基础上，管仲还主张多种经营。他设立了"工正"、"工师"、"铁官"等管理手工业的机构，大力推进冶铜、制铁、纺织业的发展。这样一方面可以制作精良的武器，加强国防；另一方面改良农具，发展农业生产。

管仲十分懂得商业的重要性。他主张发展市场经济，在城市中设立更多的"市"。"聚者有市，无市则民乏。"（《管子·乘马》）人们聚族而居的地方，就应该设市。他认为，一个中等的城市，就应该设立以交易为目的的"市"。"市"与"市"之间的交流，可以活跃国家的经济。他认为，齐国的优势在于近海，可以坐收渔盐之利。他尤其主张让那些还处于贫困状态的家庭去经营渔盐，这样就可以很快地脱贫。不只是脱贫致富，从中还会涌现出许多杰出人物来呢！

　　管仲在中国历史上第一次提出了"四民"之说，并别出心裁地将"士"放在首位。这充分表明了管仲的一个十分杰出的思想：农是基础，而士是先锋。这一方面说明当时以宣传文化为己任的"士"在社会上已颇成气候，人数上也足以形成一个阶层；同时，也可看出管仲对"士"的重视。"士之子恒士"，这里强调的是家学渊源，强调的是学术传统。今本《管子》一书中有《弟子职》一篇，讲的是弟子的学习常规，其中很难说没有管仲的思想和观念。

会盟殿（葵丘）。葵丘会盟地是一个寺院，在寺院大门两边对联写着"葵丘寺内会诸侯/王帽土地传千秋"。

管仲的这些举措，大受齐国人称道。说他是"思民所思，好民所好"，他可说是中国历史上能很好地解决人民吃饭穿衣问题的少数政治家之一。当有人问孔夫子管仲是何等样人时，孔子说："管仲可是个正派人啊，可是个正派人啊！他为老百姓做了不少好事，他可算得上是一个仁人了。"孔子把"仁人"与解决民生结合起来，这是很有见地的。

在经济改革中，管仲十分注意正确方针政策的贯彻，"赡贫穷，禄贤能，齐人大说（悦）"。（《史记·齐太公世家》）在政策上，这里有两个"倾斜"：一是向"贫穷"人士倾斜，就是着重让那一部分最贫困的人士能脱贫，过上有吃有穿的好日子。这一点管仲做到了，他通过减税、分配优质土地等方式的确使齐地的贫民得到了解救。二是向"贤能"人士倾斜，谁能提出治国安民好主意的，就给予重奖，差不多每年都有一大批贤能之士获奖。在大国争霸的境况下，这样做的国家是不多的。"齐民大悦"了，国家就有希望。

在行政方面，管仲实行"国"、"野"分治制度。管仲把"国"分为二十一个乡，其中由齐桓公亲自统领十一乡，其他由大臣管理。"野"实行三十家为邑，十邑为卒，十卒为乡，三乡为县，十县为属，这样层层相连的严密统治系统，有效地组织了民众，也有效地控制了民众。

在军事上，齐国实行军政合一的制度。规定五家为一轨，每轨设轨长一人。十轨为一里，设司里一人。四里为一连，设连长一人。十连为一乡，设良人一人。全国设三军，分别由桓公、高子、国子三人统帅。每年春、秋两季农忙过后进行军事操练，以提高实战水平。当然，一旦国家有事，可随时调集军队组织战斗。

最有价值的是管仲为齐国确立的外交方略。他提出了"安四邻"的战略方针。管仲认为:"四邻安,则国安。"为了求得四邻安,管仲花了不少精力去解决边境纠纷。他派出了八十名能说会道的"游士","奉之以车马、衣裘,多其资币,使周游于四方",通过物质的利诱、武力的威慑、文化的安抚、道义的劝慰,目的就是通过他们这些人的不懈努力,保四邻周边的平安。

管仲的改革使齐国只花了五六年的时间就强大了起来,并且通过一系列的对外战争,逐步成就了自己的霸业。

齐桓公的尊王和称霸

在春秋时期的人物中,齐桓公和管仲受到了孔子最高、最中肯的评解。孔子说:"桓公九合诸侯,不以兵车,管仲之力也。如其仁,如其仁。"这既是对桓公"九合诸侯"的肯定,又是对桓公和管仲"不以兵车"的赞许。孔子又说:"管仲相桓公,霸诸侯,一匡天下,民到于今受其赐。"(《论语·宪问》)这是孔子对桓公霸业的肯定,认为桓公之"霸",好就好在"一匡天下"。在社会无序的情况下,能通过霸业把天下匡范合一起来,这是一种无序中的有序,对广大人民群众是有极大好处的,应予充分肯定。孔子是站在"民受其赐"角度肯定齐桓公和管仲的霸业的。

说齐桓公"九合诸侯",那只是一个约数。据后来战国时的一些史家统计,"齐桓公并国三十,启地三千里"(《韩非子·有度》),也有说"齐桓公并国三十五"(《荀子·仲尼》)的。史家统计,在齐桓公在位的四十余年中,比较大的会盟有二十六次,用兵有二十八次之

邵王簋（春秋晚期，上海
博物馆收藏）

多，所以孔子说的"不以兵车"，严格意义上说是不确切的，实际情况还是恩威并用。

齐桓公的霸业为何会受到相当多的人——特别是像孔子那样的人——众口一辞的赞许呢？这是值得研究和探讨的。

齐桓公称霸过程中，常常打出"扶持弱小"的旗号，那是十分得人心的。

齐桓公二十六年（前661）一个名叫邢（今河北省邢台县）的小国受到外来势力的侵袭。管仲对桓公说："诸夏亲昵，不可弃也。"（《左传·闵公元年》）"诸夏亲昵"这个提法实在好，说国无分大小，只要是"诸夏"之邦，我们都要去帮一把。桓公听管仲这么一说，心领神会,马上派出兵力去支援,这就使邢人免受亡国之灾。也就是在邢国受到他国侵袭的第一时间,齐桓公就伸出了援手。为了使邢人不再受人欺凌,齐桓公帮邢国全体远迁到夷仪(今山东省聊城市一带)去,并为邢人筑起了城,使其过上安居乐业的生活。这样做,邢人是会世世代代感激齐桓公的。

第二年,北方来的外来势力灭了卫国,并且杀死了卫懿公。卫国在周初封国最早,并且也算是重量级的封国。这下莫名其妙地被人灭了,实在可惜。当时卫国本土只剩下了七百三十人,再加上其地和滕地两邑的居民,也不足五千人。齐桓公派自己的儿子公子无亏带领三百乘兵车、三千名甲士迎接这些人来到曹(今河南省滑县),立新君戴公,这样卫国才得以复国。后来,齐桓公派兵一直护卫在曹地,并且赠送了牛、羊、鸡、狗等许多生活必需品,还有木材等物资。戴公死去后,其弟文公立,齐又带领诸侯的军队为卫国修筑楚丘(同样在河南省滑县)新城,并把卫国整体迁到了那里。在一段时间里,齐国还帮助这个小国进行了有效的防卫。

"邢迁如归,卫国忘亡。"救邢,存卫,对齐桓公来说花的气力并不怎么大,可收获的声誉却大大超过事情的本身。经过邢国和卫国民众一宣传,列国的百姓都知道齐桓公是一个仁爱之君了。

鸟兽龙纹壶(春秋晚期,上海博物馆收藏)

齐桓公在"九合诸侯"过程中,打出的"尊王"旗号,也是极为得人心的。在春秋的霸主中,不少人都想打出这一旗号,但是没有一个国家能像齐国处理得那样得体。

　　早在齐桓公六年(前680),齐桓公就邀集陈、曹两国攻打宋国,罪名是宋国违背了先前订立的盟约。管仲向齐桓公建议:"应该让周天子出面参与这件事。"齐桓公问:"那样做有什么好处?"管仲回答:"好处大得很呐,有了周天子这块金字招牌,战争的性质就变了,那不叫'征战',那叫'讨伐'。"桓公一听,连声叫妙。于是连夜派使者去面见周天子,请求派王师出征。这时的周王室已衰弱到极点,强势的齐桓公要他出兵,他哪里敢不出兵?周天子派单伯带领一些军队象征性地参加了对宋的征战。周的王军与齐、陈、曹的联军会合后,就浩浩荡荡向宋国进发。宋国一看那架势,也就不战而屈服了。这是齐桓公继郑庄公之后首次借用王室的名义,发展自己的势力。

　　就在这一年,郑国发生了很剧烈的内乱。外逃的郑厉公以栎(河南省禹州市)为据点进攻郑(河南省新郑市),并实现了复辟的目的。郑厉公复位后,为了找靠山,就与齐国结盟。齐桓公就借题发挥,在鄄(juàn,今山东省鄄城县西北)召集宋、卫、郑会盟,同时仍请周天子派员参加。周天子派周单伯参加。第二年春天,在周天子参与的前提下,齐、宋、陈、卫、郑五国仍然在鄄会盟。《史记·齐太公世家》说:"桓公于是始霸焉。"齐桓公一面是称霸,一面还不忘利用周天子这块金字招牌。

　　齐桓公十四年(前672)春,陈国发生内乱,太子御寇被杀,与其交好的公子完逃到了齐国。齐桓公不仅让公子完在齐住了下来,还任他为工正官。齐这样做，陈国不敢作出反应。那年，鲁国已开始向齐国纳币，说明齐国已能凌驾于像鲁国这样的小国、弱国。第二年，鲁君亲自到齐观看祭社的典礼。齐桓公十六年 (前670)，鲁庄公亲自到齐国迎娶齐女为夫人，是为哀姜，用了超常规的礼节，这说明鲁国实际上成了齐国的附庸。齐桓公十九年 (前667)，齐、宋、陈、郑在幽地会盟。周王虽然因故没有参加，但是派出了召伯廖作为特使，赐齐桓公为"侯伯"。

"侯伯"之名，古已有之。《书·周官》云："内有百揆四岳，外有州、牧、侯伯。"那时的"侯伯"指的是诸侯之长，是带领诸侯服从中央的，在周代那是带领诸侯拥护周天子的。而此时，所谓"侯伯"就是诸侯中的霸主。这由周王授予的"侯伯"一称，给了齐桓公许多特权，其中有一条就是有代表周天子征伐的权力。

当年，周天子就让桓公以王命伐卫，征讨这个国家的"数违王命之罪"。到这时，黄河下游一带的各国事实上都已经归附于齐了。

这时，齐与正强大起来并准备北上发展的楚国的矛盾加剧了。齐桓公三十年 (前656) 的春天，齐桓公召集鲁、宋、陈、卫、郑、许、曹，再加上齐本国的军队，组成联军向楚国的仆从国蔡国进攻。蔡国哪里是对手，马上溃不成军，诸侯军的部队长驱直入，直逼楚地。楚王就派使者与齐桓公交涉。楚王的使者说："齐国居于北方，我楚国居于南方，可以说是风马牛不相及的，你齐国为何要带领那么多国家打到我家门口来呢？我们弄不明白是什么道理。"作为齐国代表的管仲表现得很强硬，回应说："道理很简单，也很明白，第一，作为周天子的属下，你们楚国为何这些年不向周王朝进贡了？第二，当年周昭王南征，为何一去不复返了，你们楚国必须做出解释。"楚的使者只承认不向周王朝进贡是楚的不对，以后保证进贡；但是周穆王南征后发生了什么，楚国不知道，也说不上有罪。齐桓公认为楚的答复还不能满意，于是继续率军南下。楚王又派高级特使屈完到军中讲和并观察动向。诸侯军退驻召陵，齐桓公让诸侯军列阵，然后同屈完一起乘车观看诸侯军军容。桓公对屈完说："你看，这样的军队，谁能抵御它？用它来攻城，可以说是攻无不克！"屈完也不让步，说："你们如果以德服各地诸侯，那有了这样的军队，谁还敢不服？而如果想以力服人，那么楚将以众人为城，汉水为池，与企图进犯的军队决一死战！"齐桓公面对不屈服的屈完，不得不答应他与其结盟。这段历史记述在《左传·僖公四年》中。事实上，当时楚已渐强，齐桓公想压服它也是困难的。

齐桓公三十三年（前653），周惠王去世，太子郑怕其弟乘机作乱，不敢发丧，而向齐国乞援。第二年，齐国邀集宋、鲁、卫、许、曹、陈在洮（今山东省鄄城县西南）会盟，商量安定王室事。会盟没有邀请郑国参加。郑文公马上请求加盟，并表示顺从于齐的领导。盟会的结果是奉太子郑即位，这就是周襄王。周襄王登上王位后，周王室才发丧告知天下周惠王的死亡，在这过程中，齐桓公起了稳定王室的关键作用。这样，新登极的周襄王更依赖于齐桓公了。

齐桓公三十五年（前651），齐桓公又约请鲁、宋、卫、郑、许、曹等国在葵丘（今河南省民权县）会盟修好。会盟根据管仲"修礼和德于诸侯"的建议，营造了一种和谐的礼让的气氛。周襄王虽然没有亲自参加，却派大臣宰孔参加了。他一到会，就宣布代表襄王带来了祭肉，那是赐给齐桓公的。接受祭肉的时候，齐桓公要下阶跪拜，宰孔传出周襄王的命令，说桓公年岁已很大了，再加上有功于王室，就不用下拜了。可是，齐桓公执意要尽礼，最后还是在阶下行下礼拜后，才上堂接受周襄王赐给的祭肉。

历史学家评述说，这正是齐桓公的聪明过人之处。他这样做，一是提高了他自己的威望，二是让各路诸侯从此不敢乱说乱动，三是让自己扶起来的那个周襄王更加乖乖地顺从于自己，以达到称霸于世的目的。

这年的秋天，齐桓公又与诸侯在葵丘结盟，并发出宣言："凡我同盟之人，既盟之后，言归于好！"

在这次盟会上，申明了周天子的禁令：不可壅塞泉水；不可多藏粮食；不可更换嫡子；不可以妾为妻；不可让妇人参与国政。还有"尊贤育才，以彰有德"、"敬老慈幼，无忘宾旅"之类的话。这就是历史上有名的"葵丘之盟"。它标志着齐桓公霸业达到了顶峰，已经是在代替周天子向天下发号施令了。

齐桓公晚年，功成名就的他表现得相当骄奢，这连周王的使臣也看出来了，认为"齐侯骄矣"。他想仿"三代受命"的样子"封泰山、禅梁父"，经管仲的大力劝阻，才中止了这件事。

桓公四十一年（前646），管仲病故。管仲重病时，桓公问他："群臣中有谁可继任做相呢？"管仲说："没有比国君更了解大臣的为人的了。"管仲是不肯点明。桓公问："易牙这个人怎样？"管仲回答："易牙这个人杀掉自己的儿子以取悦国君，是不合人情的。"桓公问："开方怎样？"管仲回答："他背弃亲人以讨好国君，也不合人情。"桓公最后问："竖刁如何？"管仲回答："此人以自残讨好国君，更不可用。一个连自己都不爱的人，怎么可能爱别人呢？"可是，桓公没有听管仲的，继续重用这些人。管仲死后，三人专权，把个齐国立马折腾得衰落下去了。

这时，一个中原大国——晋——登上了春秋争霸的舞台。历尽艰难准备回国继承君位的晋公子重耳于桓公四十二年（前645）途经齐国。齐桓公是见过大世面、且有大眼光的人，"是岁，晋公子重耳来，桓公妻之"。（《史记·齐太公世家》）就是将宗室女儿姜氏嫁给了他，并给其马二十乘（一乘四匹马）。重耳有点满足了，想在齐国长期居住下去。可是，齐桓公许配给他的那个姜氏是有眼光的，要重耳不要贪图安乐。终于有一天，姜氏与重耳的随从一起，把重耳灌醉了送出齐国，使之踏上了回国之路。

齐桓公晚年虽然糊涂，可是在热情接待重耳和以姜氏妻之这一点上是完全做对了，不然，也许就不会有日后的那个晋文公了。春秋中后期的历史也许就得重写。

04 秦晋两大国的崛起

结秦晋之好

　　差不多在齐桓公称霸的同时，也就是平王东迁百年后，晋秦两国悄然崛起。为了争夺地盘，它们之间长期互相制衡；为了某种共同的利益，它们之间又常常联姻通好。正是这样一种犬牙交互的局面，推动了两国的发展。

　　平王东迁时，晋国是出了大力的，为此而受到了周王室的奖励，命其与郑国一起共同辅佐平王。但是，这之后，晋国一直处于内乱之中，直到晋武公时才结束了

秦公镈（bó，春秋早期，上海博物馆收藏）。镈主为秦穆公，故名"秦公镈"。该器为单个打击乐器，盛行于春秋战国时期，在贵族祭祀或宴飨时，与编钟、编磬配合使用。

这种四分五裂的局面，建立了统一的军队和统一的政权。不久，晋武公去世，继位的晋献公是个雄才大略的国君。他即位后做的第一件事就是与虢国一起共朝周天子，受到了人们的普遍赞赏，声望日高。之后，他运用种种手段削除晋室内部诸公子的势力，使权力全都集中到国君手中。公元前661年，晋始扩建二军，武公自己统领上军，让太子申生领下军，一口气灭掉了周边的几个小国，晋国国势由是大盛。

在平王东迁前，秦的地位较低，虽然地域相当广阔，但在政治上甚至还没有资格与中原的一些老资格的小国平起平坐。平王东迁给了秦国一次历史性的机遇。由于其保驾和护送平王有功，又获取了周王赐予的岐山以西的大片土地，这样，这个地处西陲的秦国也强盛起来。这种强盛不只表现在军事上，在文化上也渐渐向中原地区靠拢，现存的"秦公铸"表明当时秦国的礼乐文明已经达到了一定的水准。它以平王东迁功臣的资格开始傲视诸侯。嗣后，秦就不断地向周边地区扩张。尤其是秦武公即位后，开始进军华山之下，大军直逼甘肃天水一带，以及陕西宝鸡、华县一带，并开始在那里建县。此时，秦的发展已与晋的壮大相冲突。到秦宣公时，就与晋国在河阳地区发生了战争，当时晋国内部发生了动乱，结果秦胜晋败。

到公元前659年，富有远见的秦穆公即位。虽然在他即位前几年秦国打败了晋国，但他知道，秦晋之间谁要吃掉谁都不可能，而且，长期的对峙对谁都没有好处。

"我想娶晋君的女儿为妻，你们看如何？"一次，秦穆公这样征求最贴身的几个近臣的意见。

"国君，你这是……？"近臣们被这突如其来的问讯闹得有点摸不着头脑。

秦穆公解释道:"我想,秦晋两个大国之间的和解总要比对峙好吧。如果能结秦晋之好,使两国之间的关系蒙上亲情的面纱,那无论如何是有好处的吧?"

近臣们都表示了赞同。有一个近臣主动愿意出使去向晋国求婚。

而在晋国,晋献公也在考虑与秦国和解一事。当秦国的使者来到时,晋献公真是喜出望外。他热情地接待了秦

百里奚雕像

国的使者,并同意了这门亲事。他要使者告诉秦君:"秦晋联姻通好,是两国共同的心愿。"

晋献公将自己的大女儿、太子申生的姐姐许配给了秦穆公作夫人。成亲时的婚礼办得隆重而体面。晋国专门派出联姻大臣送献公女儿去秦国,在陪嫁中还配备有新近从虞国俘获的聪明绝顶的大夫百里奚。而秦穆公也十分看重娶自晋国的夫人,破例地到秦晋交界处去迎候她。

这次带有政治色彩的联姻,不只给秦国带来了安定,还意外地获取了当世奇才百里奚。作为陪嫁来到秦国的百里奚初到秦国时,秦穆公也不在意,因此并没重用他。百里奚看到秦君久无动静,便出逃

透雕蟠龙纹豆（春秋晚期，上海博物馆收藏）

了，流亡到楚国，被当地的一个乡下人收为家人（实际上是家奴）。这时，秦穆公从别处打听到百里奚是个了不得的大才，足以治国安邦，于是就急匆匆地派专人到楚国去要人。那位乡下人怎肯轻易放手？那位使者说："百里奚是秦公夫人的陪嫁人，现在逃离在你这里，算了吧，我出五张公羊皮（所谓'五羖（gǔ）'）算是赎金，那样总可以了吧！"乡下人一听可高兴了，在当时五张公羊皮在楚地的乡下人看来绝对不是个小数目，就成交了。这时的百里奚已七十多岁，秦穆公委以重任，后世称其为"五羖大夫"。百里奚又举荐了一位叫蹇（zǎn，又读 jié）叔的贤士，一起辅佐秦穆公。

这时晋献公亡故，国内发生动乱。公子夷吾向秦求援，希望秦能护送其回国，如能当上君主，愿以河西等八城相送。正是在秦的积

春秋镶嵌狩猎画像纹豆 (春秋晚期,上海博物馆藏)

极干预下,夷吾登上了君主之位,那就是晋惠公。可是,事成后,惠公又以大臣不允为由坚决不兑现诺言。秦晋失和,还导致了一场战争。结果晋败,连晋惠公也成了俘虏,秦穆公并申言要杀晋惠公。

这时还是亲情起了作用。秦穆公的夫人是晋惠公的大姐,大姐眼看小弟要被杀,岂有不救之理?她带了儿女,一路哭哭啼啼地来到秦穆公身边,求其释放惠公。秦穆公心软了,就放了惠公,惠公也献河西地于秦,作为报答。

不久,晋惠公将太子圉送到秦国学习,秦国让他当了大臣,秦穆公并将自己的女儿嫁给了圉,又将所得的晋地作为陪嫁回赠给晋国。这门"回头亲"进一步密切了两国的关系。以后,两国时战时和,但那份亲情总还是在起作用的。后来"秦晋之好"作为典故长期流传,道理正在于此。

宋襄公图霸失败

宋襄公在春秋时代的历史上,扮演了一个十分有趣、可笑而滑稽的角色,值得一书。

宋襄公即位后的七年,盛极一时的霸主齐桓公死了。宋周围的陈、蔡、卫和其他夷族小国的力量都比宋国弱。鲁国原先是一个大国,但当时正发生着内乱。最早"小霸"的郑国也早已中衰。老天给了宋襄公一个似乎可以称霸的机会。

齐桓公晚年在选择继承人上显得有点犹豫不决。他先是想立公子昭为太子,并明确托孤给当时国力相当强盛的宋襄公,要他在自己亡故后帮助公子昭即位。可是,到最后,在易牙等人的鼓动下又答应改立无诡为太子。桓公死后,尸体六十七日无人安葬,儿子们都把心思放在争夺君位上。易牙等人立公子无诡为君,公子昭出逃到宋国去求助。公元前642年,宋襄公联合卫、曹、邾等国,送公子昭回国。在国内的那四位公子不服,就率齐军与宋军抗衡。这时齐国已无人能指挥战斗,士兵看到国政如此糟糕,也都无心恋战,结果齐军大败,宋襄公立马扶公子昭即位,是为孝公。就是这样一次来得莫名其妙的胜利,一下冲昏了宋襄公的头脑,他一心想当起新的"霸主"来了。

宋襄公要称霸,中原地区的大国中齐国是不会反对的,因为国君是宋襄公一手立的,问题只在于被称为南蛮的楚国。楚国的国君根本不把宋这个中等偏小的国家放在眼里。公元前639年,宋襄公在鹿上(今安徽省阜南县)邀请齐、楚会盟,向楚国请求尊他为所谓的

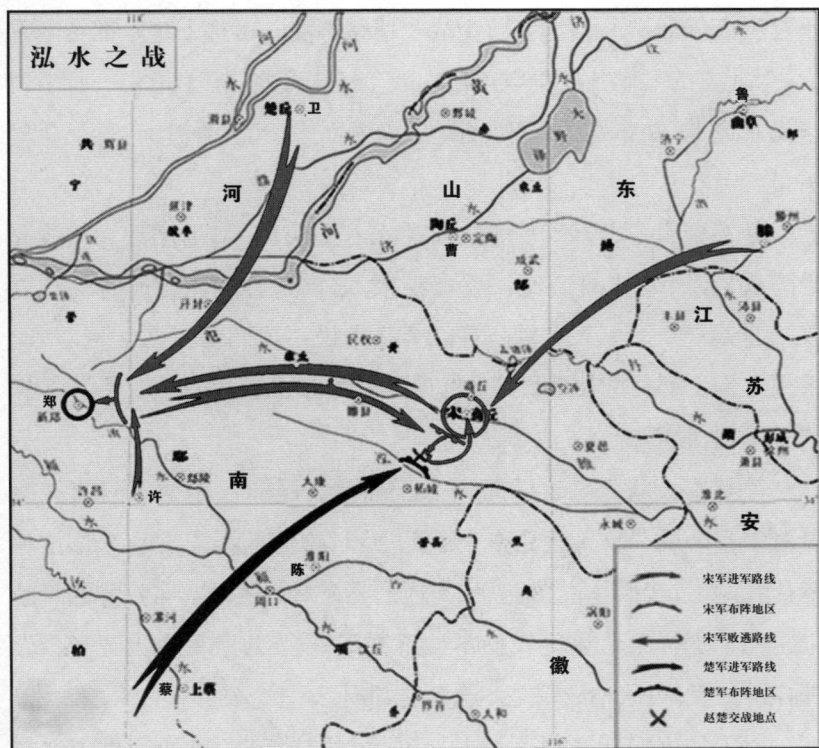

泓水之战示意图

"霸主"。楚王表现得十分的狡猾,假意答应了宋襄公的请求。可是,在这年秋天的会盟时,楚一下将宋襄公拘捕了,并且起兵伐宋。不久又在另一次会盟时,又将宋襄公释放了。这一捉一放,使宋襄公备受侮辱,他决定讨伐去朝楚的郑国。于是,楚国起兵伐宋以救郑。公元前638年的冬天,宋楚大战于泓水 (河南省柘城县西北)。

当时,整个战争的形势实际上是对宋军有利的。前不久宋军战胜了大国之师齐军,宋军的士气比较高涨。战争是在宋国土地上进行的,宋军对地理形势比较熟悉。楚军远道而来,疲于奔命,一时缓不过气来，而且师出无名，将士战斗情绪不高。再加上楚军都是南方人，对北方的气候条件难以适应。战争还未开打，宋军抢先一步来到了泓水边上，并布好了阵势，而楚军匆匆而来，又急着渡河，显得仓皇失措。

楚军渡河一半，司马子鱼（即宋公子目夷）一眼看出敌人在渡河中阵脚散乱，对宋襄公说："敌众我寡，必须趁其正在渡河时发动进攻，可以获取全胜。"宋襄公自以为是地说："我们是仁义之师，不能乘人之危。那样即使取胜了，也算不得什么。"公子目夷叹道："多好的时机啊，眼看就要失去了。"

等楚军大队人马过了河，但还没有列好阵时，宋公子目夷又急着对宋襄公说："敌人正乱作一团呢，此时攻击正好。"宋襄公摆摆手道："我说了，我们是仁义之师，为什么要在对方还没有布好阵的时候出击呢？那样不是显得我们不仁不义了吗？"公子目夷大呼道："你那样讲仁义，可只怕敌军是不会对你讲什么'仁义'的。"

公子目夷的话音刚落，刚站稳脚跟的楚军也不叫阵，也不宣布开战，一股脑儿地挥师向宋军杀奔而来。这时，宋襄公才下令击鼓进军，但阵脚早被楚军冲乱。宋军散的散，逃的逃，敌军一下冲到了宋的中军，准备活捉宋襄公。这时，襄公大惊失色，命令卫队大力护卫。他的卫队奋力战斗，结果整支卫队惨遭覆灭。最后还是靠公子目夷奋力将他救了出来。楚军的一员大将对着宋襄公射来一箭，正好射在他的大腿上。他一声惨叫，差一点从马背上摔了下来。一个卫士拼死把宋襄公救了出来，自己却献出了宝贵的生命。在泓水之战中，宋襄公遭受了重创，从此所谓的"霸业"也成了泡影。

可是，有趣的是，受着沉重的创痛之苦的宋襄公躺在病床上还在实施精神上的自娱自乐："我们虽是亡国商人的后代，但我们是仁义的君子，君子是不乘人之危的，在战场上是不伤害受伤的对手的，也不擒拿头上长着白发的老人的。这些我都做到了，我还有什么可以遗憾呢？"站在一旁的宋公子目夷伤心地流下了热泪。

宋襄公的所作所为，所言所行，成了千古笑柄，也留给人们深深的思索。

司马迁把宋襄公让人哭笑不得的故事写在《史记》中，而且花费了不少笔墨，是把他作为反面教员来看待的。从一定意义上说，宋襄公是个好心人，甚至可以说是个"仁人"。但是，战争是残酷的，是不能用所谓的"仁"来加以感化的。司马迁在《宋微子世家》中借公子目夷的嘴说出了两条真理：其一，在大国争霸的时代，"小国争盟，祸也"。就是说要摆正国家的位置，小国就是小国，小国要好自为之，不能乱来。其二，"兵以胜为功"，战争要凭实力说话，你一味地跟敌手讲仁义，可对方是不会跟你讲仁义的。春秋时代三百年的历史告诉我们，没有实力，没有战略战术，单靠"仁义"，什么都不顶用。

千百年来，人们没有忘记战争史上宋襄公这个反面典型，对他主张的那种仁义，实在是应该打上一个大大的问号的。而另有一些史家对宋襄公争霸的败亡持不同见解。如著名史学家吕思勉认为："谓宋襄公以守礼而败，绝非实情。谓其守礼为不度时势，则更以成败论人，而又曲加附会者矣。"[①]这也是一种说法，可为读者参考。

晋楚"城濮大战"

宋襄公在泓水之战大败于楚，六年后，晋国在晋文公的领导下已经强大起来,在城濮之战中战胜了楚军,称霸诸侯。

在成为晋君之前,晋文公重耳真是历尽艰辛,差不多走遍了当时的列国。

重耳是晋献公的儿子,献公时镇守于蒲(山西省隰(xí)县西北)。当时,曾深得献公宠信的骊姬为了让自己的儿子继位,阴谋毒死了献公。事发后,就嫁祸于太子申生和公子重耳。重耳得知此事后,就逃奔狄。重耳在狄一住就是十二年。后来,他的一个兄弟夷吾执政后,也想杀害他,他只得又从狄出逃。过卫,卫文公不接待。在五鹿地区没粮吃,向农民要饭吃,农民送给他一块土,重耳很生气,他的随从狐偃说:"这是好兆头呀,'土'是国家的象征,这是天赐国家的吉兆。"重耳听了这话,高兴地向那农民深深地鞠了一躬,并且郑重其事地收下了那块泥土,以后不管走到哪里都把这块泥土珍藏在身边。

到齐国,齐君对他是友好的,送给他八十匹马,又把公室女嫁给了他。在齐国,他一住就是十多年,也曾产生过在齐长住下去的念头。这时,他已是年过半百的人了。

到曹国,曹国的国君对

宋襄公塑像

他不加礼遇，还讥笑他的生理缺陷。只有曹国的一位大夫送给了他一顿饭吃。

在宋国的印象是深刻的。当时宋襄公刚被打败，正在家中养病。宋襄公一见晋公子到来，十分的热情，一下送给了他八十匹马，还留他吃住。

到郑，郑文公对他

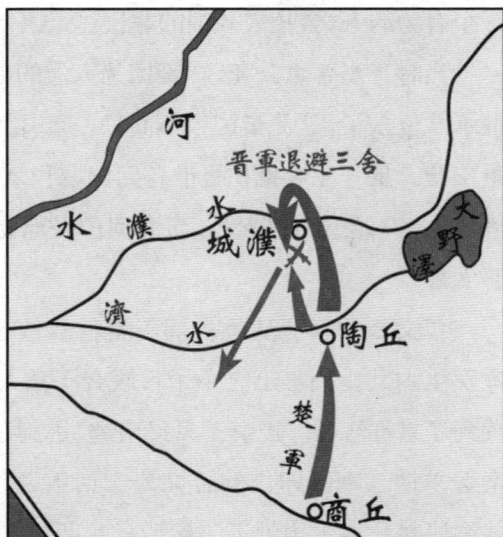

城濮大战示意图

不礼貌，他很生气，转身就走。他不喜欢郑文公这样欺贫爱富的小人。

在楚国，他受到了楚成王隆重的接待，让他很优厚地在那里住了一段时间。临走前，楚成王问："我待你这么好，假如将来你能回国，或许当上了国君，你准备怎么报答我？"重耳很策略地作答："楚国的物产那样丰富，晋比不上楚，我真不知如何报答呢！"楚成王进逼一步，说："话虽这么说，但你总得报答我啊！"重耳想了想回答："如果日后楚晋交战的话，我一定退避三舍！这是最好的报答了吧！"

"舍"是古代行军计算路程的单位，一舍相当于三十里。重耳说的打仗时"退避三舍"，就是晋军后退九十里。"退避三舍"后来变成了一句成语，表示因对对方的尊重而退让的意思。

重耳这样回答，使楚成王很不高兴，顿时沉下了脸来，当时甚至有人要杀重耳，但最终还是被优柔寡断的楚成王制止了，认为杀这样一个有为的人，会招来列国的非议。

当时正当晋惠公死，在秦国为人质的太子圉不告而别，匆匆回国继承君位去了，这使秦国很不高兴。重耳到秦，受到了出乎意料的隆重接待。重耳在秦也积极准备回国取代公子圉。因为公子圉沉湎于酒色，一开始就不得人心，重耳回国轻而易举地夺得了政权，他就是晋文公。

晋文公的霸业从维护周王室权威做起。公元前636年冬，周王室发生内乱。周惠王之子子带联合了狄人向其兄周襄王进攻，一直攻到了京都洛邑。周襄王只得出逃，逃到了郑国，然后向兵强马壮的秦晋求助。刚刚即位的晋文公二话不说，马上率军攻打狄军主力，并很快将狄军主力消灭。然后分兵两路：一路到郑国去迎接周襄王回洛邑；另一路攻击子带，并轻而易举地将他活捉，然后交给襄王处置。襄王杀死了子带。晋文公的这一举动，大大提高了他在诸侯中的声誉。周襄王为了报答晋文公的勤王之功，奖给他阳樊等四邑土地，晋这才有了太行山以南、黄河以北的土地。这可以算作是成就霸业的基础。

在成就霸业过程中，最大的阻力当然来自楚国。晋、楚难免一战，一些小国也总是在晋楚间摇摆。公元前632年，楚君率军大举北上，与晋的前锋部队相遇。晋文公为了报答楚君以前对自己的知遇之恩和践行自己曾许下的诺言，决定"退避三舍"。晋文公的"退避三舍"马上传到了列国那里，大家都为晋国的不失信用叫好，秦、齐等诸侯国为此而派出军队，协助晋国抗击楚军的进犯。晋军退到了城濮（今山东省鄄城县），楚军马上紧紧追上，并在城濮地区据险要地位安营扎寨。两军剑拔弩张，一场决战在即。

在强大的楚军面前,晋文公采取的是以智取胜的方略。晋军先不去触动楚军的主力,而是集中兵力向与楚联盟的陈、蔡军队进攻。晋军在战马上蒙上虎皮,使敌军的战马见而生畏。陈、蔡这两支军队本来就势单力薄,晋军轻而易举地将其击溃,取得了第一场战斗的胜利。

接着,当楚军的主力部队发起进攻时,晋军采取退却战术。楚军大举挺进,狐偃率领的晋上军马上竖起两面大旗,望风而逃。楚军又向栾枝率领的晋下军发起进攻,晋下军也节节溃退。正当楚军被所谓的"胜利"冲昏头脑而不顾一切地大踏步挥师前进时,先轸、郤溱率领的晋中军部队突然如神兵天降,从城濮的山谷间杀出,一下把楚军一截为二。这下楚军乱了阵脚,前后的指挥系统也联系不上了。楚军的左右两军差不多是全军覆灭,只有主帅子玉带领的中军还有些实力,但也不敢恋战,掉头向南方撤去。楚国的败军退到半路上,传来楚王的话:"子玉,你有何面目回来见楚地父老?"子玉自知楚王难以容得下他这个败军之将,就在归途中自尽了。楚军除少部分回到自己的国家外,十之七八都被消灭了。

春秋时期的大军事家孙武在总结"城濮之战"等著名战役的基础上,得出了"兵者诡道"这样的军事原则。晋文公亲自指挥的这场大战的经验值得我们进一步去总结。

晋文公的霸业

晋师大败楚军,凯旋而归。这时的晋文公虽胜而不骄,他了解当时整个中国的大势,知道周王室虽然已经相当衰弱,但仍然是一面旗

《晋文公重耳复国图》(绢本,局部,美国纽约大都会博物馆藏)

帜。他想起他刚登上君位时谋臣赵衰说的一番话。记得赵衰是这样说的:"如果要称霸诸侯,最便捷之路莫如尊崇周王室,因为在相当长时间里,周王室仍然是一面不倒的旗帜。周、晋同姓,尊王的重任,理所当然地会落在晋人的肩上。利用周王室这面旗帜以号令天下,这也是上天赐予晋国的一个良机。"赵衰说的这番话,最后归结为八个字:"方今尊王,晋之资也。"(《史记·晋世家》)意思是说,尊王是建立晋国霸业的最重大资本。

晋文公想到这里,禁不住在马背上吟咏起这八个字来:"'方今尊王,晋之资也!'一点也不错,这是我最大的资本啊!"

正在此时,郑国的使者到来,奉郑君之命来祝贺晋的胜利,献上衡雍(yōng)城(在今河南省原阳县),并请求与晋结盟。郑国匆匆忙忙这样做是有原因的。在城濮大战中,郑国错估了形势,是一直站在楚一边的，现在想不到楚军会一败涂地，郑只得以献地、结盟的方式来弥补自己的过错了。

晋文公十分的得意，他命令部队开往衡雍城去，就在那里与郑国进行了一个简单的结盟仪式。接着晋文公的行为真让人出乎意料了，他就在新获取的衡雍城西南的践土，为周天子新造起了一座王宫。意思很明白：城濮之战的胜利，不是我晋文公有多少能耐，而全靠的是周天子的武威。这在春秋时

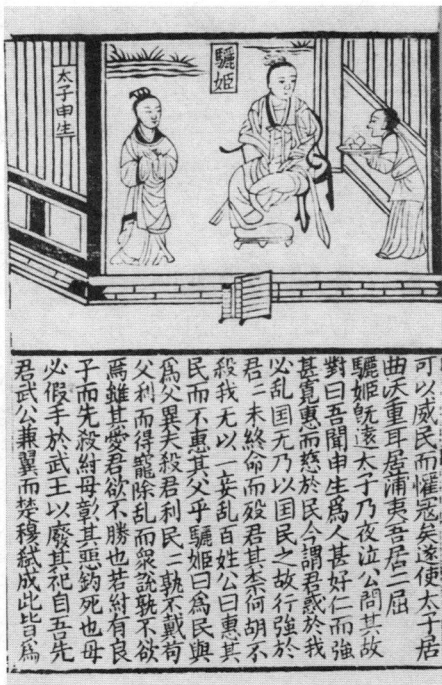

太子申生与骊姬（佚名）

期也算得上是一件大事了。《左传·僖公二十八年》作了这样的记述："甲午，(晋师)至于衡雍，作王宫于践土。"晋文公此举做得十分漂亮，既满足了周王的虚荣心，又为自己赢得了声誉。

城濮之战后第二年晋文公把各路诸侯请到践土会盟，也请周王驾临，这就是著名的"践土之盟"。周襄王显得十分的高兴，当着各路诸侯的面赞扬晋文公，说晋文公大有当年护周平王东迁的晋文侯的遗风，是护卫王室的模范。周襄王设飨礼（一种最高的礼节），用一种甜酒招待晋文公，晋文公也忙知趣地对周襄王献殷勤。君臣之间显得十分和谐。

会盟期间，晋文公将楚俘献给天子，共有车百乘，步兵千人。接着，周襄王再一次宴请了晋文公，赐给他周王乘的兵车，红色的弓一把、箭一百、黑色的弓十把、箭一千，还加虎贲三百人。又下诏称晋文公为"叔父"，策命其为"侯伯"，也就是"侯霸"，诸侯之长。这样，"践土之盟"实质上成了名副其实的晋文公的称霸盟会。

　　在晋文公的带领下，众多诸侯就在践土会盟上，宣布了由晋国领头起草的盟约：同心协助周王室，不互相侵害，谁也不能背盟，谁背盟将受到天神降罚，使其兵败国亡，祸及子孙和老幼。

清乾隆丙午孟秋绛县知县林琅奉立的"晋文公墓"碑

　　"践土之盟"是继齐桓公的"葵丘之盟"之后又一次诸侯会盟。

　　不多久，为了解决卫国的内乱问题，晋文公召集秦、鲁、宋、郑、陈、蔡、莒、邾等国，在温地会盟。为了显示自己的威风，晋文公竟想出一招，"召天子与诸侯会"，为了不使周襄王太失面子，晋文公又假意让周襄王到那一带去狩猎。当时的周天子已没多少能耐，霸主晋文公发了话，哪有不来之理？在这次盟会上，晋文公完全霸气十足，在解决卫国内斗问题上，独断独行，对自己不喜欢的一方大事打压，甚至当堂杀了反抗者，而其他诸侯国的代表没一个敢说话的。周襄王则完全成了一个傀儡，晋文公怎么说，他就怎么表态。

这次"温之会"，对"晋侯召王"之举，史书上多所批评。孔子作《春秋》写上了这样两笔："以臣召君，不可以训。"（《左传·僖公二十八年》）晋文公到了那步田地，也有点儿忘乎所以了。

晋文公的霸业维护了当时天下的安定和平稳，对民众多少是有好处的。历史不会忘记这样一位伟人，直到清乾隆年间还有人在"晋文公墓"前为之立碑呢！

城濮之战后四年，一代霸主晋文公去世了。继位的晋襄公曾对秦、楚、卫等国用兵，取得了一系列的胜利，并一度借周王室的权威，进行过会盟。但是，晋襄公的继霸地位并不稳，后来由于内部的争斗和赵氏的掌权，再也无力干预列国间的事了。

秦穆公称霸西戎

与晋文公称霸中原差不多同时，雄才大略的秦穆公大举向西部发展，消灭多国，辟地千里，逐步成为雄踞西部地区的一方之霸。

秦虽地处西陲，但穷根究底起来，他们其实还是与中原各族同祖同源的。"秦之先，帝颛顼（zhuān xū）之苗裔。"（《史记·秦本纪》）如果真是这样，那么秦的先人也是黄帝子孙了。在古代，秦大约是殷商玄鸟图腾的一个支族。在周兴殷亡之际，在社会的大动乱中，这一支族开始由东方的沿海地区迁徙到了西北的黄土高原，再进而西向，与当地土著的戎、羌族人杂居混合在一起，成为一个新的族类。在逐步融合与归并中，形成了强悍的秦人。

周平王东迁时，由于勤王有功，周平王封秦襄公为诸侯，赐岐以

秦穆公雕像

西土地。意思是说，这些西部土地原为周王所控制，后来被戎人侵占，如果秦能将那里的戎人驱走，这一大片土地将为秦所有。秦襄公之后的几代国君都为这一使命做出了自己的努力，而最后完成这一使命的是秦穆公。

秦穆公的霸业从网罗人才始。上面说到，秦晋的联姻对秦国来说获取的直接利益是据有了虞国的"五羖大夫"百里奚，百里奚又举荐了正隐居于齐国山野之地的蹇叔，在长期征战中，穆公又从晋国、楚国甚至戎人中物色到了一大批治国大才，对秦本国的可用之才如公孙支、内史廖等，也尽力起用。秦穆公正是靠这样一个优秀的人才集团的大力辅佐，才得以成就霸业的。

在当时，秦穆公的图霸之心可以说是昭然若揭。他大力兴建宫殿，名之为"霸城宫"。他把关中的一条原名为兹水的河流，更名为"霸水"。他挥鞭指着滚滚西流的河水说："霸水流向哪里，秦国的霸业就将指向哪里！"

为了能集中力量消灭西戎，秦穆公先用武力扫清了周边地区。他先是向茅津之戎进攻。茅津之戎地处今山西平陆一带，阻挡了日后秦向东发展的道路。这次进攻很快取得了胜利。之后，秦灭梁国（陕西省韩城市），又灭芮国（陕西省大荔县东南），接着又用武力把陆浑之戎（陕西省武功县境内）赶走。四方之患清除后，秦就把矛头对准西戎了。

这时，西戎也似乎感觉到了这一点，就派最有才气的谋臣由余到秦国来观察动静。秦穆公接见了由余，先带他去观看了秦国都城的高大华丽的宫殿，以及种种豪华的生活设施。然后笑着问由余："我们这里的一切，你都看到了，怎么样？"

由余显得不屑一顾地说："你这些建筑啊，如果是由死鬼建成的，那么我不客气地说，是太劳神了；如果是由老百姓筑成的，那么无疑是苦了百姓。如此劳神和苦民，其后果是可以设想的。"

秦穆公并不生气。像由余这样的人，长年居于戎地，能说出这样的话，使秦穆公感到十分的奇怪和惊异。他以反问的口吻说："中国历来以诗、书、礼、乐、法度作为治理国家的政治手段，可是还时时出

秦公一号大墓外景。墓内有一百八十六具被殉者的尸骨，椁室还有柏木"黄肠题凑"椁具，刻有铭文的石磬多达一百八十多个，字体为籀（zhòu）文，酷似"石鼓文"，依据其上文字推断墓主人为秦景公。

现混乱局面，现在戎夷之地连这些都没有，要想达到治理，不是太难了吗？”

由余笑着回答了长长一大篇话：“单靠这些来治理国家，这正是国家出现混乱的缘由。黄帝制定了礼、乐、法度，自己率先执行，得到的是小治。到得后世，当政的人渐渐地骄淫起来，要下属按法度办事，自己却乱法失度，过着荒淫无度的日子，这样社

三鸠鬲 (lì)（春秋早期，上海博物馆收藏）

会怎能得以治理？而你所说的戎夷之地是不同的，他们那里虽说没有什么诗、书、礼、乐、法度，但在上位的人能以淳朴的德行待人，在下面的人能以忠信事上，这叫做是'不知所以治之治'，可说是真正的圣人之治了。”从由余的这番话看，当时西戎地区的文化水准和政治管理水准是不低的。

这一席话竟说得秦穆公无言以对。秦穆公十分敬重这样一个对答如流的人才，决定要留他下来。

秦穆公听取内史廖的意见，采用了离间计。先是把由余较长时间地留在秦国，使戎国对他产生疑虑。同时，又派遣了一个大型女子乐队到戎君那里去，以消磨戎君的志趣。果然，戎王终日沉湎于声色之中不能自拔。由余回去后，一再劝谏戎君，戎君就是不听。由余在

无可奈何的情况下，只得投奔秦国了。秦穆公十分高兴，以上宾之礼迎接了这个特殊的客人，并向他请教伐戎的方略。由余知戎王已不可救，就一心助秦灭戎了。

变形交龙纹匜（yí）（春秋晚期，上海博物馆收藏）

周襄王二十九年（前623），秦穆公用由余的计谋向西戎发动进攻，用各个击破的办法，逐个把十二个西戎国消灭，辟地千里，实现了秦穆公称霸西戎的目的。这时的周天子也十分无奈，看到秦国强盛了起来，就顺水推舟，派出以召公过为首的代表团表示祝贺，并以金鼓作为贺礼。

秦穆公稳定了自己的后方基地后，就着力于向东发展，这就势必与东部的大国晋发生矛盾，破坏以前建立起来的"秦晋之好"。公元前653年，周襄王之弟子带利用外力攻击周王，周王无奈，只得出逃于郑。周襄王派人向晋、秦告难，晋文公带兵击王子带，帮助周襄王归国，这时秦穆公却派兵于河上，坐视不动。公元前628年，晋文公刚死，秦穆公就出兵攻晋。百里奚一早就赶到秦穆公住处，亢声说："秦晋宜和不宜战，况趁晋国君新亡而攻战，那是不义的。"可是，秦穆公一点也听不进，刻意出战，结果被早有准备的晋国打得大败而归。之后，秦晋之间仍有一些战事，可以说是互有胜负。

两年后，功名卓著、雄心勃勃的秦穆公去世了。当时的秦国在葬礼上还比较落后，还实行着殉葬制度。因为秦穆公在秦国历史上是一个"广地益国、东服强晋、西霸戎夷"的有为国君，葬礼也特别的隆重，从死的人数高达一百七十七人，连秦国最优秀臣子子舆等三人也一起从葬了。这件事受到了后人的批评，认为这在秦国历史上是十分可悲可哀的事。

注释：

① 吕思勉：《吕思勉读史札记》，上海古籍出版社1982年版。

05

楚国的北上争霸

楚的先世及楚的建国

对于楚的先世，由于史料的缺失，我们的了解还是很粗线条的。

有一种说法是，楚是颛顼的后代。楚的大诗人屈原在《离骚》这部自传体作品中一开首就说自己是"帝高阳之苗裔"。高阳即颛顼，按照《史记》的说法，颛顼是黄帝的后代，如果是那样，楚人就是黄帝子孙了。

据考，颛顼族原居于西北黄土高原，后来它的一支迁到了山东沿海地区，在商周交替之际的动乱时期，颛顼族中的一支向江淮流域迁徙，后来又向西南方向流动，定居于现今的楚地。

另有一种说法，楚的先祖是祝融，

颛顼像

祝融氏属炎帝系统，相传祝融八姓的代表人物是黎和重，他俩熟知天文地理，长期从事历数研究，"天明地德，光照四海，故名之曰'祝融'，其功大矣！"（《国语·郑语》）据李学勤先生的考证，这"其功大矣"的"祝融八姓的早期的分布，可以说是环处于中原的"。[①]按照这种分析，楚人的故地在中原，后来由于中原多故，一些祝融氏的人住不下去了，才辗转迁往现在的楚地的。

在楚人的记忆中，中原一直是他们的家。直到楚灵王时代，讲述北上攻郑的理由时，还说，我们的祖先就居住在许地（今河南省许昌市东），后来郑国人贪图这块肥沃的土地，把它占为己有。如果我们好好地跟郑人讲，他们会还给我们这片土地吗？不可能，看来只能靠武力了。（《左传·昭公十二年》）在楚人看来，他们的北上，是一种寻根之旅，似乎理由还是十分充分的。

上面两种说法都有相当的道理，但是实际情况可能要更复杂些。中国历来有"以死者头向从其初"的习俗，就是祖先在哪个方向，死后脸就朝向哪个方向。在近期对一些楚墓的发掘中，发现了这样一个奇特的现象：楚墓中有的死者的脸向北，有的向南，有的向东，有的向西。这是怎么回事呢？唯一可以做出的解释是，楚地居民"其初"有的来自北方，

嵌红铜画像壶（春秋晚期，淅川县和尚岭2号墓出土，河南博物院收藏）。集中体现中原文化与楚文化传播的互动性和交融性。

有的来自南方,有的来自东方,有的来自西方。像李学勤先生说的曾"环处中原"的是其中的一部分——也许是最基本的一大部分吧!

从楚人的先世角度看,长期的多种族杂处可能正是楚文化的长处和优势之所在,是楚人的一种先进的文化因子。

至于楚国建国的历程,我们可以从一些文献资料中勾勒出一条大致的线索来。

在商代末年,楚的一支已经相当的强大,成为雄踞一方的所谓方国。商纣王时,其首领鬻(yù)熊背弃了商王朝,投靠了后来被称为周文王的西伯昌。他是被西伯昌最重用的几个"贤者"之一,与后来创建周王朝的太颠、闳夭、散宜生等人同列,可惜后来武王伐纣时鬻熊其人已不在人世了。

后来鬻熊之子熊丽率楚人南迁,止于汉水之阴,地在湖北南漳地区,是一个夹杂着许多小盆地的大山区。

又传了三代,到熊丽之孙熊绎时,楚人又一次南迁,到达了荆山的东麓。这时因一件突发事件而使楚人与周王室的关系戏剧性地紧密起来。周成王亲政后,周公旦为政敌所中伤,不得已而南奔。来到楚地后,受到了楚地首领熊绎的很好关照。不久,周成王获悉周公旦蒙冤的真相,就将周公旦接回到了镐京。为了酬谢熊绎的忠贞和劳绩,周成王册封熊绎为"楚君"。这可以说是楚真正有国的开始。虽然按周朝的成例"处蛮夷,虽大国,皆子爵",楚的封号是属于最低的一等——子爵,但从回归天下和与中原王国建立直接关系角度看,是有重大意义的。当时楚所辖的范围大约不太大,只能算是个百里的小诸侯吧!

在楚国历史上,熊绎可算是个创业之君。后来楚国的一个名叫

嵌红铜龙纹扁壶（春秋）

嵌红铜龙纹扁壶（局部），其龙回首相顾，如蹑虚空。

尹子革的大臣说了一段非常有名的话："昔我先王熊绎，辟在荆山，筚路蓝缕，以处草莽。跋涉山林，以事天子，唯是桃弧、棘矢，以共御王事。"（《左传·昭公十二年》）在讲述先王艰难创业时，用了后来大家都懂得的、演化成成语的"筚路蓝缕"一词。"筚路"，是指简朴的车子，"蓝缕"，是指破旧的衣服。这是形容当时的楚人是穿着破旧的衣服、推着自己打造的手推车开创国家的。这种精神实在感人。

《左传·昭公十二年》有关"筚路蓝缕，以处草莽"的记载

楚的北上和东进

熊绎五传到熊渠时，楚国利用周王室衰微的机会，实行近交远攻的国策，大大发展了自己的势力。

公元前九世纪，周王室的权威大大下降了，再加上周夷王的腐败无能，当时大部分的诸侯都不朝拜周天子了，并且相互之间忙于征伐。熊渠就利用这个机会，大力发展自己的势力，把疆域发展到江海和云梦地区，派自己的三个儿子分别去镇守新征服的地盘。这时

楚武王熊通画像（佚名）

的熊渠有点得意忘形，竟然说："我就是蛮夷人，周天子授予的子男封号我也不要了。"实际上是讨厌所封爵位太小。三个儿子听父亲这么一说，心领神会，就各自称王称霸起来。最近出土的一件楚文物显示，当时熊渠是自称为"楚公"的，从周王室来看，那是僭越了。可他的几个儿子胆子更大。长子康自称为句亶王，地在江陵一带。二儿子挚红自称为鄂王，地在武昌。三儿子执疵自称为越章王，地较僻远。这样看来，楚已从一个百里之国扩展成为千里大国。后来，暴虐的周厉王上台，"熊渠畏其伐楚，亦去其王"（《史记·楚世家》）。说明周王朝对楚地的约束还是有一些的。

　　熊渠传十一世，下传到了熊通，楚的形势大变。当时周平王东迁，根本无力顾及南方各地。公元前741年，也就是周平王三十年，熊通成为楚的当政者。他当政后，就完善官制，建立地方行政制度，发展军事武装力量。以前楚国只有徒兵（步兵），武器也只有徒戈，现在建立起了车兵，武器也配备了戈矛结合。这样就实现了"楚国始大"的目标。

熊通三十五年（前706），熊通扬言："我有敝甲，欲以观中国之政！"公然宣布要北上中原，与中原的大国进行较量。两年以后，熊通自立为楚武王。一个诸侯国面对周王室自称为"王"，相传就是从熊通开始的。

楚武王第一步是实现东进战略。当时，姬姓的随国、唐国以及姜姓的厉国已迁至汉水一带，申国则迁至南阳盆地中部，为周王朝镇守汉水以东的南土。熊通一旦扫平汉西，就必将进窥汉东，不可避免地与随等国发生冲突。随国力量是当地最强的，但在与楚的争斗中，一败再败。楚武王的东进战略初见成效。当时随国的国君说："随国与楚国没有仇恨，你楚国为何要莫名其妙地攻打我？"熊通的回答很有意思，说："周王不重视我楚人，也不加爵位，也不准我扩大地盘，那我就自尊，自我扩大地盘。我楚人本是中原的人，楚人的祖先还是周文王的老师呢，为何要分彼此呢？"熊通说的，有的是有道理的，有的是无理取闹，

楚武王熊通与夫人邓曼雕塑

但说楚汉之间你中有我、我中有你，这话还是对的。

楚武王死后，其子熊赀立，就是楚文王。楚文王公元前689年迁都于郢。这个郢都，一般认为是在湖北的江陵县北五公里处。郢在政治上、军事上都有重要地位，由此可以北上到达黄河中游一带，南下则直达长江流域。这里农业发达，文化悠久。建都于此，十分有利于楚国的发展。文王时，楚国强了，开始了楚国历史上走向中原的历程。

公元前688年，即楚文王即位的第二年，便锐意北上，渡过汉水，经邓，伐申。数年以后，灭掉了申和邓。这可以看作是楚军北上的牛刀小试。

公元前684年，楚军的矛头直指中原的中等强国蔡。蔡国是周王朝的最早封国之一，第一任国君由周武王之弟叔度担任。楚文王之所以选择蔡作为攻击对象，一是因为这个国家武力不强，容易收到战斗的效力；二是征伐它具有强烈的象征意义，表示楚对周王朝的漠视，显示一个强大的楚国的存在。战斗进行得很顺利，只花了十来天时间，就大败蔡军，并俘获了蔡哀侯，然后班师回国。

这是楚向华夏诸侯公开挑战的开始。

公元前671年，楚成王即位。应该说这是一个有头脑的国君。他一方面坚持北上和东进的既定方针，同时又与表面上还是天下共主的周天子搞好关系，实际上也是意在改善自己在诸侯中的形象。"初即位，布德施惠，结旧好于诸侯，使人献天子。"（《史记·楚世家》）这一招果然有效，不少诸侯都表示愿与楚结盟，周天子收到楚成王的礼物后，回音给了楚成王："请你帮我把南方这块土地管理好，不要侵害中原地带。"楚成王一面表示接受周天子的训导，一面暗地里准备进一步北上和东进。

在楚成王即位的头十年间，他的势力一直在向东发展。周天子不是说了吗，要他帮天子治理好南蛮之地、平南方之乱，因此，东进似乎是师出有名的了。他对徐、黄、英、舒庸这样一些小国用兵，当然都是胜利的。战争的规模不大，收获却是巨大的，楚的领土成倍地扩大了。

公元前633年，楚成王会合陈、蔡、郑、许等国军队进攻宋国。中原那么多国家依附于楚国，正好说明了他的强大。这就引起了中原大国晋国的极大不安。晋联合了其他一些中原国家与楚大战于城濮地区，最后楚是失败了，连主师也因此而自杀身亡。但是，在这次战争中楚国的损失并不是太大，争霸中原的决心也没有丝毫的改变。一旦时机成熟，楚国肯定是会卷土重来的。对楚人与楚族在先秦时的情状，张正明先生有这样概括性的讲述："楚人在先秦民族结构中所占的地位相当特殊，西周时非夏非夷，春秋时亦夏亦夷，直到春秋后期才正式与华夏认同。"②

楚庄王问鼎中原

继楚成王即位的楚穆王是通过宫廷政变上台的。他重用自己的谋臣潘崇，命他当太师，整顿楚国的内部事务，提高自己在楚国内的威望，便又开始对外扩张。潘崇对他说："慢慢来，小步向前走，这样就不会引起太多人的关注了。"楚穆王果然这样做了，效果很好，在列国间也没有引起多大的震动。

楚穆王在位十二年，他没有大事声张，实际上年年都在扩张自己的势力。他先是一举灭掉了江国（在河南省正阳县）。过一点时间，又灭掉了六国（今安徽省六安市）和蓼国（今安徽省霍邱县，一说是河南省固始县）。这两个国家据说都是皋陶的后代，与周王室没有多大直接的关系，因此这些国家的被消灭，可以说是无声无息。楚穆王在消灭了这些国家后，又将这些国家周边荒芜的土地兼并进来，当时正在战乱中，也没人出来说什么话。

当时晋国正在衰微下去。楚大夫范山对穆王说："晋君刚立，又年少，他是无力顾及诸侯间的事的，这正是我楚军北向的好机会。"楚穆王听从了范山的建议，大力向北推进。他先是出兵狼渊（今河南省许昌市西）以伐郑国，生擒了郑大夫公子坚和公子龙。不久又攻打陈，攻克了壶丘（今河南省新蔡县）。楚正准备伐宋，宋主动去迎接楚君，表示听从楚的号令，并引导楚君到孟诸（今河南省商丘市附近）去田猎。

后来，楚又拘留了舒国、宗国、巢国这样一些小国的君主，要他们交出国权。可见，楚穆王时期对外扩张已达到咄咄逼人的地步，一些中原小国也成了他的囊中物。

到公元前613年楚庄王即位后，楚就直接问鼎中原了。

据说，楚庄王上台时面临着十分复杂的国际和国内形势，因此听从心

伍子胥画像

腹的建言,玩了一通假装沉湎酒色的把戏,为的是以观时局之变化。

楚庄王即位后,他三年不听国政,日夜作乐,并下令:"有敢谏者,死无赦!"大臣伍举入谏,只见他左抱郑姬,右抱越女,坐在钟鼓之间。伍举不去直接冲撞他,打着隐语问他:"有只鸟停留在一座高山上,都三年了,也不鸣叫,也不高飞,请问这是一只怎样的鸟啊?"楚庄王不慌不忙地回答说:"三年不飞,飞将冲天;三年不鸣,一鸣惊人!"伍举是个聪明人,就自个儿退了下去,自言自语说:"我明白了,我真的明白了啊!"

过数月,庄王的奢侈生活有增无减,大夫苏从冒死再谏。楚庄王问他:"你没有看到'有敢谏者,死无赦'的命令吗?"苏从高声回答:"牺牲自己的生命如果能使国君清明的话,我就是被杀了也是愿意的。"楚庄王挥挥手,说:"你下去吧!"

在三年间,大部分大臣都是唯唯诺诺,顺从着他。还有一些人为他出坏主意,想引他往歪路上走。

经过三年的观察,楚庄王心中明白了,哪个忠、哪个奸,哪个有谋、哪个无略,哪个可用、哪个不可用。

一天,楚庄王似大梦初醒,锐意实施变革。他诛杀一百多图谋不轨者,重用伍举(伍子胥之祖)、苏从等人,"一鸣惊人"地实行了大刀阔斧的改革。这样,在晋、齐两国势力中落的形势下,楚国一枝独秀了。

这一故事说明了:楚庄王是一个有着雄心壮志、雄才大略的有为之君。由于他上台时形势不明,只能以假装沉湎酒色来观察内外、识别真伪,一旦时机成熟他就"一鸣惊人"了。快刀斩乱麻式的改革,尤其是大胆重用新人,说明他确是个敢作敢为的改革家。

四大令尹浮雕。楚国著名的四大令尹——子文、孙叔敖、叶公、春申君黄歇。

将改革与图霸有机地融会在一起，正是春秋时代政治巨子作为的一大特色。

楚庄王带兵一举击败了晋国，使郑国臣服于己。公元前606年，楚的兵锋到达了洛水边，在周边境陈兵示威。周定王慌了手脚，马上派出大夫王孙满带了许多礼品，前去慰劳楚军。这就发生了中国历史上著名的"问鼎事件"。

楚庄王一面把礼品照单收下，一面问王孙满："听说在周天子处藏有镇国之宝九鼎，请你告诉我，鼎的大小轻重怎样？"

王孙满知道这一问，实际上是别有用心的，就针锋相对地回答："周天子的权力在德不在鼎，没有德就是有了鼎也没用。况且天命在周，因此，鼎之轻重大小，任何诸侯是没有资格过问的。"

楚庄王本以为周王室软弱可欺，王孙满一定会把鼎的有关实情如数告诉他的。想不到王孙满如此强硬，倒是一下被说得无言以对。转而一想，如果与周王室闹翻了，也是没有什么好处的。不多久，也就知趣地退兵了。

楚的称霸天下

楚庄王回军后，整顿了内部，巩固了后方阵地，然后又北向中原，为的是能称霸于天下。

楚庄王十六年（前598），陈国发生了不小的内乱，有个叫夏征舒的大臣杀死了陈国的国君。楚庄王早已想消灭陈国，就以帮助陈国平乱为名驱兵入陈。楚国不费吹灰之力就把陈国全占领了，捉到了叛逆者夏征舒，并将他车裂在栗门。可是，此后楚国军队就赖在那里不肯走了，并由楚庄王宣布，陈国已成为楚的一个县。这时，楚国大臣申叔时刚巧从齐国出使回到陈国，听到陈国被灭的消息，十分的气愤。当时那些没骨气的陈国臣子纷纷向楚君获取陈国而道贺，而申叔时偏偏不去祝贺。申叔时是名臣，他不愿道贺一下让楚庄王知道了。楚庄王把他找去，对他说："我得了陈地，群臣都向我道贺了，为

郏城故地

何你申叔时独独不来道贺？"申叔时回答："不值得道贺，道贺了就违背礼义了。"楚庄王理直气壮地说："强者称霸，天经地义，有什么违背礼义的。"申叔时说："有一个道理只要不是白痴就都能懂的。有个人牵了头牛闯入别人的田地，田地的主人发现了，就夺了他的牛。牵牛闯入别人的田地当然是不对的，但是，由此夺人家的牛，那样做不是太过分了吗？楚人帮陈国平乱，本是陈国人都该感谢的事，可是楚国由此而并吞陈，那样做就像夺人的牛一样的可笑。"申叔时还着重指出："今县陈，贪其富也。以讨召诸侯，而以贪归之，无乃不可乎？"（《左传·宣公十一年》）楚庄王坐在那里一动也不动，低头想了想，说："你说的是对的。"就命令恢复陈国的国号，只每乡带一个陈

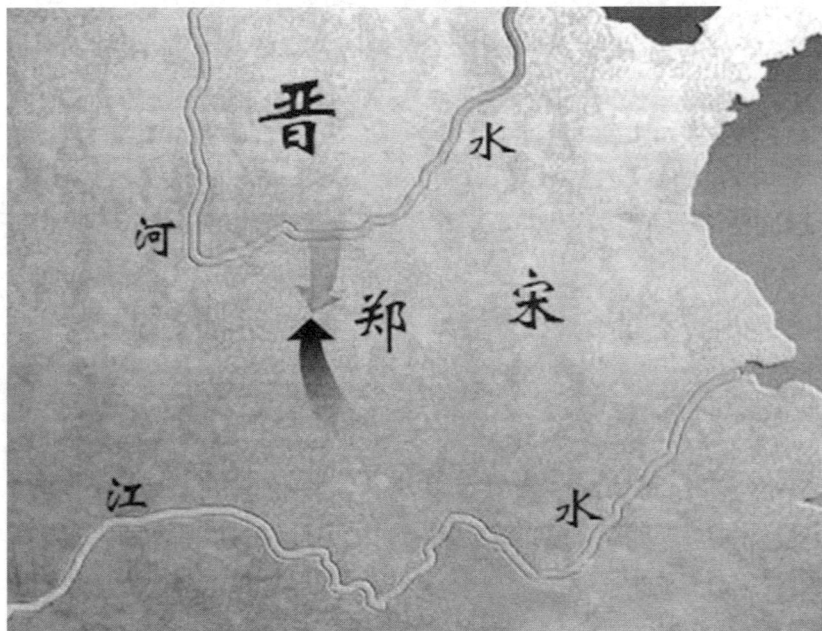

邲之战示意图

国人回楚国,让他们住在一起,把那居住地称为"夏州"。他这样做实在让人想不透是为了什么。

这件事在整个春秋历史上是很著名的,它说明即使是在"春秋无义战"的时期,正义

镂空铜俎(春秋淅川下寺1号墓出土)。此为进餐时切肉的案子。

依然是社会意识的主流,它是会压倒邪恶之气的。楚庄王听从申叔时劝告重立陈国,《春秋》一书由此而"书其有礼"。而这个申叔时由此而赢得了"申叔时一言兴邦"的美名,从此名传千古了。

楚军先是破陈,然后又征服了郑,接着就与强大的晋国军队短兵相接了。双方集结数十万大军于邲(bì,今河南省郑州市西北),这就是楚赖以称霸的"邲之战"。

在"邲之战"前,楚、晋双方的大军列队于黄河边上。晋军内部不统一,有的主张打,有的反对打。只有名叫士会的大将态度坚决,说:"由我而失霸,不如死!"不等其他部队同意,他就率军向前线开拔了。其他部队看到大将士会那样的顶真,才勉强跟上了。相对而言,楚军就比较统一。楚军在交战在即的情况下,向晋两次放出了和谈的烟幕,这样使晋在战与和的问题上进一步产生分化。一旦楚把握住主动发动突击战,晋军就一点也无还手之力了。

楚军是在晚上发动总攻的。楚军很清楚,在晋军中只有大将士会一部是有战斗力的,其他部队可以说都是乌合之众。楚军的策略

龙耳虎足方壶（容酒器，春秋，
河南川下寺1号楚墓出土）。
此为青铜酒具之一种。

是先击溃弱部，等敌方阵脚大乱时再发起全面进攻。晋军由于内部
矛盾重重、指挥不统一，一下被楚军打得大败。晋军溃不成军，残部
在夜间渡过黄河时由于争先恐后，先上船的人，用刀砍后来争上船的
人攀船沿的手，这样又死伤了不少。据史书记载，被砍下的船中断指
多得可用手去捧。被砍断手的士兵大都掉到黄河中死掉了。

　　"邲之战"以后，楚的力量和威势暂时盖过了晋国，在一段时间里再也没有哪个国家敢与楚国抗衡了。楚国达到了威服中原、称霸诸侯的目的。

"邲之战"结束后,楚国的军队驻防在衡雍一带,在黄河边上安营扎寨了下来。这时,有人向楚庄王建议:"我楚军取得了那么大的胜利,何不就在这里建立一个景观,以纪念这次战争,让后世子孙不忘记我们的武功?"楚庄王听到这话,连连摇头,说:"为何要让我们的子孙记住我们的武功呢?在中国的文字里,'武'就是'止戈'。战争是为了不要战争。武王战胜商以后,作《颂》说:'收起干戈,藏好弓箭,我追求美好的德行,遍施于这中原大地,成就王业保封疆。'强暴不能消灭战争,强暴不能保持强大。没有德行,是什么事都办不成功的。"

楚庄王说的是真心话,也是完全正确的。

楚庄王在黄河边上祭祀了母亲河黄河的河神,更为重要的是,他在黄河边上建起了楚国先君的神庙,"告成事而还"(《左传·宣公十二年》)。楚国的国君一直坚持自己的祖先是中原人,楚庄王的这次祭祀黄河就是为了告诉祖先:"我回来了!"

这种楚人的认宗归祖的意识,以前的史书都没有强调过,这是一个重大的缺憾,史学工作者有责任加以重书。

注释:
① 李学勤:《谈祝融八姓》,《江海论坛》,1980年第2期。
② 张正明:《楚文化史》,上海人民出版社1987年版。

06

「弭兵」之盟

晋楚争霸的势均

楚晋"邲之战"以后，晋作为战败国是削弱了，但作为战胜国的楚国也没有得到多大的好处。相反，由于战争的耗费，国内矛盾加剧了，在以后的数年间，楚国陷入了长期的内乱之中，国力也明显下降了。可以这样说，经过长期的拉锯战，到此时晋楚之间形成了势均力敌的态势，要想谁吃掉谁，难。

频繁的战事给各国带来的都是灾难，尤其是小国人民。公元前597年就在晋楚两国战争开战之际，受到楚庄王的军队重重包围的郑国就如惊弓之鸟。郑国被包围了十七天，郑国人为了求和，举行大占卜，得出的结果是"不吉"。这时，整个郑国像是疯了一般，战车都列在大街上，城中的人们都到太庙去号哭，守城的士兵一边守在武器旁，一边大哭。郑与楚之间像是猫捉老鼠一般。楚军说要退去了，郑军马上前进，并修起了城墙。还没等城墙成形，楚军又来了，把一切都摧毁了。郑都被攻破后，满大街的都是楚军，楚军神气得不得了。当时是十二月的严冬，可怜的郑襄公（也算是一国之君啊）为了表示诚意，光着上半身牵着头羊去慰劳楚军。这就是史书上说的所谓"郑伯肉袒牵羊以逆"（《史记·楚世家》）。见到楚军统帅和国君，他跪下哭着说："孤不能顺从天意，使君王带着愤怒来到敝邑，这是孤的罪过。现在，孤愿意一切听从楚君的，即使把我俘虏到江南去，安置在最荒野的海边上，也听从君上的命令。即使灭亡郑国，把郑国分赐给诸侯，让孤做他们的奴仆，也甘心情愿。如果把郑改建成楚的一个县，那就是对郑国的恩惠了，孤和郑国民众都不会忘了大王的恩典的。"楚国的国君看到郑襄公是那样的可怜，与郑订立盟约后，将郑公子作为人质押走后才算了事。

　　总是感到不安全的不仅是小国，就是像晋国这样的大国，也时时感到了危机的存在。"邲之战"的烟尘还没有散尽，晋国就提议与宋、卫、曹诸国在清丘（今河南省濮阳市附近）共同立约。为了立约事，讨论了好多天，最后达成的盟约就是四个字："恤病，讨贰。"（《左传·宣公十二年》）"恤病"的"病"指的是困难，是说面对种种困难，大家要同舟共济，要患难与共，这是从老百姓角度讲的。"讨贰"是反对违约，反对三心贰意，反对不讲信用。当时不讲信用的实在太多了，一忽儿与这个结盟，一忽儿又与敌对方签约了，这就叫"贰"，这个盟约想抑制一下这种状态，其实时势如此，一纸盟约要想解决现实政治问题，那是根本不可能的。

　　楚国也感到了不安全。公元前589年，楚共王倾全国之师，攻打卫、鲁两国。两国忙向楚国求和。鲁大夫孟孙氏屈辱地送给楚国木工、缝工、织工各一百名，还将自己的公子送到楚国去当人质。这年的冬天，楚邀请鲁、蔡、许、秦、宋、陈、卫、郑、齐、曹、邾、薛、鄫（zēng，又读céng），十四国在蜀（今山东省泰安市东南）会盟。这是春秋以来参加国最多的一次盟会。这也从一个侧面证明楚的强大和实力。

三年后，也就是公元前586年，晋国为了平衡楚国会盟造成的影响，在虫牢（今河南省封丘县北）邀集齐、鲁、宋、卫、郑、曹、邾、杞等国会盟，一面显示晋的威风，一面提倡相互保护。

这里有两点是可以说明的：其一，此时的楚、晋两国虽然都还属于春秋强国，但是比起其最强盛的时候来说，已经在走下坡路了。此时的实际情况是，谁都压服不了谁，但谁也不愿服软。这是一种僵持状态，也是一种力量的相对平衡状态。其二，从"蜀之盟"和"虫牢之盟"的构成成分来看，"虫牢之盟"共九国，其中七国是与"蜀之盟"重叠的。这就充分说明了，当时的所有国家——尤其是小国——都以"不站边"为立国原则。

更为主要的是各国民众厌战情绪的高涨。据史书记载，楚庄王二十年的时候，楚国为了报宋国杀来使之仇，竟围宋国都城达三个月之久。这就造成了大灾难。"城中食尽，易子而食，析骨而炊。"（《史

龙耳尊（春秋早期，上海博物馆藏）

记·楚世家》）这可说是人间极大的惨景了。要不是被称为"君子哉"的宋华元出面求情，惨景还不知要延续到何时呢！

楚、晋两大国的势均力敌，小国的"不站边"，各国人民的反战呼声，由于这三个方面的原因，一段时期内使"弭兵"成为了可能。

华元的"弭兵"

第一个站出来促成"弭兵"的，是世所公认的宋国君子华元其人。"弭"是止息的意思，"兵"在古代指的是武器，"弭兵"就是由当时的霸主国晋国和楚国共同主持的平息战争、消除战乱的盟会。

在这之前，其实楚、晋双方都有了一些想改善关系的意向。

晋国连年用兵，尤其是与南来的楚国多次交锋，国力损伤惨重。"邲之战"后，更是很想与楚和好。公元前582年秋，晋景公视察军府（军用仓库），见到了关押在那里的楚人钟仪。他问看管的人："那个戴着南方人帽子而被囚禁的人，是谁呀？"主管官吏回答说："是楚国的一名俘虏。"景公让人把他放出来，特意召见了他，并表示慰问。景公问他的职业，他回答说："是乐官。"景公问："能够奏乐吗？"钟仪回答说："这是我先人所掌管的职务，我怎敢放弃？"让人给他琴，他弹了曲南方的乐调。景公问："你们的国君怎样？"钟仪回答："这不是小人能知道的事。"一定要他讲，他才讲了一些。景公把这件事告诉了范文子，文子说："这个楚囚是个君子。言辞中举出先人的职业，是不忘本。音乐弹奏本土乐曲，这是不忘故旧。列举国君做太子时的事，表现出他没有私心。对二卿直呼其名，这是对国君的尊重。不忘本，是仁。不忘旧，是信。没有私心，是忠。尊重国君，是敏。用仁

伯游父醽 (líng)（春秋中期，
上海博物馆收藏)

来处理事情，用信来保持它，以忠来完成它，以敏来推行它，哪怕再大再难的事情也能办成功。君王何不放他回去，让他去促成晋、楚之间的和好。"晋景公听了，对钟仪更加礼遇，并放他回去以推进晋、楚之间的和平友好。

这显然不是晋景公个人的行为，而是代表了当时的一种趋势，一种人心所向。

当时的晋国也真是四面受敌，处境十分艰辛。如果楚乘人之危的话是可以发兵将其击溃的。正在此时，钟仪被晋景公放回到了楚国。楚共王听取了钟仪的汇报，觉得晋国君主对楚确有善意，就派楚公子辰去晋国，表示可以"结两国之好"。为了表示诚意，第二年晋国也派出使者去楚国。两国是进一步走近了，但为了领土方面的争端，两国之间的摩擦和小规模争端还是时有发生。

这就需要有一个有权威、有诚信的人站出来协调晋、楚两大国之间的关系，这个人就是宋国的大夫华元。

华元这个人的个人品质当然是没说的，最重要的是他有人脉上的极大优势。他与楚国的令尹子重是多年的老朋友，又与晋国的重量级人物栾武子有非同寻常的交谊。公元前580年的冬天，华元冒着严寒先是来到了楚国，在令尹子重的引荐下与楚共王进行了推心置腹的交谈，转而又马不停蹄地来到了晋国，把楚王愿意修好两国关系的信息带给了晋君，晋君听了很是高兴。第二年的夏五月，华元把晋国的全权代表士燮（xiè）和楚国的全权代表公子罢（bà）都请到宋，在宋国的西门外会谈，双方都同意弭兵，成功地达成了盟约。

在华元的撮合下，至少从盟辞的文字角度看，还是很实际的，对双方都有约束力。当时的《晋楚盟词》是这样写的：

春秋兽面纹龙流盉（春秋中期，上海博物馆藏）

"从此晋、楚两国友好相处，不以兵戎相见。要好恶相同，一起周济灾难危困，毫无保留地救援饥荒祸患。如果有人危害到了楚国，晋国应该帮助它，相反，如果有人侵犯了晋国，楚国也应全力以赴。使者要互相往来聘问，交通要道不能设置阻隔，共同商议对付不顺从的国家，讨伐叛逆的诸侯。有谁如果违背了这盟约，神灵是会诛灭他的。"

应该说，从文字上看，这一盟词还是相当不错的，它涉及两国关系的政治、经济和军事诸方面，而且历史地看，它在实际生活中也起到了一定的作用。尤其是盟词公之于众以后，受到了各国诸侯和百姓的欢迎，使人们看到了和平的希望，对两国的当政者也多少有一点约束力。

这年的冬天，还是在华元的努力下，楚公子罢到晋国去聘问，同时参加了楚、晋盟会。十二月的时候，晋厉公与楚公子罢在晋地赤棘(晋西部，具体地点不详)结盟，标志着夏天签订的盟约的条文正式生效了。

但是，楚、晋首次结盟的基础并不牢靠，两国一面在签约，一面又在准备着新的战争。和平局面只维持了三个年头。到公元前576年，楚共王就准备向北方用兵。楚大夫子囊站出来反对："刚刚与晋国订立盟约就那么几年，这样做妥当吗？我看还是和谈好。"这时有一个叫司马子反的大臣说："怎样对打败敌人有利就怎么干，何必受盟约的束缚呢？"楚共王想了想说："好，就听司马的。"于是，就派兵攻郑国，再进而攻卫国。晋国见楚国背盟，就在这年的冬天在钟离(今安徽省凤阳县东北)邀集齐、宋、卫、郑各国会盟，还特意邀请了吴国参加，以对付楚国。

公元前575年，也就是华元弭兵后四年，晋、楚陈兵于鄢陵（今河南省鄢陵县西北），两军激烈厮杀，这就宣告了首次弭兵的失败。

向戎的"弭兵"

从公元前575年的华元弭兵失败，到公元前546年向戎又一次启动晋楚等十三国在宋会盟，并达成弭兵新协议，其间又经历了整整三十年的战乱。老百姓所受的战乱之苦那是可想而知的。

晋楚之间的"鄢陵之战"打得相当激烈。开初的时候晋军没有信心，因为此前晋多次为楚所破。但是，这时楚国的逃臣苗贲皇把楚军的情况向晋军作了透露，说："楚军的精良在于中军中的王族部队，而左右两部的战斗力都很差，只要在一开战的时候猛击其两翼，楚军必乱而大败。"晋厉公听了苗贲皇的建议觉得很对，就集中兵力打对方的左右军。果然，这样一来楚军大乱，楚军在败退过程中死伤很是严重，连楚共王也被射瞎了一只眼睛。楚军抵挡不住，第二天就带着部队逃回国去了。这次大战以晋胜楚败而告终。

但是，在"鄢陵之战"后的两三年间，晋国陷入了内乱的深渊。卿大夫的势力急剧上升。先是赵氏继而是郤氏，其次有栾氏和中行氏。灵公时赵盾"弑"君，其势不可一世。到景公时赵同、赵括被杀，赵氏势力一度削弱，后重立赵武，赵氏势力复强。厉公时卿族中以郤氏势力最强，竟至于三人为卿。对楚大战胜利后，晋厉公想借其余威削弱卿族势力，杀灭了郤氏势力，最后厉公自身却被栾氏和中行氏所杀。直到晋悼公上台，国内局势才稳定了下来。这时，大夫们才被迫表示"敢不唯命是听"（《左传·成公十八年》）。

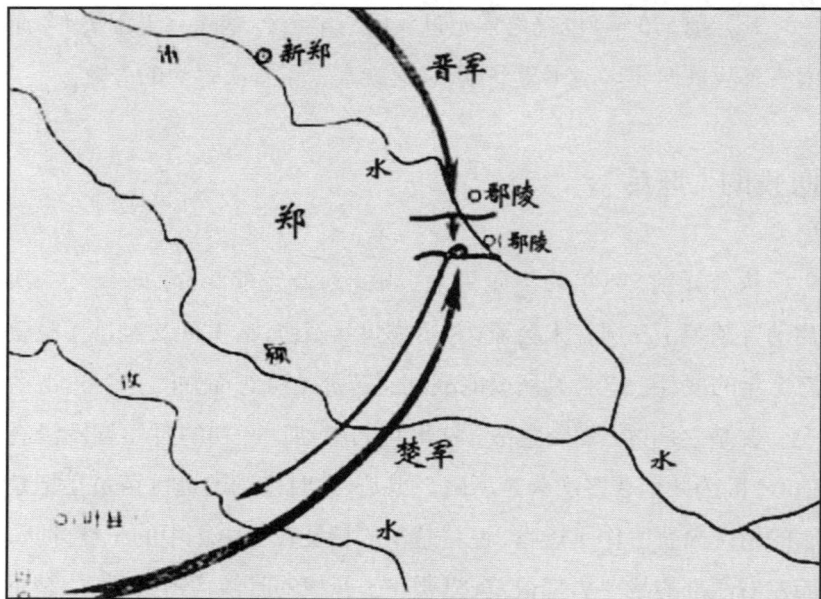

鄢陵之战示意图。这是长期争霸的晋、楚两国,在鄢陵(今河南省鄢陵县西北)
展开的一次大战。

晋悼公是有为的,他整肃内政,起用贤能,救贫济困,减免税赋,节用民财,使国力有了很大提升,在对外战争中一度多次打败楚国。公元前565年,晋悼公两次邀集郑、齐、宋、卫、邾在邢丘(今河南省温县)会盟。会上晋悼公提出各国朝聘的财礼数字,让诸侯大夫都听他的安排。郑简公还当众献俘,表示真心顺从。历史上称这是晋悼公的"复霸"。

在晋悼公强势复霸后,晋和楚为争夺一些小国大打出手。在这种情况下,最可怜的是那些弱势的小国。公元前562年,晋以武力把郑从楚国手中夺过来。不多久,楚国联合秦国又把郑国从晋国手中夺回来。这年的秋天,晋再次大兵压境,郑只好又屈从于晋。后来,郑国又几度反复。民众苦不堪言。

公元前553年,晋平公邀合齐、宋、卫、郑、曹、邾、莒、滕、杞、郳等国在澶渊(今河南省濮阳市西北)会盟。这是晋悼公复霸以来最大规模的一次盟会。第二年,晋便发生了内乱。正逢东方大国齐时时有与楚结盟的意向,再加上国内厌战情绪的上升,晋实在难有作为了。

楚也是内外交困。地处东南地区的吴的兴起,成为其心腹之患。而且吴国又与中原大国晋结盟,对楚造成了不小的威胁。公元前549年,楚康王出动水师攻打吴国,结果是无功而返。后来虽然取得了一次大的胜利,但楚的力量也由此削弱了。

晋楚长期攻战,可以说是各有胜负。再加上齐国和吴国的加入,战局更加复杂化了。中原的小国夹在大国的缝隙中,受苦最深。同时,晋、鲁、齐等国大夫势力日升,使国内矛盾激化,而对外便希望有一个和平的环境。这就把弭兵问题又一次提到议事日程上来了。

公元前547年,许灵公请楚国发兵攻郑。楚、陈、蔡合兵攻打郑国。郑国无奈,准备应战,这时郑国的执政子产却说:"晋楚将平,诸侯将和。"(《左传·襄公二十六年》)意思是说,不用大惊小怪的,大的战争现在是打不起来的,和平局面即将出现。结果真如子产所料,在郑国没有什么抵抗的情况下,楚军也很快撤走了。子产是一个小国的大政治家,他看清了当时诸侯国之间关系发展的大势。

需要有一个人出来当"和事佬",他就是宋国的向戌。

宋国在当时的列国中国力中等偏上,又是一个较为中立的国家。而当时宋国的执政向戌与晋楚两国国君的私人关系都相当好,向戌的社会活动能力又是最上乘的。这些都成全了他成为弭兵的首脑。

祁奚雕像。祁奚在位约六十年，为四朝元老。他忠公体国，急公好义，誉满朝野，深受人们爱戴。盂县、祁县有祁大夫庙。

为了弭兵这件大事，向戌在大国间穿行。他先是到得晋国，找到了晋的执政赵武。赵武说："这可是件大事，我得与大家商量商量。"于是，赵武把晋君和韩、赵、魏、范、中行、智六家的代表都找来会议。会上是韩宣子先开了腔，他大声地说："战争，就是对人民的残害，是消耗国家财力物力最大的蠹（dù）虫，是小国人民的大灾星。现在战争是天怨人怒，再打仗是不得人心的，还是同意弭兵的好。"他停歇了一下，又说："如果我们不是抢先弭兵，让楚国占了先，我们岂不被动了？"向戌马上接上去说："韩子说得好啊，凡事都得顺势而行，晋国只有弭兵，才有希望。"当时的晋君已经名存实亡，但最后还是他点了头才算数。

向戌信心满满，说服了晋国公室和掌实权的大夫们后，他又兴冲冲地来到了楚国。当时是楚康王执政，他正被内政外交搅得头疼不堪呢！看到向戌到来，热情地接待了他。向戌开门见山，对康王说："我知道，这些年楚国也一直被战事所困，我给大王送来了一个好消

息，晋公愿与楚王和好，答应以后再也不打仗。"楚

康王问："有什么条件吗？"向戎很干脆地告诉

他："什么条件都没有，要的只是和平。"楚康

王听向戎这样说，乐得送他个顺水人情，一

口答应了下来。

当时的齐国也是个举足轻重的国家。

向戎到齐国，告诉齐景公，楚国和晋国都

同意弭兵了，齐国将怎样呢？齐景公

感到为难，倒是握有实权的陈文子爽

快，说："晋国、楚国已经同意了，我

们有什么办法阻止？大家都在说停

止战争，如果单是我们不答应，人民是

会叛离和责备我们的。我们也同意。"

向戎还到了秦国，秦国的国君说：

"好啊，这是件大好事，现在天底下也只

有你向戎能干这样的大好事了，我们支持你！"

春秋青铜鸱壶（太原市出土，
山西博物院藏）

向戎还去了一些关键性的小国。也是一路的欢呼和掌声。

这个向戎，真是个了不起的人物，为了弭兵，为了让天下赢得和

平与安宁，他不辞劳苦，一路风尘，走遍了大半的中华大地。

到了前546年春夏之交，向戎就不失时机地召集晋、楚、郑、鲁、

齐、陈、卫、邾、滕、蔡、许、宋、曹十三国的代表在宋都召开"弭兵大

会"。会上晋楚两国仍然有些矛盾，但在向戎的劝说下，还是达成了

共识。双方表示以后永不言战，互相尊重，友好相处。原先分别属于

晋、楚两国阵营的属国，从盟约生效之日起，都成为两国共同的属国，

听命于两国，向两国同时交纳贡赋。这些规定换来了和平，而倒霉的还是小国以及小国的人民。

"弭兵大会"是顺乎民心的，所以受到了各国的普遍赞同和支持。这次大会换来了晋楚之间将近半个世纪的和平相处，在经受了差不多二百年的战乱之后，难得地赢得了几十年的太平岁月。从此，中原地带的晋楚争霸，被长江流域的吴楚争霸所取代。

开放的吴国走向昌盛

在春秋历史上，吴的兴起是一个大事件。这个国家的繁荣和富强，以及它的北上争霸，进而成为中原霸主，从根本上改变了当时天下的格局，也改变了人们对南方地区的认识。司马迁写《史记》，把吴放在《世家》的"第一"，是有一定道理的。

在吴国的创业史上有这样一段佳话：相传周文王的祖父生了三个儿子，大儿子叫太伯，二儿子叫仲雍，三儿子叫季历。老人家最喜欢三儿子季历，希望他能继位。

季札周游列国雕像（局部，佚名）

老大与老二明白父亲的心，也认为老三比自己更能干，于是相约逃到了"荆蛮"之地。后来老三季历继位，建立了很好的功业，其子就是姬昌，也就是后来开创周王朝基业的周文王。

这里只说老大太伯，来到荆蛮之地后，就主动像当地人一样文身断发，学习当地人的生活习惯和生产技能。当地的蛮人听说他来自中原王朝，而且又是那样的好学不倦，那样的平易近人，便都愿意与他在一起，并推他为领袖。起先归顺他的有一千来家，后来越来越多，就成了句吴地区的太伯了。

太伯去世以后，因为他没有儿子，就由同去的仲雍继位。仲雍去世以后，就由其儿子季简继位。周武王建立周王朝以后，进行分封。于是寻找太伯和仲雍的后人，就正式分封其后人在吴，位在列侯。

从吴太伯传到吴寿梦，一共传了十九世，这时吴国开始走上了发展的快车道，农业经济已经不亚于中原地区，有记载说，铁农具的使用赶上了中原地区，武装力量也相当强。在《左传·宣公二年》（前601）的文字中，第一次有了吴国和越国的记载。

公元前584年，也就是向戎弭兵前三十八年的时候，楚国的叛臣申公巫臣先是到晋，然后辗转来到了吴国。吴寿梦是个有头脑的国君，认为这是一个引进人才的大好机会，就热烈地接待了这位远

孙武像

方来客，并让这位在楚国受到排挤的申公巫臣在吴国落地生根。申公巫臣是个游历了多国的人物，他给吴国带来了先进的耕作技术，急速地促进了吴地生产业的发展。再就是吴借助于申公巫臣发展了先进的军事技术。吴国原先以水军为主，这时申公巫臣教吴军以"用兵乘车"，也就是把步军、骑兵都训练起来了。这为日后吴国的北上称霸准备了条件。

最具重大意义的是，吴寿梦大胆地任命申公巫臣之子狐庸为"行人"。"行人"一职在吴国特别的重要，是分管外交事务的最高长官。因为"行人"一职事关重大，在吴国历史上一般由国君的亲属担任。这次，寿梦来让一个"外人"当"行人"，主管外交事务，实在是大胆的革新之举。狐庸比他的父亲还了解天下大势，尤其对中原事务了如指掌。他出任吴国行人后，每年派特使去中原，中原也时有能人来指点江山，为吴以后三四十年间奇迹般的发展创造了条件。

这种从外吸收人才的政策，在吴国是有延续性的。吴余祭三年（前545），齐国的相国庆封与齐国国君闹翻了，从齐国逃到了吴国。吴国知道庆封其人虽然喜欢喝酒又喜欢打猎，但确是个有才干的人，齐国的兴盛有他的一份功劳，就马上表示热烈的欢迎，并将朱方（今江苏省镇江市丹徒区）作为他的奉邑，让他的族人都聚

吴王寿梦像

居在那里。吴王还将王室的宗族女嫁给他为妻，使他比在齐国时还富有。

公元前544年，吴国派宗室季札（国君的叔父）出使中原诸国，考察政治、经济和文化，留下了许多动人的故事。季札首选之国到了孔子的母国鲁国（那一年孔子八岁），请求有关部门让他观赏保存在鲁国的周天子的礼乐。鲁国人为他演奏了《周南》、《召南》的诗乐，这可一下把季札给迷倒了，他激动地说："这些乐章很美啊，从这些诗歌中可以看到周朝教化的完美。"后来他还听了各国民歌的演奏，感受到各地不同的民风民俗。离开鲁国后，他到了齐国，与齐国的著名政治家晏平进行了有益的交谈，并建议晏平要适时而退。季札在郑国见到了著名改革家子产，两人像老朋友一样亲热，季札还预言郑会将政权交与子产治理。季札还到了卫国。"卫国多君子"，季札与卫国君子蘧瑗（qú yuàn）、史向、公子荆、公叔发、公子朝深谈了政治经济问题。在晋国他与孙文子进行了治国方略的讨论。到徐国时，发生了一件让季札揪心又传颂千秋的事：徐国的国君特别欣赏他的

季子挂剑的塑像

季子挂剑台遗址

那把佩剑，可是季札认为，君子出使不能不佩剑，因此一时不能送剑给他。等季札归来想将剑相送时，徐君已去世了。季札十分伤心，在徐君墓前施礼毕，就将剑挂在了墓前的一棵大树上。随从人说："人都死了，把剑留下有什么意思？"季札说："话可不能这样说，当初我心里已经答应给他这把剑了，不能因为朋友死了，就违背我原先的本意。"这就是传颂千古的"季札挂剑"掌故的由来。

一个开放的吴国，也是一个欣欣向荣的吴国。从公元前601年史书上第一次出现一个陌生的名字"吴"，到公元前509年大败楚军于居巢（今安徽省巢湖市），再到公元前506年攻破楚都城郢，吴崛起成为春秋后期真正的一等强国，前后只用了短短一百年的时间。

"十年归报楚王仇"

弭兵大会后，中原地带是相对平静了下来，而南方却战事不断。从公元前538年楚灵王会集诸侯于申（今河南省南阳市北），起兵进攻吴国起，到公元前506年吴军攻破楚国都城郢，在这三十二年间，两国战事不断。

在战争中，涌现出了藐视王权、仇视昏君、张扬个性的传奇人物伍子胥。

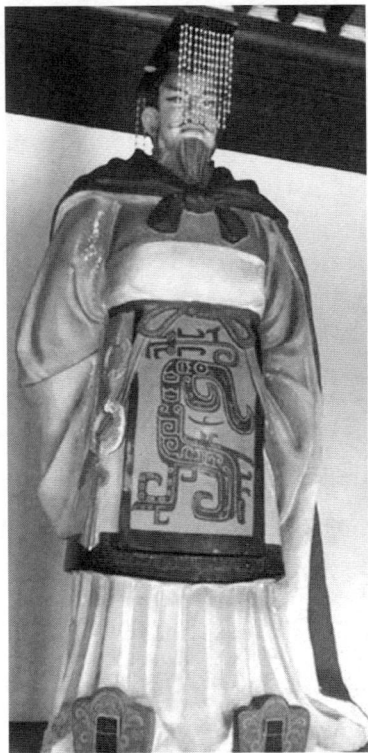

吴王阖闾塑像

在楚国历史上，楚平王是一个十足的昏君。他听说秦国的女子很美，就命楚大夫费无忌到秦国去为太子建物色妻子。费无忌物色好对象以后，就先回国了，对楚平王说："这个秦国女子漂亮极了，我看还是大王您娶了她吧！"平王本是个好色之徒，听费无忌一说，正中下怀，真的就娶这个女子为妻了。此后，楚平王与那秦女在一起，连朝都懒得上了。后来，那个费无忌又故意加害太子建，说太子建因没娶到秦女而日夜怨恨父王。平王一听就火了，把太子建逐出京城去守边。之后，费无忌又说太子建痛恨平王，全是太傅伍奢所教唆。伍奢的先人伍举,以直谏事楚庄王,有显名。平王根本不进行调查研究,一怒之下,就把伍奢抓了起来,并听信费无忌的计谋,要把伍奢的两个儿子伍尚和伍子胥召来,一并杀害。

楚平王诡诈地对伍奢说:"你如果能把两个儿子召到京城来,就还有一条生路,如不召来,只有死路一条了。"

伍奢镇定自若地回答:"我可以召他们,但是,大儿子伍尚是肯定会来的,而小儿子伍子胥是不会来的。"

"那是为什么?"楚平王不解地问。

伍奢回答:"知子莫若父,我是很了解自己的两个儿子的。伍尚性格平和,慈孝仁爱,听说回来后可以免父一死,必然要来。而伍子胥是个十分聪明、十分有头脑的人,他知道,如果真的来了,无异于送死,而且也救不了父亲,因此不可能来。而他一旦出逃,将来对楚国

吴王阖闾墓位于虎丘剑池之下

造成的祸害就大了。"

后来的事实完全证实了伍奢的话。伍尚来到郢都，最后与父亲伍奢一起被害，而伍子胥则远走高飞，一路风尘。据传他为过昭关，是一夜之间白了头。

得道多助。在颠沛困顿中的伍子胥得到了民众的支持。这里有两则生动的故事。

伍子胥到昭关 (今安徽省含山县北)，几为关吏所捕，楚军又紧追不舍。正在难以脱身之时，只见江上有条渔舟溯流而上。子胥呼渡，渔夫歌道："日月昭昭乎侵已驰，与子期乎芦之漪。"大意是：天还很亮，我不敢越境过来渡人，你到附近的芦苇荡中等我吧。于是渔夫就把船靠近芦苇荡中。等到子胥上了船，渔夫很快把他送过了江。渔

吴王夫差盉 (春秋中期，上海博物馆收藏)

夫看子胥面有饥色，为他取了饭来，让他饱餐了一顿。伍子胥十分感动，取出"百金之剑"相酬。渔夫呵呵笑道："我听说楚王有令：抓住伍子胥的人，赏米五万石，官拜大夫。我不图这个富贵，难道是为了贪你的百金之剑吗！"伍子胥问他姓名，回答是"渔丈人"。伍子胥走了几步，回头看时，渔夫已将船弄翻，人也不知哪里去了。后来伍子胥便有了"芦中人"的名号。

到了吴国，伍子胥行乞于街市之上，遇到一未嫁女子在水边浣纱。伍子胥向她讨一点米饭，她就给了。子胥吃饱后，告诉女子自己的名字，请她不要向外声张。女子说："我是不忍心你被逼而死，故而帮你。你快走吧！"当伍子胥前行几步，回头再看时，女子已经投水。

今天京剧《伍子胥》中《文昭关》、《芦中人》、《浣纱记》等几出，讲的就是这些故事。

伍子胥历尽艰难险阻，来到了吴国，伺机报仇。那是公元前522年，吴王僚执政的第五年。

伍子胥到了吴王宫，吴王僚对他并不怎么热情，当然也没有拒绝他。伍子胥几次说到攻打楚国对吴国的好处，吴王僚都以国力不足搪塞过去了，伍子胥由此知道吴王僚是个胸无大志的君主。倒是公子光十分热情地接待了伍子胥。时日一长，伍子胥才知道公子光是吴王诸樊的儿子，诸樊死后王位应传于他，是僚用阴谋手段夺得了王位，为此公子光总想报复。了解了这一切后，伍子胥就为公子光物色了一位勇士专诸，要他趁吴王僚进食时除掉他。结果真的事成了，公子光继位为王，这就是吴王阖闾（hé lú）。

吴王阖闾一继任，就以专诸为卿，以伍子胥为行人，共谋国事。此时，吴国的行人一职地位更加提升，简直是集外交与内政于一身。

伍子胥日夜操练兵士，发展铁制兵器，准备与楚决一死战。这时，刚巧楚国的叛臣伯嚭来投奔，这是个熟知楚国内情的人，吴王就命他为大夫，共商伐楚大事。

一转眼，十年过去了。可伍子胥复仇之心未泯。

十年后，楚平王也死去，继位的是不中用的楚昭王。而这时，雄心勃勃、且与伍子胥交往密切的阖闾也希望一举灭楚。伍子胥推波助澜，力主攻打楚国本土。

伍子胥为吴国制定了打败楚国的谋略。

伍子胥向吴王郑重推荐了大将孙武。吴王阖闾正准备举兵西向，孙武却站出来说："不可，时机尚不成熟。"吴王问："怎么讲？"孙武答道："楚有一名大将子常，驻在楚的附属国蔡和唐。此人武艺十分的了得，可此人有一致命伤，就是贪心不足，蔡和唐的统治者和民众十分的怨恨他。要顺利进军楚国，非得先除掉楚大将子常不可。"

吴王阖闾一想是对的，就派伍子胥出使被楚国欺压的蔡国和唐国，经过一番周旋，很快就与两国结成了反楚同盟，这样就消除了攻楚的外部阻力。

公元前506年，吴王阖闾以孙武为大将、以伍子胥为军师，亲率大军攻楚。经过五次战斗，楚军大败。吴军势如破竹，大军一直攻取了楚国建都两百年的都城郢，楚昭王仓皇出逃，先是到郑国，郑国人不收留他，又逃到云梦泽，为盗所袭，最后逃到随国去了。

伍子胥入郢后，亲自掘开楚平王的坟墓，在楚平王的尸骨上狠狠地鞭打了三百下，实现了"十年归报楚王仇"的凤愿。

楚国经此一难，也就衰落了下去。击败楚国后，吴国就举兵北上。公元前496年，吴王阖闾伐越伤重而死，其子夫差继位。公元前

489年,吴伐陈,取得了胜利。公元前487年,又伐鲁。公元前485年,与鲁共伐齐,此时,已变得骄横的吴王夫差,杀死了强谏的伍子胥。公元前484年,又大败齐于艾陵。大约在十来年的时间里,吴军所向披靡,可以说是无往而不胜。吴王夫差更加傲气十足了。公元前482年,吴王北上会诸侯于黄池(今河南省封丘县)。在盟会上,吴王夫差以霸主自居,一定要诸侯歃血为盟,让各诸侯国服从于吴国。正在这时,从国内传来了坏消息,越国趁吴倾全国之兵北征之机,举兵轻而易举地攻破了吴国都城姑苏(今江苏省苏州市)。夫差出了身冷汗,马上起兵火速向南进发,又派人向勾践求和。勾践见一时也无法攻克吴国,就退兵了。

南方地区的吴、楚之争,很快就被吴、越之争所取代了。

越王勾践的"卧薪尝胆"

与吴国交界的还有一个越国。越国传说是夏朝国王少康庶子无余封于会稽而建立的国家。

这应该是真实的。《史记·越王勾践世家》、《越绝书·外传记地传》、《水经·浙江水注》都有"夏后少康,封少子杼,以奉禹祠,为越"的说法。具体地说,杼带来的是中原的夏文化与山东一带的东夷文化。有专家做出这样的路线考证:"山东夏裔与东夷南迁的主要路线,是经海路南航,先在上海(古称'娄')登陆,然后西徙于太湖东岸,再逐渐南迁,绍兴是最后一站。"[①]之后传二十多世,都没有多大的作为和名声。在春秋早中期,越国还只是吴国与楚国争斗的棋局中的一个小卒子。可是,到公元前510年,当越王允常在位时,

越王勾践雕像

吴王阖闾攻打越国，结果却被越国意外地击败了。这多少使吴国上下十分吃惊。四年以后，越国趁吴兵攻入楚之郢都而国内空虚，就出兵偷袭了吴的后方基地，迫使吴军从楚地撤了回来。从此以后，吴越两国成了世仇。

公元前496年，越王允常死去，勾践即位，吴国乘机伐越，越国奋起反击，双方大战于槜(zuì)李(今浙江省嘉兴市)，结果吴军大败。吴王阖闾的一个脚趾被砍去，伤势日重，不久就死去了。儿子夫差继任，决心报仇。

两年后，双方又大战于夫椒(今太湖椒山)，吴军大败越军，长驱直入，最后越军退守会稽，龟缩在会稽山区的越国士兵也只存下了五千人。

站立在会稽山头，勾践仰天长叹："我的这一生就此了结了吗？我就这样成为越国的千古罪人了吗？"说罢，准备自刎以谢天下。

这时，大臣文种站了出来，从勾践手中夺过宝剑，大声说："不，你不能就这样了结此生。为什么大王一遇逆境就想到死呢？商汤被囚禁于夏台，周文王被拘禁于羑(yǒu)里，晋重耳逃奔狄国，齐桓公不得意而奔于莒，最后怎么样？他们坚持了，他们奋斗了，后来他们不都称王称霸了吗？"

勾践问："你是要我……？"

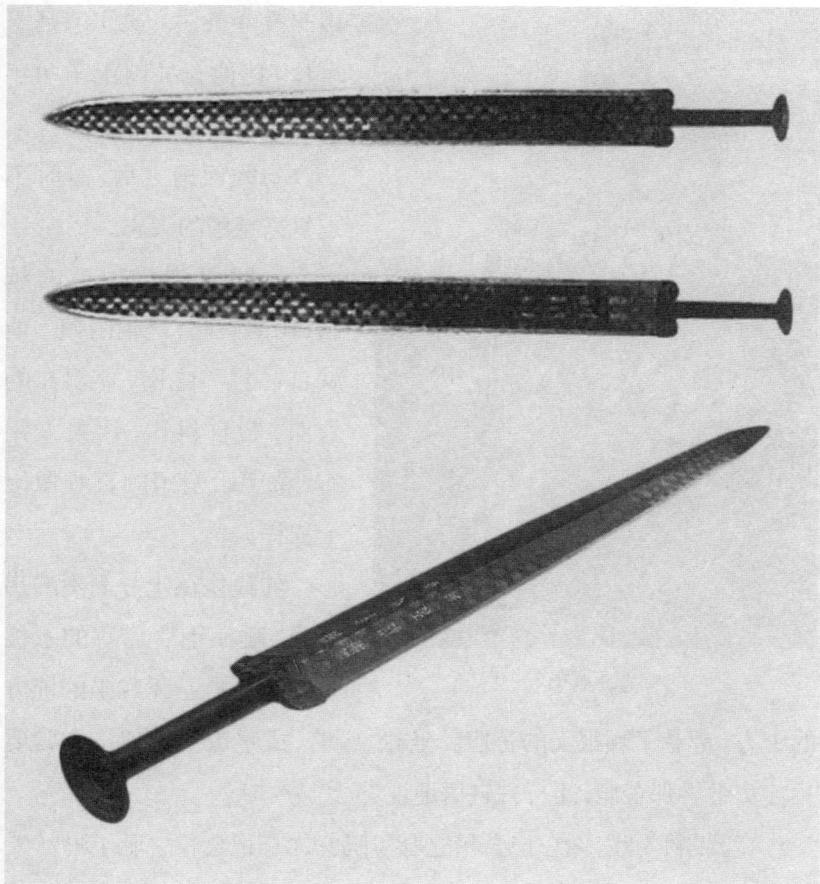

越王勾践剑

　　文种字字掷地有声："我是要你奋起，做一个有大志向、干大事业的人。不过，大丈夫能屈能伸，现在，你得屈膝事敌。"

　　勾践深垂着的头渐渐抬起，说："好！我会的，一定会的！"

　　不多久，越国向吴国派出了求和的使者，表示越王愿为吴王的臣仆，妻子愿为吴王奴妾。吴王夫差不听伍子胥的再三劝导，答应了越

范蠡雕像

国的投降条件。吴王看越王可怜，让他在吴国干了两年苦活后，放勾践回了越国。

勾践回国之后，时时不忘复兴越国的大志。

勾践看到亡国后的越国，山河破碎，民生困顿。他就自己再不吃肉，穿粗布的衣服，亲自耕作，让夫人织布，希望给全国的百姓做出个榜样。

勾践住在十分简陋的房子里，睡在铺着席草的木板上。他在自己睡和坐的地方的上方，都悬了颗很大的苦胆。坐着，躺着，或吃饭、休息时，常常要抬起头尝尝那苦胆，还自言自语地说：

"勾践啊勾践，你忘记会稽之耻了吗？你忘记会稽之耻了吗？"

接着，他怒目圆睁，淌着热泪自己对自己作答道："没有忘记，没有忘记，永远也不会忘记！"

这就是中国历史上著名的"卧薪尝胆"的故事。

为了振兴国家，勾践十分重视任用贤能之士。大夫范蠡曾向越王进谏说："带兵打仗，文种不如我；安抚国家，亲附百姓，我不如文种。"于是，勾践就把带兵打仗的事交给了范蠡，把国家政事委托给了文种。

勾践在国内，提倡垦辟荒地，减轻赋税，做到使民"户户有三年之食"，如果真是那样的话，这在战乱的春秋列国中是少有的。

勾践实施奖励生育制度。规定男子到二十岁，女子到十七岁，不结婚不成亲的，就判其父母有罪，适龄的男女自身也是要受到处罚的。如果生了儿女，公家就派医务人员去护理。生了男孩，可以奖二壶酒和一匹犬；生了女孩，奖二壶酒和一头猪。制度还规定，如果一对夫妻生养两个孩子，国家负责养一个，生三个，国家负责养两个。以此类推。在这种积极的人口政策推动下，越国的人口在十多年的时间内差不多翻了一番。这在战乱的春秋时期，也是不多见的。

勾践还努力发展冶铸手工业，越国铸炼宝剑的技术堪称当时天下第一，最著名的就是"勾践剑"。

勾践还加强了军事训练。按照闾（古代每二十五户为一闾）为行政单位组织征兵，这样兵源就有了切实的保证。他还要求士兵严守纪律，服从命令，勇敢杀敌，乐于立功。越国对立功者的奖励也是列国中最重的。

在外交上，越国采取了"结齐、亲楚、附晋"的方针，对吴国则在相当长时间内表示臣服。每年都要主动地为吴王送去许多玉帛珍玩，选送了大美人西施进入吴宫，这就是唐诗人王维在《西施咏》中说的"朝为越溪女，暮作吴宫妃"的出典。勾践那样的"大方"，为的是让吴王夫差整日沉湎于酒色之中。勾践还派人伐取优质的大木，为吴国的都城造起了姑苏台，既麻醉了吴人，也促使吴王更加荒淫。

越国府库充实，但是勾践谎称越国多年饥荒，向吴借粮，使吴国库藏空虚。吴国的国君沉湎于酒色,哪里会知道此中有诈?吴王周围的那些人都被越王收买了,即使了解内情,也不去向吴王说的。

越国在复苏,在发展,在强大,而吴国君臣大多并不清醒,唯有伍子胥是最清醒的。他对吴王夫差说:"越人靠不住啊,给大王送那么多金钱、美女,那肯定是别有用心啊,大王,你得戒备啊!"

夫差回答道:"没有的事,不要疑神疑鬼!越王勾践还按时亲自来我这里缴纳贡品呢,为什么要怀疑人家呢?"伍子胥看说不服吴王,只好怏怏而退。

过些时,伍子胥又说:"越国正在备战呢,它是睡在吴国身边的一只虎,一只危险的老虎啊!大王,您不可不防啊!"

夫差摆了摆手,说:"不要疑神疑鬼,我相信的是眼前的事实,他勾践昨天还向我保证呢,说是永远忠于吴,忠于我这个高贵的吴王。"

伍子胥实在急了,把头磕得满面是血,说:"那些动作都是故意做给大王您看的,那些好听的话都是编出来欺骗大王您的,您不要信以为真呀!"

吴王根本听不进去,挥挥手让伍子胥尽快走开。

伍子胥失望了。

伍子胥感到了前所未有的危机。后来,他利用出使齐国的机会,把自己的儿子带出去,托付给了齐国国君。这件事不知怎么的会让吴王知道了。于是吴王夫差大怒,认为这是对他的不忠,赐给他一把宝剑,要伍子胥自尽。伍子胥自尽前,对左右说:"我死后,把我的眼睛挖下来挂在姑苏城的东门上,我要亲眼看到越是怎样灭吴的。"这是公元前484年的事。

两年后,即公元前482年,夫差在黄池会盟时,都城姑苏被攻破,太子友被杀，越国虽退兵，但吴国的衰落已成定势。又过了大约十年，公元前473年，强大的越军再次攻破姑苏城，吴国灭亡，吴国君夫差自杀身亡。勾践占有了整个吴国，版图整整扩大了一倍。当时，齐、晋、楚等大国都已中衰，越国成为春秋时代最后一个霸主。

越国的北上争霸

在越国历史上，越王勾践是一个了不起的君主。太史公在《史记·越王勾践世家》中赞曰："(禹之) 苗裔勾践，苦身焦思，终灭强吴。北观兵中国，以尊周室，号称霸王。勾践可不谓贤哉，盖有禹之遗烈焉！"这可以说是对勾践最全面、最精准的评述了。

值得一提的是那种"苦身焦思"的复国和建国精神。国家灭亡了，故国中衰了，勾践和他的臣子们以"卧薪尝胆"的精神使之复兴。从公元前494年的"会稽之耻"，到公元前473年大举伐吴，迫使敌方在姑苏城头升起降旗，二十余年间，勾践带领他的人民一直在奋进着，努力着。这种百折不挠的精神现在已经深入国人的心胸，成为一种永远的、也是最可珍视的民族精神。

作为一个国君，为了国家的振兴，他做了许多许多。他"身自耕作，夫人自织，食不加肉，衣不重彩"，这虽只是生活上的要求，而这一点，常常是作为君王最难以做到的。

作为一个国君，他善于团结贤士能人，身边聚集了一大批优秀人才，"折节下贤人，厚遇宾客"。在他的人才库中，有来自国内的，也有来自列国的，可以说他搞的是"五湖四海"的人才政策。

作为一个国君，他时刻把民生放在心头，与民同呼吸、共患难。

"振贫吊死，与百姓同其劳。"据史书记载，越国强盛后，"江淮以南无冻饿之人，亦无千金之家"（《史记·货殖列传》）。这大概是越国特有的一种美好景象。大家都有衣穿、有饭吃，这已是人间天堂了。"田野开辟，府仓实，民众殷。"（《国语·越语》）在勾践时老百姓生活过得相当殷实，那应该是真实的。

在处置战败国吴国上，越王勾践也比较的平心静气。攻下吴都后，吴派出使者称降，勾践对使者说："我想把你们的国君安置在甬东这个地方，可以食百家之禄。"可是，此时的吴王悔恨交加，掩面而泣，说："吾无面以见子胥也！"意思是，我因为没有听伍子胥的劝导，

叔向父禹簋（西周晚期）。文曰"广启禹身，擢于永令，禹其万年永宝用"。

封孙宅盘（春秋晚期）铭文。文曰"寿万年，永宝用之"。

才落得如此的下场，说罢，自杀了。勾践安葬了吴王的尸体，而将吴国的奸臣诛杀了。这样做也是很得人心的。

安置停当后，勾践就驱兵北上，司马迁将他的行为定位在"观兵中国，以尊周室"上，这是一种颇为独特的视角。

北上的第一件大事是大会诸侯于徐州。史书上只写了齐、晋两国，其实是不可能只有这两个国家的，按照历来盟会的惯例，只要齐、晋两国参加了，中原地带的其他一些中小国家都会参加。从《左传》、《国语》等史籍看，其实当时鲁、宋、邾、郑、陈这样一些国家都参加了的，至于战败的楚、吴等国倒很有可能没有参加。按照我们的推断，这可能是春秋后期最盛大的一次盟会。

盟会的另一大动作是越与周天子的互相配合，这可能是司马迁所说的"北观兵中国，以尊周室"的由来。越王勾践的北上惊动了周天子，因此周元王亲自参加了这一盛会。虽然《左传》和《国语》都没有写到周元王参加这次盟会，只有《史记》有明确的实录。我们相信，司马迁的实录必有所据。他写得是那样的有声有色，有凭有证。说先是勾践"致贡有周"，从勾践一贯的行状，从越当时的经济实力看，"致贡"当然是可能的。然后是"周元王使人赐勾践胙，命为伯"，这也是周王室的惯例，过去晋、楚称霸时周王室都是这样做的。上次吴北上称霸时，周王室没有出来认可，因此严格意义上讲吴的称霸没有成功；而越就不一样，它的霸主地位是真正由周王室命名了的。

盟会以后，作为霸主的越王勾践做了不少抚平战争创伤的好事，这也可以看作是"以尊周室"的一个举措吧，也是以往的所有霸主都做不到的。"勾践已去，渡淮南，以淮上地与楚，归吴所侵宋地于宋，与鲁泗东方百里。"(《史记·越王勾践世家》)这也是越这个霸主与以前的其他霸主不同的地方。其他霸主当道后就把别国土地纳入自己的囊中，而越王勾践不这样做，他物归原主，皆大欢喜，这不是"以尊周室"是什么呢？无怪乎勾践回到江南，人们还要跟上来"诸侯毕贺，号称霸王"了。

其他的称霸者都只称"霸主"，只有越王勾践其人既称"霸主"，又称"霸王"，这又是一道奇特的风景线。

从一些零星的资料看，勾践回归以后，做了许多令人称道的善后工作，与中原各国的交往也在继续着。公元前474年，《左传》记述，"夏五月，越人始来"，这说明越是主动派代表去了鲁国。公元前473年，邾隐公从齐国逃到越国，越国人做了安抚工作，又把邾隐公送回了国，由于父子不和，又让邾太子到越国来小住。公元前470年，鲁哀公来到越国，经越国的调解，哀公与季康子、孟武伯的关系明显改善。这年，越国还让卫国的君臣来到南方。这些都明白无误地记录在《左传》里，说明越王勾践这个霸主的确与以前的霸主有点不一样，它称霸后做了许多维护和平局面的事情，这是值得称道的。

注释：
① 董楚平:《吴越文化志》,上海人民出版社1998年版。

08 三家分晋 大夫专政和

大夫专政局面的形成

周王朝建立以后，创建了一套上下有序的、相对完整可行的政治制度。周天子是天下的共主，所谓"普天之下，莫非王土"，天下的每一寸土地、每一个子民都属于周王。但是，天下那么大，民众那么多，如何实施有效的管理呢？当时，周公想出了一个办法，实行分封制，让那些被分封的诸侯来拱卫周天子，名之曰"以藩屏周"。那些诸侯像一道道屏风那样为周天子遮风挡雨，岂不妙哉？

天子高高在上，把那些宗族、功臣、先代贵族分封到四面八方去，权利是可以分得一方之俸禄，成为一国之主；义务是服从天子的调遣，

晏婴像

向天子纳贡，提供田赋力役。这些诸侯国还是太大，好多事鞭长莫及，就可以再分封，再切一块"蛋糕"给那些忠心耿耿的、有功的卿，大夫，给予封地，让他们在那里安家立业。

基本的就是这样一个"三级"局面。

正常的局面是各得其所：与周天子的身份匹配的是"天下"，与大小诸侯匹配的身份是"国"，与卿大夫匹配的身份是"家"（卿大夫的封邑称"家"，即家园）。如果各得其所、各安其分的话，这的确应该是一幅天下太平的美好图景。

可是，现实往往没有人们想象的那样完美。周王朝按照周公设计的格局运行了最多只有三百年的时间，其实还不到。就是在这三百年间，磕磕碰碰的事也多着呢，建国初就有诸侯国不安分而起来造反的事，不过那时周王朝朝气蓬勃，又有民众的支持，为政者也清廉，造反作乱者成不了气候。

可是，到了平王东迁的时候，原先的格局就全打破了，天下有了第一次大变。不只诸侯国开始不把周天子当回事，就是周边不在分封范围里的少数民族也不把周天子当回事。周平王在种种压力下不得不东迁，这一"迁"，他自己根本已无能耐，还得靠诸侯的所谓"护送"。在春秋时期的三百年间，都是大小诸侯在你打我、我打

《晏子春秋》书影

你，做得了主的已不是周天子，而是大国的霸主。当年晋文公称霸，竟下令会盟的诸侯要三年聘问一次、五年朝见一次。这话原是天子说的，现在是作为诸侯的晋文公说了。三百年间大小战争千余次，主宰的都是那些争霸的大国。

诸侯的威势盖过了周天子，什么都是大国诸侯说了算，这个局面至少维持了一百多年到二百年。到了春秋中叶，尤其是到了春秋晚期，情况又发生了大变：诸侯属下的那些卿大夫开始走到了历史的前台了。

开国的那些诸侯国国君不少是有为的。他们懂得创业之艰辛。比如姜太公封到齐地，原来这里的土地多盐碱地，在一些人看来是不毛之地。可是，他带领齐民硬是在这里建设起一个强大的齐国来。可是，一二百年以后的诸侯国国君的面貌全变了样，他们大多是侯国的八到十代传人，其中相当一部分人腐败了、没落了。而他们手下的那些封为卿和大夫的人，往往是干实事的人，这样，久而久之，大夫们不听话了，大夫专政的现象在众多的诸侯国中普遍地出现了。

大夫专政局面的出现在当时条件下，有其必然性。公元前539年，此时已离平王东迁近一百五十年了，原先是诸侯势力的兴起让天子的日子不好过，现在开始是卿大夫势力的兴起让诸侯日子不好过了。这一年，齐景公派使臣、大政治家晏子到晋国去出访，遇到了晋国的大政治家叔向。两位洞察时政的政治大家，有过一席极著名的"宴间谈话"，中心就是时局的大变。这段谈话被记录在《左传·昭公三年》的文稿中，极为经典。

这篇历史性的"宴间谈话"的大致内容是——

席间，是晋国的叔向先开了口，问对方："齐其如何？"晏子直

晏婴冢

截了当地做出回答："此季世也！"什么叫"季世"呀？用大家都能懂的话说，就是到了末世了，齐国诸侯到了穷途末路的地步了。叔向似乎对晏子的回答并不感到意外，要他详细地说说，晏子接着就说："齐侯的确是到了末世了，其他的也许我不太清楚，但是我明白地感觉到齐国马上也将要属于陈氏了。道理十分的简单，现在的国君抛弃了他的民众，民众归附于陈氏。民众有三分的劳力，现在是其中的二分给了国家，自己只有一分养活自己。国君的仓库里堆的粮食在烂掉，在生虫子，老百姓却在那里受冻挨饿。而陈氏却做了那么多好事，民众归之如流水一样，他想要不得到人民的拥护，又怎么避得开？"

叔向连连点头，说："是呀，是这样的呀！民众要的是实惠，你不给人民实惠，你说破嘴都不会跟你跑。"

晏子回过头来问叔向："请你说说，晋国的情况怎样的呢？"叔向

春秋王子午鼎（河南省浙川县下寺楚墓出土，河南博物院藏）

明确地回答说："吾公室，今亦季世也！"上面说到了，"季世"即末世。在他看来，晋国的国君也面临着末世之灾。他解释道："我不是故作惊人之言，事实的确是这样的。现在晋国的公室是战马不驾兵车，卿士不率领军队。公室的战车没有将士，军队中没了官长。大家都在那里醉生梦死度日子。百姓穷困疲惫，而宫室更加奢侈。国君宠臣家中的财富多得放不下，道路上却到处都是饿死的人群，民众听到国君的命令，如同逃避仇敌一样。政事出于私门，民众无所归依。都这样了，可是国君还是没有一天想到悔改，用过度的欢乐来代替忧愁。公室卑弱到如此田地，还能有多长久？！"

晏子问："那您作为晋公族的一员，打算怎么办呢？"叔向说："那是没有办法的，说白了是无可奈何的事。公室将要卑弱，它的宗族像是树的枝叶一样先陨落，然后整棵大树都枯死。我的一宗共十一族，现在只有羊舌氏一族还存在。我又没有儿子。我如果有幸能得到善终就不错了,难道还想将来受到祭祀吗?"

这是两位那个时代顶级的大政治家之间历史性的对话。他们的对话是超脱的,超脱了小我和家族,是站在历史的制高点上评判历史的。他们共同的结论是:一、诸侯的败亡是必然之势,积重难返,不可抗御。二、诸侯的败亡是自我造成的,腐败成那个样子了,谁还挽救得了他? 三、卿大夫的兴起也不是没有道理的,为了赢得政权,他们不得不顺应广大人民的诉求。"其爱之如父母,归之如流水",说的是大势所趋。

"宴间谈话"后两年,鲁国的三桓"四分公室",鲁国的公室已是名存实亡了。

"宴间谈话"后七年,齐国陈氏的田桓子消灭了栾、高二氏,为田氏代齐扫清了前进道路上的障碍。

"宴间谈话"后二十五年,晋国的韩、赵、魏、范、中行、知氏六卿开始掌权,为"三家分晋"走出了关键性的一步。

历史正按照它自己的轨道一步步地前行着。童书业指出:"春秋时期是大国争霸的时期,也是列国大世族专政的时期。"[①]这里说的列国大世族,就是一般说的"卿大夫"。如鲁之展氏、臧孙氏、郈氏出自孝公时期,三桓出自桓公时期,东门氏出自庄公时期;齐之管氏、鲍氏、崔氏、庆氏,强大于春秋早、中期;郑之七穆,出自穆公;宋之戴、庄、桓等大族形成于春秋中期;卫之孙、宁也形成于春秋中叶;晋的所谓韩、赵、魏、范、中行、知氏六卿,则形成于春秋中期,壮大于春秋后期。所谓时势造英雄,卿大夫在列国的蓬勃兴起,都有其一定的时代背景的。"官有世功,则有官族。"(《左传·隐公八年》)卿大夫之兴，一般起于有功之臣。因"功"而"官"，因"官"而"贵"，因"贵"而"权"，因"权"而"势"，从而必然走向对君权进行挑战的大夫专政。

这次晏婴与叔向之间的谈话，白寿彝称之为"季世之忧"。他说："晏婴和叔向在齐晋两国的卿大夫间都是著名人物，他们相互间也有接触，并且都有'季世'之感，对国家的前途满怀忧虑。这种忧虑，在春秋时期，特别是在春秋中、后期，反映了这个时期社会动荡的特点。"②

从西周的"礼乐征伐自天子出"，到春秋早、中期的"礼乐征伐自诸侯出"，再到春秋中晚期的"礼乐征伐自大夫出"，数百年间凡三变矣！而这种种变化，都有着它的必然性。历史研究就是要分析和揭示这种必然性。

"三桓"专鲁政

鲁国是周王室早期分封的一个重要邦国。它是周王室重点考虑的战略要地。这里离王都较远，又是殷商势力比较强盛的地区，另外，东南沿海的淮夷、徐戎又时服时乱。基于这个原因，周室便将周人力量最强的一支分封到了鲁地。武王封周公于齐、卫之间偏南的鲁，的确是把鲁作为周室的东方前哨阵地来看待的。

周公因需辅佐武王，就派长子伯禽就鲁，伯禽去往封国时，周室就对鲁国制定了"启以商政，疆以周索"的治国方略，就是说不是把商代的那些东西都抛掉，而是让"商政"与"周索"融会在一起，形成一种新的礼仪文化。由于周公的特殊地位，鲁国被赐以"世世祀周公以天子之礼乐"，"凡四代之器、服、官，鲁兼用之。是故，鲁，王礼也"。(《礼记·明堂位》) 在同姓诸侯中，鲁的地位最高，《国语·鲁语上》说"鲁之班长"，就是鲁在诸侯中地位最高。

可是，社会变革的大潮是无情的。春秋以降，就是这个诸侯国中的"班长"，也免不了发生重大的变化。

鲁隐公在鲁国历史上是一个承上启下的重要国君，《春秋》一书就是以鲁隐公元年为起始点的。公元前723年，执政四十六年的鲁惠公去世，太子允年幼，长庶子息姑摄行国事，这就是鲁隐公。一般认为，鲁隐公是一个很懂得礼仪的君主，他的生母去世后，他既没有给诸侯发讣告，安葬后也没有回到祖庙号哭，更没有把神主放在她的旁边，这些都是严格按照周礼办的。在外事上积极推行睦邻外交，也取得了积极的效果。隐公摄政十一年，此时桓公也已长大成人，隐公正准备把君位让给桓公，不料萧墙生变，同族中人急不可待地实施了弑君。不管凶手是否是继位的桓公，但从"君君、臣臣、父父、子子"角度看已是大打折扣的事情了。

桓公即位后，当政十八年，违礼之事屡见。郑国原有参与周天子祭泰山的义务，故在泰山下有"祊 (bēng) 田"，所谓"祊田"，就是天子在泰山祭天的专用地，是最神圣的。而鲁有"许田"，所谓"许田"是鲁君朝见天子的驻足之地。可是，就是这个鲁桓公以"许田"，去换郑的"祊田"。这样一来，既不让周天子祭天，又不想再去朝见周天子，岂不是最大的非礼吗？另外，按规定，诸侯新即位，在为去世的君主治丧结束后，应当去朝见周天子，天子按情况授予新君礼器，称为"受命"。可是，桓公根本不管那一套，自顾自登上君位就是了。这也是极大的非礼之举。

鲁桓公十八年（前694），鲁桓公带着夫人文姜去齐国会齐侯，在这过程中鲁桓公发现文姜与齐侯私通，就责备文姜，文姜以此告齐侯，齐侯就派人杀死了鲁桓公。桓公死后，庄公继位。庄公是文姜的儿子，当时还不足十二岁。这时的文姜便频频来往于齐鲁之间，并干预鲁政，这从鲁国的传统来说是不允许的。文姜干政，实际上就是乱政。文姜是齐女，对鲁国的文化礼仪根本不懂，对鲁国的传统治国规范是一种致命的冲击。到了庄公末年，发生了所谓的"庆父之难"。

鲁庄公三十二年（前662），鲁庄公临死时，请教自己的三个兄弟——庆父、叔牙、季友——商量是"父子相继"好，还是"兄终弟及"好。庆父、叔牙、季友实际上都是当年桓公的血脉，由是就有了"三桓"之称。这时，三个弟兄分成了两派，庆父与叔牙是一派，要求"兄终弟及"，他们两人共推庆父为鲁君，季友是另一派，推庄公的儿子公子般为鲁君。最后由将死的鲁庄公定夺。鲁庄公看出了庆父的阴谋，就果断地定下让其子公子般为君的决策。

庆父是个阴谋家，又是野心家。由于庄公的一句话和季友的反对，他的野心没有得逞。在这当口，季友趁机逼杀了叔牙，但庆父的势力是很大的，两个月后就使人杀了国君公子般，立不到八岁的公子启为国君，这就是鲁闵公，这种情况下季友也不得不外逃。后来，庆父又杀死即位不到两年的闵公。

庆父连杀两位鲁君，这在鲁国历史上是从来没有过的。所以当时鲁国有人说："不去庆父，鲁难未已。"（《左传·闵公元年》）在万民的声讨声中，庆父外逃到了国外。这时季友就立公子申为君，这就是鲁僖公。在逃的庆父派人回国要求宽恕他，得不到允许，就在住所上吊自杀了。

经过"庆父之难"，鲁国的君权大伤元气，大夫的势力也就急剧上升了。

鲁僖公在鲁国历史上被称为"德高者"、"中兴之君"。毫无疑问，由于僖公本人的推行德政，又由于像季友、臧文仲这样的大臣的辅佐，鲁僖公执政三十余年间，总体上政局稳定、国力强盛、外交成功。但是，一个不容忽视的现象是，君权在下滑，大夫的权力在上升。为了表彰季友的辅国之功，"以季友为相"，还赐季友汶阳之田（今山东省泰安市西南汶水之北）及费（今山东省费县西北）。这是季氏权力上升的一个新起点。后来季氏一直是鲁国政治的执牛耳者，可能就是由此开始的。

"诸侯有卿无军。"（《国语·鲁语下》）依周制，除了周天子以及侯伯（即侯霸）有军队专事征伐外，诸侯是不能有军队的，他们都在周天子和侯伯的护卫之下。当然，诸侯下属的卿是有一些军队的（相当于地方部队），他们负责保卫诸侯国的日常安全。到了春秋时期，周天子只有天下共主的名，失去了天下共主的实，诸侯们就大力发展原先掌在卿、大夫手中的地方部队，长此以往，地方部队也就成了诸侯国的常规军，而军权一般掌在卿大夫手中，这是卿大夫得以专政的军事基础，鲁国三桓之兴道理也在于此。

三桓即孟孙氏、叔孙氏、季孙氏，因其始祖是桓公之子而得名。孟孙氏的始祖是"庆父之乱"中的庆父，叔孙氏的始祖是叔牙，季孙氏的始祖是季友。鲁僖公时期季氏执政，为三桓的形成奠定了基础。文公、宣公时期，东门氏执政，三桓在与东门氏的斗争中锻炼壮大，并最终将东门氏摧垮。到成公、襄公时期，三桓"三分公室"，大夫专政

青铜三足羊首鼎（安徽寿县博物馆藏）

局面正式形成。

公元前590年，鲁成公即位，那时他只是个不懂事的小娃娃。三桓有个分工：季文子、孟献子在国内掌鲁政，很是老成持重，国家治理得是不错的。当时列国间有一种说法："鲁之有季、孟，犹晋之有栾、范也，政令于是乎成。"（《左传·成公十六年》）当时以鲁成公名义发布的政令都出自季、孟之手。而叔孙宣伯负责外事，兼任军队的统帅，在征讨中可以说是志骄意满。成公六年的时候，在晋国的配合下大败宋军的那场战争，就是在叔孙宣伯带领下取得胜利的。在当时条件下，列国间的外事有时比内务还重要，这样季、孟也会出来帮忙。成公四年时，鲁、晋、楚之间维持着一种十分微妙的关系，成公亲自到晋国去，想联络晋国共同抗击楚国。晋对成公的到来"不敬"，成公回到国内后大发牢骚，说你晋国这样无理我就倒向楚国好了。

季文子感到那样做不妥，就自己到晋国去调整了关系，为鲁国赢得了和平发展的空间。

公元前572年，鲁襄公即位，也是一个三四岁的小孩，政权自然更是落在三桓的手里了，并使三桓的专政得以巩固。

公元前562年（鲁襄公十一年），鲁国发生了一件标志性的大事：三桓"三分公室"。这事一发生，鲁公从此完全丧失了军事权力，成了三桓手中的傀儡。对于这件事，《左传·襄公十一年》记述得十分详尽。那年的春天，先是季氏和叔孙氏有一个密谋。季武子悄悄地对叔孙穆子说："我打算组建三军，你看怎么样？有了三军，我们可以分头指挥。"叔孙穆子说："国政将要轮到你执掌，又要去管军队，行吗？"季武子说："行，军队是一定要掌管在我们三家手里的。"叔孙穆子想了下说："如果那样，公开的设盟誓，让大家都知道。"于是，就在僖公庙前开会、盟誓，宣誓"三分公室"是为了国家的安全。事情办得很快，就在一月里，组建起了新的三军：把原来公室指挥的军队一分为三，三家各领一军，三家再将自己的私族军队解散并入。这是列国间最大的变故了。

三桓专鲁政是好事还是坏事，那不是一两句话所能说清楚的。但是，有一点必须指出，当时登台的卿大夫为了夺取政权、稳定政局、赢得人民，的确是做了许多值得一书的好事的。不只三桓如此，春秋时期其他各国当政的卿大夫也如此。

有几则十分感人的故事。

一是季氏节俭的故事。

公元前568年（鲁襄公五年）辅佐了三代君主的季文子过世了。鲁襄公亲自来到了他的家中，要求以大夫的礼仪加以大殓，根据规定可以选择家中精美的器具作为随葬物品。可是，到家中一察看，才发觉，表面那样气派的季氏家中却空无一物。家中竟没有穿丝绸的小妾，也没有以粮食喂养的马匹，更没有刻意收藏的铜器和玉器。家中生活必需品，没有一件是重复的。史家评述道："君子是以知季文子之忠于公室也，相三君矣，而无私积，可谓忠乎！"（《左传·襄公五年》）一个掌权的大夫，能做到"无私积"，值得在史书上重重记上一笔。过去的史家对"大夫专政"有偏见，因此在史书中都不强调表彰季氏的这种节俭之风。

二是叔孙氏的人生"三不朽"说。

襄公二十四年，穆叔（叔孙氏）去晋国。范宣子到郊外去迎接他。到了住处，两人开始交谈。宣子问："古人有'死而不朽'之说，说的是什么啊？"穆叔没有马上作答，表示想听听对方的看法。宣子说："在历史上，有虞舜，有御龙氏，有豕韦氏，有唐杜氏，他们都是有地位、有名声的人，那是过去的事。在当代，主持中原盟会而名声大振的是我范氏，恐怕这就是不朽吧！"穆叔说："这些恐怕都还算不上不朽吧！鲁国有个圣人叫臧文仲，生前他为百姓做了很多，死后他的言论世代相传，这才是不朽呢！我看人生有三不朽：头等的不朽是立德，其次的不朽是立功，再次的不朽是立言。这样的人才是永垂不朽的！"

叔孙氏说的"立德、立功、立言"的"三不朽"理论影响了中国几千年，这也是三桓对中国文化的一大贡献吧！当然，后来太史公司马迁感到略有不妥，把"三不朽"的序列做了些变动，定格为："君子贵乎道者三：太上立德，其次立言，其次立功。"[③]现在看来，太史公的说法是妥帖的。

田氏代齐

西周王朝建立后,在东方分封了齐、鲁两国,国君都是老资格的开国元勋。周分封这两国的初衷显然是要两国互相提携,共同支撑起周王朝的东半边天。可是结果并不是这样的。由于两地文化上的极大差异,两国总是合作友好的时间少,磕磕碰碰的时间多。齐地曾经是许多古老氏族部落活动的地方,最初居住的是少皞氏的一个支族,后来是虞夏的诸侯季萴氏,再后来是殷商的诸侯逄陵氏,最后才是齐太公。这样根深蒂固的古老部落遗风,是难以彻底改造的。而鲁推行的差不多是完全意义上的周文化,这样两国间的冲突和碰撞可以说是势所必然的。

碰撞归碰撞,可两国总体而言都在自己的轨道上发展着。

齐国自太公时,始封于营丘(今山东省淄博地区),不久迁都于薄姑(今山东省博兴县)后来,齐灭纪,灭谭,灭莱,向着渤海以东的方向发展。这就对鲁国形成了一种压迫。齐鲁失和,常常是齐胜鲁败,最后是鲁献地求和。

齐国的强盛,到齐桓公时达到了登峰造极的地步。他自己说:"寡人兵车之会三,乘车之会六,九合诸侯,一匡天下。昔三代受命,有何以异于此乎?"(《史记·齐太公世家》)他是把自己比作"三代之王"这样的圣君了,这是诸侯专王政最鲜明的标志。

然而,齐桓公称霸近半个世纪后,也就是他去世后,齐国也就走向了衰亡和没落。桓公生前似乎已经预感到家族中的内乱,于是一度委托宋襄公为公子昭的保护人。但齐桓公又宠爱卫姬,答应立她的儿子无诡为太子。桓公在重病中的时候，"五公子各树党争立"。桓公一死，就各自举兵相攻了。桓公的丧事怎么办，谁都不去管它，"桓公尸在床上六十七日，尸虫出于户"。也就是整整两个多月没人去管死了的齐桓公，这不能不说是人间的大悲剧。桓公后姜姓齐国又延续了十余世，可是，"臣弑君"不得善终的有好几人，碌碌无为听凭家臣布弄的有好几人，君室发生内讧不能自主的有好几人，最后必然是大权旁落，被卿大夫及重臣们所左右了。

在齐国长期的权力争斗中，卿大夫的权力不断增强，国君的地位不断削弱，而田氏是这场博弈的最后胜利者。

陈完，原来是陈国第四任国君陈厉公的儿子。据说，陈完少年时代就表现出非凡的才干，不愿卷入陈国宫廷日益尖锐的斗争，而做了许多有益于民生的好事，在社会上名声很好。一次，周王朝的太史来到陈国，专门会见了这位陈公子。周太史当众说："这个年轻人是了不起的，将来必有大作为。依我看，他可能在陈国成就大事业，如果是那样，那倒是陈国本身的大幸了。如果不能在陈国有所成就，那么，到别国去成家立业，也未必是坏事。"有人问周太史："您能推算出他将来到哪个国家发展最好吗？"周太史信心满满地说："能！我看啊，到姜姓立国的那个地方最好。不过我要说明的

陈完（陈厉公佗之子）像

是,他的事业的成功,我给八个字:非在其身,在其子孙。"

当时,人们对周太史的话将信将疑,但是,后来的事实证明他说的完全是有道理的。

陈厉公后,庄公、宣公相继即位。宣公是个荒诞不经的国君,他喜欢自己的小妾生的儿子款,心血来潮突然想立他为继承人。这就引起了太子御寇及其党羽的不满。宣公实在是利令智昏,竟不顾一切地杀了太子御寇。公子完此时已长大成人,是个十足的正人君子。他与太子御寇既是兄弟,又是性情相投的好朋友。太子御寇的被杀使他很伤心,气得几天吃不下饭。这时候,有人提醒他:"公子,赶快外逃吧,不然的话会有杀身之祸。"哪里去呢?这时周太史的话在脑际突然一闪:"到姜姓立国的那个地方最好。"姜姓立国的地方,那不是齐国吗?对啊,那里地处东陲,政治开明,经济繁荣,的确是成就事业的好地方。事不宜迟,陈完当夜就打点行装,直奔齐国而去。

陈公子完到了齐国时,正是齐桓公当政的第十四个年头 (前672),齐国国势如日中天。看到早闻其名的陈完到来,齐桓公和贵族懿仲都表示了极大的欢迎。齐桓公半开玩笑半当真地对这个年轻人说:"我可以任命你为卿。"谁都知道,卿是国君麾下的第一人,怎么可能呢?陈完是懂事的,忙下拜表示坚辞。于是,齐桓公改口说:"我知道你挺能干的,那就当我的'工正'吧!"陈完的远祖曾当过"陶工",即管理陶器制作的官,现在让他当"工正",比陶器制作的面要宽一点,包括一切手工业的制作,但也靠谱,陈完比较实在,能行。于是陈完很高兴地接受了这一任命。大臣懿仲把自己的女儿嫁给陈完为妻。这样陈完就在齐国落地生根了,成了当地的"田地人"。

到齐桓公往下传到第七代齐庄公时，齐国的公室已经十分衰弱。齐国原来的卿族国氏和高氏左右着国政，后来又有了栾氏。当时发生了栾氏和高氏间夺田兼室的事。此时，陈氏已更姓为田氏，田氏的宗长叫田桓子，也已经发展壮大了起来，但在栾、高的争权夺利中保持着中立。公元前532年，栾、高两氏两败俱伤而外逃鲁国后，田桓子联合鲍氏瓜分了栾、高两家的财产和奴隶。这时晏子站出来说话了："还是把栾、高两家的财产收归公有吧！"田桓子十分乖巧地照晏子说的做了，而且把其中大部分的财产用来帮助贫困者，这样做得到了国人的支持。经过几代人的经营，"陈（田）氏始大"（《左传·昭公十一年》）。

田氏一族为了自己日后能掌权，就采取了切实的"厚民"政策，也就是改善民生的政策。齐景公二十六年（前516），齐景公在与晏子的一次交谈中，说到了"江山还能坐多久"这个最核心的问题，晏子不怕景公生气，把话挑明了说："公厚敛焉，陈氏厚施焉，民归之矣！……陈氏之施，民歌舞之矣！"（《左传·昭公二十六年》）这是最大的真理，人民都"歌舞之"了，他还会不胜利吗？后来连晏子在与晋大臣叔向私语中也不得不承认："田氏有德于民，民爱之。"（《史记·齐太公世家》）受到老百姓爱戴的人，将是战无不胜的。

田氏的所谓"施"是实在的，而不是开空头支票。原来齐国有四种量器：豆、区、釜、钟，四升为豆，由豆到釜是四进位制，釜到钟是十进位制。田氏的豆、区、釜三种量器都加大了四分之一。田氏用私家的大量器借出，用公家的小量器收回，这样老百姓就平白地多获取了至少四分之一的物品。同时，田氏将山上的木料运到市场上去出售，价格与山上一个样，白白地给了买家一个运送费；将海中出产的鱼、

兽首鼎（春秋中期，鼎安
徽舒城凤凰嘴出土，安徽
寿县博物馆藏）

盐和其他海产品，拿到市场上去卖，价格也不高于海边。这样，老百姓就倒向了田氏一边。

田氏家族还着重于军队建设和军事理论的研究，著名的大司马田穰苴就是一位杰出的军事理论家和实践家，有《司马穰苴兵法》存世。

而齐国国君却对民众一再加重盘剥。将百姓劳动所得的三分之二都掠去了，只剩下三分之一不到的部分让人们去养家活口，这日子可怎么过呀！齐君看百姓不满，就实施严刑峻法。谁随便乱说或乱动，就砍谁的脚。这样出现一种奇怪的现象：大街上走着很多断足的人，使得鞋店的鞋根本卖不出去。

公元前490年，齐景公病重，让国氏和高氏立少子荼为太子，把其他公子安置到莱地。第三年，齐景公死，掌大权的国氏和高氏拥荼为国君。这时田桓子之子田乞一面与国氏和高氏相周旋，上朝时还同坐一辆车子，另一方面大力发展民间力量，与其他大夫交好，以期共同打击旧贵族。

公元前489年，田乞在酝酿成熟的基础上，联合鲍氏和诸大夫，率武装进入宫中。高氏和国氏听到消息，也率军入宫。但是田氏由于得民心，很快击败了高、国两氏。田氏又将公子阳生从国外接回，拥为新的国君，这就是悼公。两年后又杀悼公，立齐简公。

到齐平公时，田氏的继承人田常改善了与所有邻国的关系，把旧贵族势力都铲平了，并将安平（今山东省淄博市东）以东至琅琊（今

田穰苴墓。田穰苴为军事家，齐景公时为大司马，故又称"司马穰苴"。他治军严谨，与士兵同甘苦。因功勋卓著，引来小人的陷害，后被革职，抑郁而死。到了战国时期，齐威王让士大夫整理古代的《司马法》，附上穰苴兵法于其中，编成《司马穰苴兵法》一书。

山东省诸城市) 的大片土地划入田氏封邑。这样,"齐国之政归田常"
(《史记·田世家》)。

田常死后,田襄子继承。田襄子让其兄弟、宗族之人,"尽为齐都邑大夫"。同时,"与三晋通使",把韩、赵、魏的新兴势力作为外部依靠力量。田襄子死后,他的儿子田庄子 (田白) 继位。田庄子死后,他的儿子田和继位。田和是田常的曾孙,此时,"田氏始为诸侯"(《史记·齐太公世家》)。

公元前391年田和将齐康公迁到海边,让他去过"清闲"的尘世以外的生活。实际上田和已当起了国君。不久,田和托魏文侯向周天子请求列为诸侯,这当然只是一个形式。公元前386年,周安王正式册封田和为齐国诸侯,即田太公。公元前379年,齐康公死,姜氏在齐国断绝了根脉。

三家分晋

晋的第一个君主是唐叔虞。唐叔虞,姬姓,名虞,字子于,又称晋唐叔虞。他是周武王的第三子、周成王的弟弟,封于唐。周成王少年时曾拿着桐叶对他的弟弟叔虞有过封国的承诺,日后太史和周公都要求成王履行承诺,遂封叔虞于唐国,这就是"桐叶封弟"的出典。今存"三晋遗封"之匾。当时的唐国在河、汾之间,只是个方百里的中小国家。因为唐地界中有晋水,因此后来改其国号为晋。到了天圣年间 (1023—1032),宋仁宗时又追封唐叔虞为汾东王,并为唐叔虞的生母邑姜修建了规模宏大的圣母殿。从此,在为纪念叔虞而建立的晋祠里形成以圣母殿为中心的主体建筑群,一直延续至今。

"三晋遗封"之匾

　　在以后的日子里，晋国总的趋势是在不断发展，随着周王室权势的日益衰落，晋的发展和领土扩大也日益加速，到晋献公时，经过开国以来四百多年的经略，这个百里中小国已经成为堂堂的千里大国了。

　　晋献公到晋文公的几十年间，晋国军事力量大幅增长。在以前的数百年间，晋国长期只有一军。可是，到得晋献公十六年（前661），"晋献公作二军"（《史记·晋世家》）。晋献公亲自统帅上军，让儿子申生统帅下军。仅仅过了二十八年，也就是晋文公四年（前633）的时候，晋国就建立了三军，成为当时屈指可数的军事大国了。

　　晋国在军事大国的道路上不断迈进的过程，也是作为军人的卿大夫实施专权的过程。从公元前661年晋献公的"作二军"，到公元前453年的三家分晋，历时两百多年，晋国国君权力的下滑大致上可分为三个阶段。

第一阶段是众多卿大夫专权的阶段。

公元前661年晋献公灭了耿、霍、魏三国。在这过程中，军事将领赵夙、毕万的功劳最大，于是献公"以为大夫"（《左传·闵公元年》），并将耿地封给了赵夙，将魏地封给了毕万。赵夙的先祖造父在周穆王时就因功被封在赵城（今山西洪洞），以邑为氏。毕万这次被封后也以魏为氏。在早一些时候，与周同姓的韩氏也被封于韩原。这就是后来韩、赵、魏三大势力的初始。

另一大股卿大夫势力源自晋公子重耳。公元前655年晋公子重耳出奔，相随的有所谓"五贤士"：赵衰（赵夙的儿子）、狐偃咎犯（晋文公的舅父）、贾佗、先轸、魏武子（毕万的孙子）。重耳出奔时已经四十三岁，二十年后归国当政时已六十二岁，一路风尘，靠的全是这"五贤士"和二十多名从者。回国当政后，就"赏从亡及功臣，大者封

晋祠—圣母殿和鱼沼飞梁（宋）

邑，小者尊爵"（《史记·晋世家》），这样狐氏、赵氏、魏氏、胥氏、先氏等族崛起了。

另外还有一些在军中世代掌军权的大族，如郤（xì）氏等。

在晋的诸多卿大夫中，赵衰是一个有头脑的人物，也颇受到晋文公的器重。晋文公初即位，赵衰就给他出主意，认为"方今尊王，晋之资也"，坚决主张"尊周"。因为尊周，"周襄王赐晋河内阳樊之地"，因为倡导尊周，赵衰被命为卿，后来晋文公"以原地封赵衰"。赵衰这样做，于国于家兼而得利了。

自建立三军后，谁掌握了中军，谁就意味着掌权。原先的规矩是国君掌中军的，可是此时是谁有军权谁说了算，因此中军也就成了卿大夫手中的玩物。公元前633年，以郤谷统帅中军，这样郤氏就掌了朝中大权。不料第二年郤谷就去世了，以先轸统帅中军，先氏就掌权。到公元前621年，赵盾（赵衰的儿子，赵夙的孙子）统帅中军，赵氏掌权后实行一家专政，驱逐狐氏，杀死不听话的晋灵公，另立晋成公，太史在史书上有"赵盾弑其君"的记录。这为后来晋国的内乱藏下了伏笔。当时整个晋国闹得个鸡飞狗跳，整个国家不得安宁。赵盾还让自己的弟弟担任卿大夫，而之前掌管公族及卿大夫子弟事务的公族大夫一般只由公族同姓之人担当，这样原先

唐叔虞像（元代）

的诸侯族的大夫不存在了，而大量的是异姓大夫代为公族，晋公室的势力大为削弱了。

第二阶段是六卿掌权的阶段。

赵盾专权的时间长达一二十年，之后是荀氏（中行氏）、范氏（士氏）、栾氏、韩氏、知氏（中行氏的一支）、魏氏先后掌权。先氏、郤氏、栾氏在卿大夫的争权中先后灭亡。

赵氏一度衰落，后来又

赵盾故里（东汾阳）

再兴了。这就是"赵氏孤儿"的经典历史故事，它详尽、完整地记录在《史记·赵世家》中。故事是这样的：

晋景公三年（前597），大夫屠岸贾本来就是晋灵公的宠臣，对赵盾的弑君恨之入骨。晋成公死，晋景公即位以后，屠岸贾重新得到了重用，担任了操生杀大权的司寇。他在宫中宣布："赵盾是弑灵公的元凶，现在他虽然死了，怎么可以让他的子孙在朝廷做官、享清福呢？我们应该诛讨他们。"屠岸贾不向国君请命，就带着诸将把赵朔、赵同、赵括、赵婴齐的满门都杀了，还杀了他们的族人。

赵朔的妻子是晋成公的姐姐，有孕在身，跑到宫里藏匿起来了。赵朔有个宾客叫公孙杵臼，他跟赵朔生前的好友程婴说："主子死了，你怎么不殉难呢？"程婴回答说："赵朔的妻子有孕在身，如果生下个男孩，我有责任将他抚养成人，现在我怎么能死呢？"过不多久，赵朔妻生下一个男孩，屠岸贾知道了，就到宫里搜索。赵妻把儿子藏在自己的裤裆里，祷告道："赵的宗族如果注定要灭绝，你就哭叫；如果是天命不该绝灭，你就不出声。"搜索到身边时，婴儿竟然不出声，躲过了一劫。

这时，程婴跟公孙杵臼商量："一劫躲过了，他们还会来搜第二、第三次，得想个办法，救这赵氏的孤儿。"公孙杵臼说："我倒有一个办法，用别人家的孩子冒充赵氏孤儿，藏进山中，然后由你出面去告密。这样，他们必会杀我和那个假的赵氏孤儿。日后真正的赵氏孤儿由你抚养成人使赵氏后继有人。"程婴说："怎么可以让你去死呢，让我去死吧！"公孙杵臼说："死是容易的，日后抚养他成人更不易。就这样定了，不争了。"

于是，设法抱来一个孩子，给他穿上华丽的衣服，藏到了深山里。处理停当后，程婴就去"告密"，说赵氏孤儿被公孙杵臼藏到深山里去了。屠岸贾信以为真，问公孙杵臼孤儿是否是他藏的，这时公孙杵臼破口大骂程婴是"叛徒"。屠岸贾信以为真，杀了公孙杵臼和那个假孤儿。这时，程婴就抱着真正的"赵氏孤儿"出走了。二十年后，程婴向晋景公道出了真情，并将已经长大成人的赵武带到了国君面前。宫中诸将听了这一故事，个个义愤填膺，立马将屠岸贾诛杀了。

这是个动人心魄的故事，在整部《史记》中这是司马迁用的篇幅最长、描述得最细致、投入了作者全部情感的历史真实故事。从赵盾的弑君，到大夫屠岸贾的杀灭赵盾一脉，再到程婴的抚孤，反过来再诛灭屠岸贾一族,从中可以看到晋国君权的极度下落,以及卿大夫之间夺权斗争的残酷血腥。这,就是历史的真实。

公元前514年,韩、赵、魏、范、中行、知氏六卿掌权,六卿诛祁氏、羊舌氏,分其邑为十县。这样,卿大夫之间的斗争更集中,也更尖锐了。

第三阶段是三家分晋的阶段。

在走向"三家分晋"历程中,一些开明的贵族开始寻找法治之路。晋顷公十三年(前513),晋国的大夫赵鞅和荀寅率领军队在汝水边上筑城,向那里的晋国人征集了四百八十斤铁,用来铸造一个刑鼎,铸上范宣子制定的刑法。这显然是个大手笔,也是一个大进步。把成文法公开地告诉普通百姓,这对社会的文明进步有十分重大的意义。他们这样做也是为了赢得民众。这件事传到鲁国,孔子听了

《赵氏孤儿大报仇》(插图,佚名)

大骂了一通，说明这位圣人在法制观念上还是比较滞后的。

为了赢得民众，六卿还在经济上进行了若干改革。原先在晋国有百步为亩的旧规，到春秋后期，一些卿大夫为了"讨好"民众纷纷改革旧亩制，比如，赵氏以二百四十步为亩，韩氏、魏氏以二百步为亩，知氏以一百八十步为亩，范氏、中行氏以一百六十步为亩，不同程度地让利于民，而让利最大的是韩、赵、魏，而且亩增大以后，像赵氏又没有增加新的赋税，对此民众当然会拍手称快。在国际事务中，这些卿大夫也尽力充当正面角色。晋定公十一年的时候，臭名昭著的鲁国阳虎突然来到了晋国，表示愿意投奔赵氏，"赵鞅简子舍之"，实际上是把他作为不受欢迎的人驱逐出国境了。这样做，为赵氏在国际上争得了好名声。当时就有人预测，晋国的政权将来可能会归之于赵，其次是魏和韩。

晋定公十五年（前497），赵鞅当政。赵、韩、魏、知四氏和中行氏、范氏兵戎相见，中行氏、范氏败走。四年后，与中行氏、范氏的斗争达到了白热化程度。应该说，赵鞅在政治上是聪明的，也是成熟的，在关键的决战时刻，他懂得动员民众。在决战前夕，他发表了这样的告示：

"范氏和中行氏违反天命，斩杀百姓，想要在晋国专权擅政，消灭自己的国君，这些都是不允许的。我这里明确公示：能帮我战胜敌人的，上大夫可得到县作为封邑，下大夫奖励一郡，士奖励十万亩土地，庶人、工、商者可以步入仕途，奴仆、隶役可以由此而获得自由，这些我都会和晋君一起考虑兑现，使大家的愿望得到满足……"

赵鞅的许诺是实实在在的，再结合他平时的所作所为，人们不由得不相信。民心向背是战争胜否的关键。战争一打响，人们纷纷

春秋赵卿鸟尊（赵孟墓出土）。学者认为是赵鞅之随葬青铜器。

倒向赵鞅一边，不久中行氏和范氏战败而逃往齐国，很快就被彻底消灭了。

公元前453年知伯专权，而且十分骄横。他想利用韩、魏与赵之间的某些矛盾而各个击破之，这个阴谋很快被识破了。三家联合起来，一举消灭了知氏，"尽并其地"（《史记·晋世家》）。到这个时候，"三家分晋"的局面实际上已经形成。此后，中国社会逐渐由春秋时期转而进入了战国时期。

注释：

① 童书业：《春秋左传研究》，上海人民出版社1980年版。

② 白寿彝总主编：《中国通史·第三卷》，上海人民出版社1998年版。

③ 陈雪良：《司马迁人格论》，上海人民出版社1998年版。

铁器时代　**09**

冶铁手工业的兴盛

在人类社会发展中，生产工具起着非常重大的作用。马克思主义有一个非常经典的提法：生产工具和掌握生产工具以及有着一定生产技能的人相结合，构成了社会的生产力。生产工具的每一革命性的变化，都会促进生产力的迅猛发展。

铜绿山古铜矿遗址出土的采矿工具

早在几十万年前，我们的祖先就已使用起了石制工具。从粗糙的打制石器到精细的磨制石器，经历了几十万年的砥砺。到了大约一万年前，我们的祖先发明了陶器。到了夏代，我国在人类文明史上率先进入了青铜时代。到了距今大约三千年的春秋时代，我国进入了铁器时代。

　　铁器的锻造世界各国一般都经历了两个阶段，第一阶段是陨铁锻造铁器时期，第二阶段才是人工冶铁锻造铁器时期，我国也不例外。

　　应该承认，世界上有一些国家的陨铁锻造铁器比我国居先。在叙利亚、伊拉克、伊朗和土耳其东部地区，大约在五千年前就有陨铁制品的发现，相当于我国的五帝时代，而我国最早的陨铁制品大约出现在商代中后期。在河北藁（gǎo）城台西村的商代遗址中，发现了一件铁刃铜钺（yuè），全钺残长 11.1 厘米，宽 8.5 厘米，残存刃部包入铜内约 1 厘米，已全部氧化。在北京平谷刘家河村商代晚期墓中，也出土了一件铁刃铜钺，全钺残长为 8.4 厘米，钺身呈长方形，铁刃嵌入钺身约 1 厘米。此外在河南浚县等地都发现有若干属于商代的铁兵器，都用天然陨铁制成。这样看来，在商代中晚期，我国民众已懂得用陨铁制作铁制工具（包括武器），那是不成问题的。

　　那么，我国从何时开始人工冶铁的呢？虽然至今有些不同看法，但是，总体的意见是：最早到西周时期，最晚到春秋时期，冶铁已经成为一种社会性的行业。郭沫若先生在《中国史稿》中提出："铁的发现，大约是在商代，到西周时期，已成为习见的事物了。"范文澜先生认为，铁的另一种写法是"銕（tiě）"，也是铁字的古体字，由此可以推断，铁是由东方夷人最早发明冶炼的，时间当在公元前五世纪前后。

中国古籍中早在《尚书》中就出现了"铁"字，但那时是否有铁的存在无法证实。比较确切的铸铁事件记载在《左传》中。《左传·昭公二十九年》记述了公元前513年晋国铸刑鼎的事件，这段文字特别重要，我们将原文引述在这里：

> 冬，晋赵鞅、荀寅帅师城汝滨，遂赋晋国一鼓铁，以铸刑鼎，著范宣子所为刑书焉。

这里总共只有三十一个文字符号，所包含的内容却十分的丰富。从时间上看，是发生在鲁昭公二十九年（513）冬天的事，属于春秋时代的晚期。地点是发生在晋国的汝河边上。故事是这样的：晋国的执政赵鞅和三军统帅荀寅正带领大军在汝河边上筑城，两位晋国的权威人物觉得为了提高国家的威望，应当铸法典于鼎。于是，马上在汝河边上作了动员，让那里的百姓上交一些自己拥有的铁器，就算作是军赋吧！不多时日，就收到了"一鼓铁"。"鼓"是晋国的一种计量单位，一鼓就是四百八十斤重，合十二斛。于是，赵鞅马上让人在汝河边上开工，不多日在汝河之滨铸起了一个大铁鼎，并将范宣子的刑书一并铸在鼎上。这是件了不起的大事。在那么严寒的冬天，在汝河边上马上要搜集起那么多的铁，而且要立马冶铸成有刑书的鼎，这一是说明铁的运用在当时已经十分普遍，二是说明冶铁的技术已经相当的成熟和普遍，要不是那里原本就有铸铁工场，怎么可能说铸鼎就铸鼎了呢？

冶铁业也不是说兴盛就兴盛得起来的，它是建筑在高度发展的青铜冶铸业的基础上的。著名学者杨宽先生指出："中国铸铁冶炼技术所以能够比欧洲早一千九百年发明，并且很早推广应用，主要是由于继承和发展了青铜冶铸技术，并运用了长期积累的丰富经验。"①可以说，没有高度发达的青铜冶炼业，就不可能产生日后高度发达的冶铁业。

在二十世纪八十年代以前，学术界比较一致地认为到战国时代中国才进入铁器时代，但是，二十世纪八十年代以来多达百余处铁工具、铁农具和冶铁工厂的出土，证明大致上到春秋时期我国已进入了铁器时代。从发掘资料可见，春秋早、中、晚期都有铁器出土，是由西向东、由北向南发展的势头。湖北的铜绿山古矿是春秋晚期冶铜业和冶铁业相当发达的明证。

这种青铜冶铸技术和铁的冶铸技术的传承和嫁接，在春秋时期的一些冶金遗址中得到了充分的证明。

铜绿山矿冶遗址

铜绿山矿冶遗址（采矿巷道）

在鄂东丘陵地带，东距湖北大冶县城三公里处，有一座铜绿山。这里北、东两面紧靠大冶湖，水运和陆路的交通都十分方便，就是在这里，发现了距今约两千五百年的春秋末战国初的矿冶遗址。

这里有着超乎寻常的高级的冶铜设施和技术，又有着令人看来振奋的冶铁设施和技术，二者简直是二位一体的。这就有力地证明了杨宽先生的冶铁和冶铜之间存在着传承关系的说法。

铜绿山遗址的冶矿技术是非常先进的。首先是矿井的结构十分合理。采矿时一般先挖一竖井，竖井挖到一定深度只要遇到值得开采的矿位，便向旁侧开挖平巷和带有一定斜度的斜巷，在富矿区平巷多至三层，上下层之间用盲井相通。为防止井巷岩石塌落，工匠们采用了直径5—10厘米的粗大圆木对井壁进行支护。这对采矿者的人身安全是极大的保护。

铜绿山遗址采矿区的通风条件不差。在矿区虽然还没有发现机械通风设备，但是靠的是井口高低不同产生的气压差所形成的自然风来解决井内的空气流通问题。井内的盲道和巷道，也促使了新鲜空气能顺利流向采矿方向。

铜绿山遗址十分注意矿井的排水和照明。在矿井内除设置了大量的木制水槽外，还注意开凿水道，把矿井下的水引入储水坑，再用水桶把水提出地面。在矿井中还发现大量一头燃烧过的竹签，那是矿井内照明用的。矿工把竹签编成火把，带入到井巷里，可以燃烧很长的一段时间。

在铜绿山东北坡发现了冶炼遗址，有冶炼炉九座，冶炼炉高大约1.5米，炉的结构、形状大致相同。有炉基、炉缸和工作台。炉基用沙石、黏土等夯筑而成。炉缸用高岭土等耐火材料筑成，炉身虽已坍塌，但高炉的形状大致依稀可见。工作台用黏土、矿石垒筑在炉旁，地位要高于炉基。炉旁有大量的矿石和作为燃料用的木炭，炼炉的附近还有大量的辅助物品。矿区相当的大，估计遗存的炉渣在四十万吨以上，这是一个大得惊人的数字，由此可推知当年这一冶矿工场的规模之大，它被誉为"中华第一冶"是有道理的。

这里是铜冶矿区。在现存的大量铜质炼渣中，残留的铜仅为0.7%，可见冶铜技术之高明。在3号炉西侧出土的一块粗铜的含铜量达到93%，在大冶湖边出土的

陈椿《熬波图》

铜锭有十一个，每个重约1.5公斤，含铜量为91.86%，这对数千年前的冶铜术来说，简直是一个令人难解的奇迹。

这里也是铁冶矿区。用同样的技术，用同样的设备，我们春秋时代的先祖冶出了优质的铁。在这里的矿坑中，出土了大量的铁制品，有铁耙、铁锤、铁钻、铁斧、铁锄等。其中有两把大铁锤特别的引人注目。大铁锤呈椭圆形，长达13.7厘米，直径8.5—10.5厘米，各重6公斤，相当于后世的12磅大锤。在一个基本生产铜的冶铸矿区，生产出如此多、如此美质的铁器来，正好证明了杨宽先生的论断。

铸铜冶炼和铸铁冶炼之间有着深刻的传承关系，已如上述，但是，它们之间究竟还是两种不同的冶炼和铸造技术，关键是冶炼铁的时候温度得有较大的提高。杨宽先生在上述的同一本书中说："我国古代冶铁技术的发展，有着自己独创的发展道路。"这种所谓的"独创道路"，主要指在由冶铜技术向冶铁技术转换过程中，大大改进了冶炼的鼓风设备。一旦鼓风设备改进了，炉温有了较大幅度的提升，冶铁的问题就迎刃而解了。

中国流传下来的世界最大的铁铸品——河北沧州的大铁狮子

春秋时期冶铁炼炉上的鼓风设备是一种特制的、有弹性的大皮囊，这种大皮囊在当时称为"橐（tuó）"，一般由牛皮制成。在民间俗称为"风箱"。大皮囊上有个把手，冶铁工手握把手来回鼓动，就会把大量的空气压进炼炉的鼓风管中，以促进炼炉中的木炭充分燃烧，从而提高炼炉的温度，达到熔炼铁矿石的目的。随着冶铁业的发展，在全国各地大概随处可见这种鼓风用的"橐"。连大思想家老子也说："天地之间，其犹橐籥（yuè）乎！"（《老子·五章》）哲学家、思想家的思维总是特别活跃的，老子把天地间空气的流通比喻成是一个好大好大的"橐"在那里鼓动，真是有趣。

战争是把双刃剑。春秋三百年间大小千余次战事，造成了社会生活中的种种惨象，同时战争又是冶铁业发展的一种动力。春秋时代真正进入了"金戈铁马"的时代。"金戈"指的是铜制的各类武器，看一看楚墓中发掘出来的"越王勾践剑"，便知当时的青铜武器有多犀利。"铁马"指的是配备上铁制马鞍和打上铁马掌的军马。

战争中的某些战略战术甚至也可以成为促进铁器时代到来的一个因素。有学者指出，冶铁中用的所谓"橐"，最初是用在军事上的。在《墨子》一书的《备城门》、《备突》、《备穴》都有用"橐"作为地道战法的记载。在《备城门》一文中说道，敌人如果以填塞城壕的方式进攻的话，我方就可以用火攻来阻止对方的进攻。在墙内外焚烧大量木柴，鼓动风箱，把烟火吹向对方。如果力量不够，可以用多个风箱一起吹风，产生强对流，使敌方受害。说凡是敌人从地下掘地洞向城里进攻的，守备一方可以用反挖地道对付之。在接近对方的地道时，守备方可以乘敌方不备挖一小道通向敌方地道，烧起炉

汉画像冶铁图中的鼓风机——橐。由此也可想象春秋时期的鼓风技术。

灶,再用"橐"鼓起大风,把烟火吹送向敌方的地道。这样一来,敌方的地道不但不起作用,而且反受其害。春秋时当政的都是军人,他们会把战争中的某些战略战术用之于生产事业,可以说是势所必然的。"橐"的由军用渐渐向民用的方向转移就是一个成功的例证。"橐"不只用于冶铁业,还广泛用于其他生产与生活领域,后来许多人家是用"橐"来鼓风烧饭的。

从"铁耕"走向牛耕

孟夫子在《孟子·滕文公上》里,提出了一个重要的命题:"铁耕"。问题是这样提出来的:当时著名的农学家许行在与儒家学派的学子陈相交谈中,提出每个人都应该亲自"耕而食"的主张,孟子从陈相那里听到这一主张后，表示不能同意，认为"有大人之事，有小人之事"，"或劳心，或劳力"，不必人人耕食，通过"与百工交易"获取食粮有什么不可以呢？现在看来，孟子的话是有道理的，许行的人人"耕而食"的主张有些偏颇。在与陈相交谈中，孟子突然发问："许子以铁耕乎？"陈相笑笑回答："他是铁耕的。"

在不经意间，孟子提出了一个重要的名词：铁耕。何谓"铁耕"？虽然史书上用得不多，但孟子能懂，儒者陈相能懂，许行本人也能懂，历代的学者也能懂。"铁耕"是相对于刀耕火种的"刀耕"而言的。所谓"铁耕"就是用装上铁铧犁的农具进行耕作，当然也可泛指铁农具。而所谓的"刀耕"原先的意思是用石刀来耕作，可以泛指落后的耕作农具。可以说，真正的铁器时代不在于铁的冶炼有多发达，而在于它是否用之于生产、生活领域。中国是一个以农立国的国家，铁器时代的到来必须与"铁耕"连结在一起。

汉朝时的锄地及分行栽培技术图

到公元前六世纪，铁包木或实心的铁犁已在中国使用，这是世界上最早的铁犁。

　　孟子是战国早、中期人，他所说的"铁耕"究竟起始于何时呢？在我看来，那是起始于春秋时期的。

　　有一段文献资料充分证明了这一点。一次，齐桓公与管仲在一起。齐桓公问："我现在所有的政令中都谈到了军需问题，可是，我齐国的军队要军粮没军粮，要军备没军备，那可怎么办呀？"管仲想了一下说："办法还是有的。比如减轻对犯罪者的惩罚而改用赎罪的方法，就是一个好办法。那些犯重罪的人，可以用一张犀牛皮和一支戟来赎罪。那些犯轻一点罪的人，可以用一面盾和一支戟来赎罪。那些犯一点小罪过的，可以交纳一点罚金。这样一来，对军队也不无小补吧！"齐桓公说："这样做的确对军队不无小补，事实上也说得过去，但我总觉得那样还是没从根本上解决问题。"管仲加重声音问了一句："您是想从根本上解决问题吗？"齐桓公点点头，回答："是的。"管仲胸有成竹地、一字一顿地说："要从根本上解决问题，就

要听我两句话。"齐桓公有点
儿迫不及待了，催他："哪两句
话？你说，你说。"管仲说：

　　美金（铜）以铸剑戟，
试诸狗马；恶金（铁）以
铸锄、夷、斤、斸（zhú），试
诸壤土。（《国语·齐语》）

　　齐桓公听了这两句话，顿
时省悟了，说："对了，对了！
你是要我发展冶铜业，用之于
军工生产，以斩杀活物（隐含
用来打仗）。更重要的是，你
要我发展冶铁业，制造更多的
铁制农具，以向土地索取更多
的食粮。"后来齐桓公真的这
样做了，国富民强，称霸天下。
所谓的"一匡天下"，就是用
齐国的"美金恶金论"来振兴
齐国。事实上，在齐国的带动
下，春秋列国大多是走了齐国
这条发展之路的。

　　众多的地下发掘，证明春

牛耕图画像石（东汉）。此图可作为春秋
时期牛耕景象的借鉴。

徐州东汉《牛耕图》(汉像石)。画面为二牛拉一犁,一农夫扶犁耕地,后面一儿童紧跟其后播种,另一人为家人送饭送水。

秋时期不只是冶铁业大发展的时期,还是用冶铁来大量生产铁农具的时期,实现了后来孟子说的"铁耕"。

上面说到了,在铜绿山古矿区,发现的铁器差不多都是铁农具,如铁耙、铁钻、铁锤、铁斧、铁锄,等等。这些铁农具的品质是极为优秀的,二千五六百年过去了,这些铁农具基本没有锈蚀。

在河北兴隆燕地出土的春秋期冶铁遗址中,发现有数量相当可观的铁斧、铁锄以及其他铁农具。

在江苏武进,发现了属于春秋时期的铁镰以及其他一些零星的铁农具。

更为有意思的是,在山东、山西、陕西、河南、河北这样广阔的地域内,都发现了春秋到战国时期的铁犁铧,而且这些铁犁铧不少有着几经使用的痕迹,这更加有力地说明了,春秋时期,或者说是春秋战国之交的时期,孟子说的那个"铁耕"时代真的已经到来了。这对以农立国的中国来说,是一个伟大的时代。

与"铁耕"相伴而行的,当是"牛耕时代"的到来。有铁耕不等于说就有牛耕。文献显示,在出现铁耕后一段时间内,实施过"耦耕"这样一种耕作形式,也就是由两个人拉着装有铜质或铁质犁铧的犁进行耕作,过了一段时间,人们才"聪明地"利用力大无比的牛来拉犁,进入了牛耕时代。

牛进入中国人民的视野并成为家养动物,应该说是很早的事。饲养的家牛与人之间的关系,大概可分为三个阶段。第一阶段是肉食阶段。在黄河流域新石器时代遗址中,除大量存有黄牛的遗骸外,还有一定数量的水牛遗骸。南方地区以水牛遗骸为多,在河姆渡遗址中出土有十六副水牛遗骸。此时养牛的目的大约主要是为了肉食。人口一点点增加,粮食的增幅相对比较慢,可以提供大量肉食的牛正好可以补食品之不足。第二阶段是祭祀阶段。由于牛对人们巨大的贡献,特别是受到王室和贵族的器重,牛渐次被神圣化,从而牛成为与祭祀相关的牺牲品(即供品)。"牺牲"二字,都以"牛"为偏旁,说明在祭祖或祭神时,牛是主要的祭品。在殷墟发现的约十五万片有文字的甲骨中,大约有一半刻在龟甲上,又有一半刻在牛的肩胛骨上,可见在时人的眼中,牛是与龟一样的神物。再到后来,才有了牛耕。甲骨文中的"犁"字,字形为牛牵动犁头启土,这说明在商代后期已开始有了牛耕这种现象,当然那时还不普遍。学者们认定是春秋的中、晚期,牛才广泛地进入了田耕领域。

山西浑源李峪村出土的春秋晚期牛尊，牛鼻穿孔，戴环，这是牛作为畜力被役使的实物见证。

有没有相关的资料可以作为春秋时实行牛耕的佐证呢？有的。

山西浑源地区出土的一只牛尊，专家考订那是春秋后期晋国的作品。牛的鼻子上已穿有鼻环。这是一个标志，说明当时的牛已经走出单纯肉食和祭祀的范围，成为供人役使的耕牛了。

春秋晚期晋国的范氏、中行氏在国内的斗争中败北之后，逃到了齐国。为了表明自己对政治不再感兴趣，他们就让子孙变为农民，他们的"令其子孙将耕于齐"，有人打了一个比方，正如"宗庙之牺为畎（quǎn）亩之勤"一样。（《国语·晋语九》）这一比实在好得很，说明在春秋中、晚期在列国中确有将原先的"宗庙之牺"变为犁耕的"畎亩之勤"的这样一种现象出现。当然，是否是普遍现象，一时还说不清楚。

孔子有一个学生叫仲弓，他的父亲出身低微，人家因此连带看不起仲弓了。孔子站出来为学生说话，他说："犁牛之子骍（xīng）且角，虽欲勿用,山川其舍诸?"(《论语·雍也》)意思是说:耕牛生的小牛,如果毛色纯赤、头角端正,那么即使人们不愿用它来当牺牲,山川之神会舍弃它吗?这里明确不过地告诉人们,在春秋之时牛有两种用处,一种(最优秀的)充当牺牲用,一般的当"犁牛"。从孔子这段文字的语气看,"犁牛"这个概念已经很大众化了。

孔子还有一些学生是直接以"牛"命名的,而且还把"牛"与"耕"连结在了一起。孔子的一个学生,"司马耕,字子牛";另一个学生,"姓冉名耕,字伯牛"。这两个名字,直截了当地告诉后人,孔子所处的那个时代,牛主要的功能已经是耕地了。说来有趣,就是这位冉耕,后来被尊奉为"牛王"。《古今图书集成·卷五十四》中,有这样的一段文字:"有自中原来者,云北方有牛王庙,画牛百于壁,而牛王居其中间。牛王为何人?乃冉伯牛也。呜呼,冉伯牛乃牛王!"这一故事虽来自民间,但也可以从中窥见人们对牛耕这种进步的社会现象,是十分认同和赞许的。

铁器应用引起的社会变革

美国历史学家费正清对春秋这段历史评价非常高,他认为:"这是一个充满活力、能量和创造力的时期。铁制农具和用牛拉犁给中国带来了一场农业革命。"[②]铁器的应用本身就是社会生活中的一大变革,而这一大变革反过来又会引起社会生活方方面面的诸多变革。

春秋时期铁器的品种由少而多,由早期时的以武器为主,逐步走向"试诸壤土"的农耕器具为主,农耕器具的品种也十分繁多,可以说已涉及从播种到收割的全过程。从铁器出土的分布范围看,早期仅在西北地区和河南西部的秦、虢等国地域发现,中、晚期已遍布周、郑、秦、燕、齐、鲁、吴、越、楚、蜀等国,其中尤以南方地区出土的铁器为多,这也说明楚、吴等国是后来居上了。

冶铁的技术也在不断进步中。所谓钢铁就是铁和碳的合金,以含碳的多少而分成熟铁(块炼铁)、钢、生铁(铸铁)。一般地说,含碳低于0.05%的为熟铁;含碳在0.05%—2%之间的为钢;含碳在2%—6.67%的为生铁。块炼铁是将铁矿石加热到800—1 000℃,产生并不熔化的铁块,趁热锻打挤出一部分氧化物和杂质后制成一定的器皿。这类器物因含碳量低而较软。再将其加热和不断锤打,使炉中逐步渗入碳而变成含碳适中的硬度、韧度较好的钢,这就是早期的制钢技术。将铁矿石经过较高温加热,一般炉的温度达到1 200—1 350℃,矿石熔成液态的铁,再注入范中,就成为白口铸铁,再经过柔化(退热)处理,才能铸成较耐用的农具和工具。这些技术到春秋晚期人们已经都能掌握了。专家认定,这种先进的铸铁和韧性铸铁技术的掌

大约公元一世纪的浮雕(胸带挽具)

握,比欧洲早了整整两千年。

上面说了,我国先进的冶铁术脱胎于商周以来先进的青铜冶炼业。同时,冶铁业的发展及其产品的广泛应用,又反过来促成了传统青铜业的发展,从而开创了中国青铜器冶铸业的第二个高峰期,春秋时期出土的青铜器具,包括礼器、兵器、乐器、车马器、农具、日常生活用具、杂器,任何器具的质量和品位都高于它的前代。有些器物还错以金银、鎏金、镶嵌、线刻等工艺,使这些铜器更加精细、美观、高雅。

二十世纪七十年代,在湖北江陵楚墓中发现了"越王勾践剑",这是一柄深埋地下两千五百余年而不锈的奇宝。越王剑的主要成分是青铜,其实它是一把铜、锡、铁等金属的合金剑。越王剑因其剑的各个部位作用不同,铜和锡的比例也不一样。剑脊含铜较多,能使剑韧性好,不易折断;而刃部含锡高,硬度大,使剑非常的锋利。但是,不同成分的配比在同一把剑上又是怎样铸成的呢?专家们考证后认定,它采用的是复合金属工艺,即两次浇铸然

颈圈挽具

后使之复合成一体。这种复合工艺在世界上其他国家直到近代才开始发明使用，而我国在春秋时期就开始发明使用了，这也是中国人的骄傲。

铁器的广泛使用，农业生产中铁耕和牛耕的推广，使生产事业迅速得以发展起来。春秋时代丝织业成了纺织业的主要门类。在黄河流域的周、晋、齐、鲁、秦、郑、卫、曹等国和长江中下游的楚、吴、越等国都普遍地种桑养蚕。当时各级贵族的衣服都以丝绸为主，各国实行祭祀和国与国之间的赠礼也多用丝绸。丝织物的品种有绢、纱、纺、缟、纨、绨（tì）、罗、绮、锦等，名目极为繁多。据《礼记·王制》记载，为了便于交易，规定每匹丝织品必须宽二尺二寸，长四十尺，重二十五两。当时北方齐国是天下丝织品的中心，号称"冠带衣履天下"，齐襄公后宫有女子数千人，人人都"衣必锦绣"。南方楚国的丝织品也十分发达，当时有些楚大夫身穿两重锦衣。东南的吴越也盛产丝绸，吴王夫差一次赏给一位官员四十匹丝织品。在一些富裕地区，平民也有穿丝着绸的。

春秋时期铁农具的使用，牛耕的实施，生产力的高度发展，引发了经济结构和社会管理体制的变革，其中对"工商食官制"的突破便是一个明显的例证。以前，长期以来手工业作坊的工人，以及他们生产出来的产品，都是由官方统产、统购、统销的。当时各国都设有官府管理手工业的工正、工尹、工师等职官，负责作坊工人的衣食，掌控他们的技艺，并处理货物的交易事宜。但是随着手工业的发展，这一套流程越来越不适宜了。尤其在春秋这样的乱世，人口流动本身大，一次大的战事，就可能把经营多年的手工作坊打得落花流水了。再说，商品观念深入人心以后，一些手艺高超的手工业者外逃的现象比

交龙纹鼎（春秋晚期，
上海博物馆收藏）

比皆是。传统的"工之子恒为工"、"商之子恒为商"只是名义上的
了。到了春秋后期，"百工居肆以成事"（《论语·子张》）已成不可阻
挡之势。"肆"就是市中陈列器物的地方。那些"百工"把自己生产
的铁器、铜器、石器、玉器、丝织品，放到陈列商品的"肆"中来交易，
在那个大乱世，谁管得了？还有，一些有特长的和特殊技艺的人，奔
走于列国之间，以自己的技艺取得名誉，获得利益，又有哪个可以说
他们的不是呢？"工商食官制度"的破产是必然的，对社会发展来说
也是件大好事。

　　春秋之世是整个社会解体发展的时代，正如太史公司马迁在
《史记·货殖列传》中说的，那个时代的人，"人各任其能，竭其力，以
得其所欲"。有手工艺上一技之长的人为了一己所欲，他当然要挣
脱官府的束缚，走自由发展之路。那个鲁国的大手工艺家鲁班，他哪
里耐得住"工商食官"那一套，自由自在地奔走于列国之间，用他的

交龙纹壶（春秋晚期，
上海博物馆收藏）

一技之长劝说诸侯们"非战"，那是他最大的欢乐。还有那个被称为
"天下治生之祖"的白圭。他说他的"治生产"，用的是伊尹、吕尚之
谋，孙子吴子的兵法，商鞅的法术，为了施展自己的才华，他"能薄饮
食，忍嗜欲，节衣服，与用事童仆同苦乐"，而一旦要他进入官府，那他
如此积极的精神状态就一点都没有了。那个时代赋予了白圭这样的
"治生"者个体奋斗的勇气。就是那个屡屡被孔圣人要"鸣鼓而攻
之"的子贡，还是不听"教诲"，奔走于卫、齐、鲁、曹之间，最后成为了
"结驷连骑，束帛之币以聘享诸侯"的大财东，成为"所至，国君无不
分庭与之抗礼"的社会名流。司马迁开了句玩笑，说"使孔子名布扬
于天下者，子贡先后之也"。讲得通俗一点，就是孔子的扬名，靠的还
是这个子贡啊！

虽说是大乱世，但社会的发展却是显而易见的。铁器的广泛使
用，牛耕的广泛推行，农业和丝织业的大发展，得益的还是整个社

会。春秋时期社会生活的最大变化是饮食从两餐制向三餐制的发展和变化。在原始社会时，有食即餐，无食挨饿，无所谓一天多少餐。到了大约夏、商时，实行比较规范的两餐制，这是由当时的生产力水平决定的。春秋时期进入了铁器时代，铁器的使用和牛耕的推广大大发展了社会生产力，为逐步向三餐制过渡创造了必要的物质条件。

有人会说，两餐制就是两餐制，三餐制就是三餐制，怎么叫做由两餐制向三餐制过渡呢？因为从两餐制过渡到三餐制是极为不易的，肯定会有一个过渡期。也许春秋是过渡期，战国还是过渡期，一直到汉代才差不多全体转向了三餐制，完成了这种过渡。这种过渡长达数百年。

过渡期的特点是一部分人实现了三餐制，另一部分人还是只能实施两餐制，是两种餐制的并存和交叉。

从一些资料看，春秋时期大部分人还是过着两餐制的饮食方式。《睡虎地秦墓竹简·日书》有记载，当时的大多数人相当于现今的早晨7—9时食一餐，到大约下午的3—5时又食一餐。有的文献上则称为"夙食"和"暮食"，讲得通俗一点就是早餐和晚餐。有些记载还要具体，两餐的食量对不同的人还是有不同的规范的。这大约是指的下层社会的状况。

但是，春秋时期的中上层人士中已有了一日三餐的记录，即两餐之外又加一夜餐。齐景公就是吃三餐的，还要加上"酒食"。《庄子》一书中就有"三餐而反（归）"的说法。在《战国策·齐策》中，也有"士三食不得餍"的说法。这些都说明了，士以上的社会中上层人士，当时已经多实行三餐制了。

部分人的两餐制和部分人的三餐制的并存,体现了社会经济状况和生活状况上的不平等。这种不平等是客观存在的。但是,春秋时期部分人捷足先登地步入三餐制,无论如何是社会生活的一大进步,是可贺可喜的事。

注释:

① 杨宽:《战国史》,上海人民出版社1998年版。

② [美]费正清:《中国:传统与变迁》,吉林出版集团有限公司2008年版。

10 中华民族的开始形成

民族大家庭形成的社会条件

中华民族的形成，是一个长期发展的过程。可以说，自从上百万年前这个民族的各个支系在中华大地上落地生根的那一天起，各氏族之间、各部落之间、各方国之间的沟通和融合就开始了。在中华民族形成过程中，我们有着特有的民族优势，正如美国史学家斯塔夫里阿诺斯所说："中国人一开始都是蒙古种人。……中国人

春秋殉车马坑。这里从另一侧面反映了当时交通的发展密切了民族关系。

在他们整个历史上享有同一种族和同一文化。"①这是我们的巨大民族优势。经过长达百万年的共生共存,尤其是经过春秋时期数百年的大动乱、大迁徙、大交会,民族大家庭已开始形成。正如有学者说的:"在民族经济、文化融合的社会基础上,通过长期的兼并战争,至春秋结束时,华夏族和'四夷'之间的融合在中原已经基本完成,中华民族已经开始形成。"②这个论点是符合中国的客观实际的,也是完全站得住脚的。

当然,开始形成不等于基本形成。后又经战国时代的进一步融合,经过秦代中央集权的统一大帝国的建立,到汉代时中华民族已可以说是基本形成了。司马迁在说到"中国"各地的物产时,指证到当时人们观念中的山西、山东、江南、龙门和碣石以北等地,已经是"喜好"相同,"谣俗、被服、饮食"相类了,这就大大突破了传统意义上的"中国"概念。从司马迁说的"中国"的地域看,已经涵盖了太行山以西的大片土地、太行山以东直至大海的广袤疆土、长江以南直至闽越的广阔山河,还包括龙门、碣石以北游牧者所居的地区。"皆中国人民所喜好,谣俗被服饮食奉生送死之具也。"(《史记·货殖列传》)那么大一片土地都叫"中国",那么广阔地域的居民都叫"中国人民",这一"新提法",不就再雄辩不过地说明了到汉代中华民族已基本形成了吗?而这形成的基础,是在春秋时期打下的。

"中国",这是一片古老而神奇的土地。我们,中华儿女,世代生息在这片伟大的土地上。

它位于欧亚大陆的东方,西部有被称为世界屋脊的帕米尔高原,西南有青藏高原和喜马拉雅山,有世界之巅珠穆朗玛峰,西北有阿尔泰山,北部有蒙古戈壁沙漠,东北有兴安岭和长白山,东面和东南则为海洋所环抱。大山、大海、大戈壁，把这块被称为中华古土的大地界定为一个相对独立的地理单元。

相对独立不等于说对外封闭，恰恰相反，中国历来是开放的。早在新石器时代早期的河姆渡人，他们在从事农耕的同时，还打造了船只，远渡重洋，来到了万里之外的东南亚地区，创造了在世界上可以说是最早期的蓝色海洋文明。这就彻底打破某些西方学者心造的所谓"中国历来封闭论"。

中华古土作为"相对独立的地理单元"，对中华民族的形成提供了地理环境上的巨大优势。既然是"相对独立"的，那么这个大的地理单元内部的人们之间的交往就会更频繁、更紧密，也更积极。不管是所谓的"华"还是所谓的"夷"，他们之间会有摩擦和矛盾，甚至兵戎相见，但更多的是交流和交融。早在一万年前，闽南人就通过大陆与宝岛之间的"陆桥"像走亲戚一样地来到了台湾。早在七千年前，东南沿海的居民带着那里的特产榧螺，来到了内陆的宝鸡。早在六千多年前，喜欢在这块独立单元的大地上走动的中国人就开辟了一条从东南沿海，经贵州、四川，进入甘肃中部，转而折向西去，进入河西走廊的所谓"海贝之路"。五千多年前，有人竟然把产在北方辽宁的石料，不远千里地运送到浙江余杭的良渚镇去加工，制成精美的玉器后再行销到四面八方去。在数千年前，还有人把新疆地区的和田玉带到了蒙古大草原上。

我们这里讲的是真实的历史故事，是被大量的考古材料所充分证明了的。这些故事告诉了我们一个真理：自古以来，不论哪方的中国人都是喜欢走动的，在走动中交融，在走动中形成共同的喜好和生活习惯，形成血浓于水的民族感情。长期地走动着，长期地交融

春秋伎乐铜屋（浙江省博物馆藏）

着，这些都是中华民族形成的必要社会条件。

何谓民族？一般而言，民族是指人们在历史上形成的一个有共同的地域、共同的经济生活、共同语言和共同心理素质的稳定的共同体。民族是一个社会历史范畴，在其发展中，有的民族被其他民族所同化，有的民族分化成几个民族，也有的不同民族融合成一个新的民族集团。[3]中华民族正是在千万年的长期交往、交融、交会中形成起来的一个有着"共同的地域、共同的经济生活、共同的语言和共同的心理素质"的十分稳定的民族集团体。

春秋时期虽说是战争频仍的时代，同时又是个形成民族大家庭的社会条件相对比较优越的时代。这里说的社会条件的优越可以用四句话来加以概括：

一是通过列国间以及华、夷间的战争，出现了空前的人口大流动，形成了"华夷杂处"的局面，从生活习俗到思想文化上客观上拉近了各种族间的距离。吕思勉先生在论及中华民族之形成时，极大地强调了"杂处"的重要性。他说："民族与种族不同，种族论肤色、论骨骼，其同异一望而知。然杂居稍久，遂不免于混合。……惟我中华，合极错杂之族以成国。"④这里说的"合极错杂之族"，指的是华夏族之外的中华各少数民族。

二是通过大国争霸斗争，东方、西方、南方的一些原先被称为"夷"的种族上升成为大国、强国，甚至是霸主，这样客观上提升了"夷"的经济实力和文化水准，华、夷的界线进一步弥合了，中原与边远地区的政治、经济、文化差距也大为缩小了。

三是通过各国、各族间的联姻，根本上模糊了国与国之间、族与族之间的血脉界限，实际上是融会成了中华民族的混质血脉。你说，晋文公重耳流亡在北狄十余年，曾俘获了狄两女，其中一女后来成了重耳的妻子，一女成了随从赵衰的妻子。这样一来，晋国的国君和后来赵国的国君的血脉中都既有着中原华人的血统，又有着狄人的血统，你说晋国和赵国是算华人建立的大国呢，还是狄人建立的大国呢？严格意义上实在不好说了。中华大地上各种族间的联姻，实在是促成中华民族形成的最强劲的助推器。而在中国历史发展中，春秋时期的异国异族联姻是最常见的。

四是一大批行走于列国的"东西南北人"的出现，是春秋时期一道特别亮丽的风景线。他们把各地的风土、人情、习俗传送到其他地区,经过有益的筛选和过滤,为形成一种为天下人都能接受的民族之风创造了条件。这些"东南西北人"中有游侠,有义士,有武人,有说客,有传道者,还有巨商大贾,还有王孙公子。他们实际上充当了中华优秀文化的传播者。

"华夷杂处"局面的发展

可以这样说,在中国社会的发展历程中,"华夷杂处"是一种常态,也是一种长态。

所谓"常态"说的是这种状态正常得很,平常得很,是自古即然的,是早已被人们所接受和认可了的。"中国、戎夷五方之民,皆有性也,不可推移。"这是承认华、夷之间的差异。"东方曰夷,有不火食者矣。南方曰蛮,雕题交趾,有不火食者矣。西方曰戎,有不粒食者矣。北方曰狄,衣羽毛穴居,有不粒食者矣。"这些都是异,都是不同。但是,异中又有同,最大的"同"在于"中国、夷、蛮、戎、狄,皆有安居、和味、宜服、利用、备器"(《礼记·王制》),就是说,华、夷都想居住得安逸些,都想吃得美味些,都想穿得华美些,都想有便利于使用的物品,都想有完备的器具。这是"同",是根本意义上的"同"。正因为有如此多的共同点,华、夷杂处才能成为一种常态。

这种常态的起始点应该说是极早的。其实,早在黄帝时代,华、夷之间就很难截然分开了。"黄帝居轩辕之丘,而娶于西陵之女,是为缧祖。"(《史记·五帝本纪》)黄帝所居的所谓"轩辕之丘",据《史记集解》引《山海经》中的话,它就"在穷山之际,西射之南",也就是在西方的边远地区。至于出于"西陵之国"的这位缧祖老太

炎黄二帝雕塑

太,也是西部边远少数民族的女儿,与中华的人文之祖结合,生下了世代的黄帝子孙。彻底地说,所谓"黄帝子孙"云云,一开始就是有着华、夷共同血统的"杂种"。之后舜的"流共工于幽陵,以变北狄;放驩(huān)兜于崇山,以变南蛮;迁三苗于三危,以变西戎;殛(jí)鲧于羽山,以变东夷",这段文字如果换一个视角解读,那就是让一部分华地之人到夷地去生活,从而"变"他们。当然,最后变了的不只是夷人,在杂处中华人也会变。至于说到大禹,有人说他本身就是个夷人,在他三十岁时娶的那个生了中国第一个王朝夏朝的开国之君夏启的女人,那确实是个夷人,他所用的那些治水大员中,夷人也多着呢!

一部夏商周三代史,实际上也是华夷杂处史。夏王朝太康时,东夷的首领后羿打到夏都,实际上建立了华、夷共同统治的政权,时间长达四十年,其杂居状态那是不用说的。殷的本土在东方,本来就是华、夷浑杂而居的地方。后来自契到成汤凡八迁,最后迁到了亳（bó，今河南省偃师市），每一迁都从东土带去若干夷人。在商代，祭方、越戏方后来居于称为中原之中的洛水流域，成了那里的长住居民，实际上是融入当地居民之中了。周族时期，"虽在戎狄之间，复修后稷之业，务农耕，行地宜"。可见，公刘曾以务农耕的行为影响了周边的戎狄各族。到了古公亶（dǎn）父时代，一度与戎狄的关系很紧张，戎狄取主动进攻的态势，"欲得地与民，民皆怒"，民众普遍要求教训教训这些戎狄的头领。在这关键时刻，古公亶批评了这些主张攻战的人，说了一段很能说明当时民族融合状况的话："民之在我，与民之在彼，何异？民欲以我故战，杀人父子而君之，予不忍为！"（《史记·周本纪》）可以给古公亶在中华民族发展史上大书一笔，他这样对待和处理华、夷之间的矛盾，可称典范。而当时华、夷之间在杂处中已达到了你中有我、我中有你的状态，实在让人高兴。

到春秋时期华、夷的关系以及杂处状况更进一步了。也就是杂处已从"常态"走向"长态"了。

事情还是要从周幽王的废申后和太子说起。这是一个十分腐败的君主，于是申后之父申侯与犬戎联合起来进攻幽王。幽王举烽火求救，无人应答，这样申侯与犬戎的联军便长驱直入，杀幽王于骊山，并在那里屯兵。申侯和诸侯商量后共立幽王之子为王，这就是周平王。根据当时的形势，周王室决定退出原先的镐京，带着平王东迁到洛邑建立新都。这从多重意义上讲都是民族的一种新杂居：进入原先镐京的夷戎人员与没有跟平王迁走的华人之间是一种杂居；从千里之外迁居到此的人们与洛邑土著的居民之间又有一种新的杂居。

就在平王东迁前后，由于周王室王权的削弱，不安分的戎族纷纷进入中原腹地，并且定居了下来，"戎逼诸夏，自陇山以东，及伊、洛往往有戎"（《后汉书·西羌传》）。伊、洛平原是块宝地，那里的政局不稳，戎人就趁机进逼了。进入中原的戎人具体分布如下：渭水源头有狄、獂、邦、冀之戎（今甘肃省陇西一带），泾水以北有义渠之戎（今甘肃省宁县一带），洛水有大荔之戎（今陕西省大荔县附近），渭水南岸有骊戎（今陕西省西安市临潼区一带），伊水和洛水之间有扬拒、泉皋之戎（今河南省洛阳市西南一带），汝水流域以西有蛮氏之戎（今河南省汝州市西南一带），黄河北岸有茅戎（今山西省平陆县），渭水入河处有犬戎。此外还有山戎、小戎、大戎、陆浑之戎、姜戎、绲戎，等等。

　　春秋时期，"蛮遂侵暴上国"（《后汉书·南蛮传》）。这是站在华夏族立场上说的话，实际上是国内民族间的摩擦和斗争。荆蛮是楚地的土著居民，有专家称它是苗族的先祖，原居于河南南部以及湖北一带，其中有卢戎（今湖北省南漳县一带）、罗（今湖北省宜城市西）、邓（今河南省邓州市）、庸（今湖北省竹山县东）、百濮（今湖北省石首市）等。后来这些荆蛮部族渐向南方和东方发展。在发展过程中，也有华、夷杂处的状况，也就是部分的华人也与荆蛮族人一起迁移，一起向南向东发展。这部分华人原是姜姓的许国成员，在春秋早期屡遭齐、鲁、郑侵扰，一部分公室人员和百姓流落到楚地，与蛮族融为一体。但是，他们的观念中还是有中原是他们的故土的想法，这些人后来还进入了楚国的统治层。楚的北上，在他们看来是思土返乡。就是后来的问鼎中原在楚人看来也没有什么可以大惊小怪的，因为他们本来就是中原人嘛！

春秋早期的晋国地处黄河中游，土地肥沃，虽然是扶助周王室东迁的姬姓之国，但当时晋国的疆域尚小，再加上国内矛盾重重，与周围的戎狄既有种种斗争，又很快杂居融合。当时，一度狄人进逼到了晋都的城郊外，与晋人杂居在一起。晋献公曾下大力气将狄人驱走，可是狄人对这块肥沃的土地实在情有独钟，逐走了又来，来了又逐，但效果不大。后来这一大支戎人不只融入晋人之中，也融入到了卫、郑、宋、齐、鲁等国之中。

　　西方秦国与夷狄之间更是一种割不断、理还乱的关系。秦为嬴姓之族，传说是颛顼之后，其始祖大业是女修食了玄鸟之卵而生。这种传说与东方民族相似，由此可以推知其部族可能是起源于东方。据《史记》记载，大业之子大费曾帮助大禹治水，是除禹之外最大的治水功臣。因其有功，所以赐姓为"嬴"。大费的子孙"或在中国，或在夷狄"。在中国的，因为屡建功业，位在诸侯；在夷狄的，"在西戎，保西垂"。这样看来，秦国的人们本身就是华、夷融会的产物。后来周幽王被犬戎所杀，秦襄公是带兵救周的。平王东迁，襄公又派兵护送。平王为感谢其护送之恩，赐以岐山以西之地。这里本是戎人之地，得到这块土地以后，又加速了华、夷间融合的步伐。事实上，这个本身有着夷人血统的秦国统治者，在与夷人杂处和融合过程中的阻力是最小的。

　　最为有趣的是，华、夷之间在杂处、在融合，其实，东夷、南蛮、西戎、北狄之间也在杂处和融合。由于迁移和融合，后来也不一定是夷在东、蛮在南、戎在西、狄在北。错位、移位的事是常有的。《诗经·大雅·緜（mián）》叙述周先祖古公亶父在周原（今陕西省岐山县）立国时，"混夷脱矣"，说明当时东夷的一支跑到了西方的岐山脚下，成了名副其实的"西夷"。其实夷中有一支后来迁徙到了淮河流域，被称为淮夷。这些淮夷之后又进军中原，如要给它定名的话，那就该叫"中夷"了。又如《诗经·大雅·韩奕》讲到周宣王时，韩侯在北方"以先祖受命，因时百蛮"。可见，此时南蛮中的一支已经跑到北方去了，已经被称为"北蛮"了。因为人数实在不少，故有所谓的"百蛮"之称。

华、夷之间的杂处，华人各支族之间的杂处，夷族各支族之间的杂处，这是五帝传说时代以来中国文明进程中的一种广泛存在的社会现象。杂处意味着斗争，甚至是战争。中国有句老话，叫做"不打不相识"。历史总是在磕磕碰碰中前进的。杂处着的中国各族人民最后的走向是"万国和"，是社会的和谐发展，是中华民族的形成。

大国争霸促成华、夷融合

春秋是大国争霸的时代。人们可以对大国争霸的整个过程说得头头是道，却往往忽略了这样一个显见的历史现象：春秋时期绝大多数能够登上争霸舞台、并一度站在了历史舞台的中心的，不是本身就是被称为"夷"的国家，就是华、夷融合比较好的国家。而比较正宗的按原先周王朝的礼、义、廉、耻那一套做的国家，如鲁、宋等国，能成就霸业的，一个都没有。

这是一个值得玩味和深思的历史话题。

在春秋列国中，齐鲁是一对"欢喜冤家"。两家的关系时好时坏，似乎还是坏的时候多。两国在初封时都只是"五十里之国"或"百里之国"，不算大，也不算小。但是，建国后，这两个国家的立国方针是不同的。鲁国"世世祀周公以天子之礼乐","鲁,王礼也"(《礼记·明堂位》)。这种定位使这个国家有较多的礼仪文明要素,这是好的,但比较守旧,不思进取,久而久之,就落后了。通观春秋三百年间,鲁国根本没有什么变革。而齐国就不一样。齐太公姜尚来到这个国家,"修政,因其俗,简其礼,通工商之业,便鱼盐之利,而人民多归齐,齐为大国"(《史记·齐太公世家》)。这里有两条是极为重要的:一条是"因其俗,简其礼"。齐国的统治者懂得团结人,尤其是懂得团结当地的夷人。齐国地处东陲,本是夷人的天下,如果当政者不是"因"夷人之"俗"而用之,那么你再好心,你再实行礼治,夷人也是不会买你的账的。另一条是"通商工之业,便鱼盐之利",闲话少说,当政者要学会干实事,把经济搞上去,人民自然拥护你。只要坚持着做,这个国家就能真正成其为大国。

鲁庄公三十二年(前662),鲁庄公去世,国内一片大乱。根据庄公遗愿立起来的鲁君,不到两个月就被杀死了。后又立鲁闵公,也是摇摇欲坠。只得请齐国来帮忙,齐桓公一出面支持闵公,闵公立马站住了脚。因此当时就有史家说闵公"齐人立之"。连立一个国君都要看别人的脸色,这个国家怎么了得。

《左传·闵公元年》有一段记述很有意思。鲁闵公初立,齐桓公派大夫仲孙去看望他,实际上是去探听一下虚实。仲孙回到齐国后,齐桓公马上召见他,问他:"鲁国的情况怎样?"仲孙回答:"不去庆父,鲁难未已。"桓公问:"用什么办法可以除掉这个庆父呢?"仲孙回答:"不用我们去费心,他坏事干得多了,会自取灭亡。"桓公此时压低了声音问仲孙:"我们可以攻取鲁国吗?"仲孙摇摇头回答:"不行。"桓公问:"为什么?"仲孙说:"道理很简单,因为鲁国仍然秉承着周礼的基本规范。这是做人所必需的。一个国家将要灭亡，就像是一棵大树，树干先行倒下，然后枝叶跟着枯萎。鲁国不愿抛弃周礼，它再弱小也倒不了。"齐桓公觉得仲孙说得是有道理的，以后就再也不存灭亡鲁国的念头。但是，只要鲁国不像齐国一样搞政治、经济、文化诸方面改革，不像齐国一样把原先本地的土著夷人团结在自己的身边，鲁这个国家就怎么也强不起来。

春秋称霸的各国中，绝大多数不是中原国家，而是被称为蛮夷的国家，也就是原先落后的国家，如齐国、楚国、吴国、越国。这些国家落后，被人看不起，被人称为蛮夷之国，有的国家长期连诸侯国也算不上。于是，这些国家要争气，要把国内包括夷族在内的一切力量都团结起来。

楚国人是有中原人的某些血统的，许地（河南省许昌市附近一带）就是一些楚人的老家，他们也会时时记起这个老家。但是，由于他们与当地的南蛮土著融合得比较好，因此已经没有什么界限可言了，楚的首领熊渠还不无情绪地自称"我蛮夷也"（《史记·楚世家》）。他这样自称"蛮夷"，那是因为得到了太多的不公正的待遇：中原的一些被封者，或称公，或称侯，或称伯，而楚仅"封以子男之田"，这是最低一等的封号了。后来周幽王被犬戎所杀，周东迁后秦也列为诸侯了，楚实在心中不服，要求"请王室尊吾号"，得到的回复是"王室不听"。把楚列于比秦还低几等的位置，楚实在于心不甘，于是就自说自话的"王不加位，我自尊耳"，心想，我不要王室认可，关起门来称个王总可以吧！不料此事被一个小国之君随侯告发了，引来王室的不满。穷，落后，被人看不起，这些深深刺激了楚国统治层以及广大百姓的神经，他们决心奋起。到楚庄王时就"一飞冲天"、"一鸣惊人"了。《史记》写到楚庄王的变革时,用了"国人大说(悦)"四字,这里说的"国人",包括从中原去的华人,也包括当地正宗意义上的蛮夷人。他们都"大悦了",心齐了,还有什么事办不成的。从公元前740年熊通的自说自话称"楚武王",到楚庄王七年(前607)的"楚王问鼎小大轻重",其间也只有一百三十三年的时间。也就是说,楚作为一个落后的蛮夷之国的崛起,靠的就是百余年的全民性的拼死奋斗。

吴国的开山祖是吴太伯,他本人是正宗的周王室的血脉,推算起来他还是周文王的伯父呢!可是,为了让王位,"太伯奔荆蛮,自号句吴。荆蛮义之,从而归之千余家,立为吴太伯"。可见,这个国家是以"千余家"的荆蛮人立国的,那里经济落后,一直被视为不毛之地。一直传到第十九代的寿梦时,"吴始益大,称王"(《史记·吴太伯世家》)。吴寿梦元年是公元前585年。这个叫寿梦的吴王真是个有梦想的人,他做了几件让吴国强盛起来的事:一是把吴地的荆蛮团结起来,共同振兴这个贫弱的国家;二是重用了从楚国出逃来的大夫申公巫臣,让他革新军事;三是"吴于是始通中国",就是学习中原的先进经济和文化,使华夷各自的优势都能发挥出来;四是后来他的儿子季札出使中原,周游列国。经过一番努力,吴王夫差十四年(前482)"吴王北会诸侯于黄池,欲霸中国以全周室",前后也只有一百零三年的时间。巧得很,也是百余年奋斗,赢得了这个原先落后国家的强盛。

在春秋时期,越王勾践"卧薪尝胆"的故事传颂千秋。越国原先是一个弱国,一度还为吴所亡。但是,最后他成功了。他的成功,司马迁认为主要是他能"与百姓同其劳"。这是极为关键的。他自己带头，"身自耕作，夫人自织，食不加肉，衣不重彩，折节下贤人，振贫吊死"，他这样做了，百姓哪有不认同之理。这里说的"百姓"，当然主要指越地的蛮人。蛮人看到自己的越王那样的"苦身焦思"，他们就会真心实意地跟着他一起干。

大国争霸中，大部分场合是夷族的国家在唱主角，他们的风头常常盖过了中原地区的国家。这不能不说是件大好事。中华民族的形成需要某种意义上的经济平衡。列国中的夷族组建的国家原先是落后和不发达地区，在春秋的大动乱中他们大多经过百年拼搏上升为大国、强国，这样华、夷之间的共同语言就更多了，这是形成中华民族的必备条件。

频繁的华、夷联姻活动

对统治阶级来说，联姻常常是一种政治行为。统治者为了实现某种目的，从而促成了某种婚姻的实现。而不管人们的政治动机是怎样的，一旦某种婚姻成为现实，它又必然促成了血统的混杂和交融。春秋时期的民族大融合，往往是通过华、夷各族之间的联姻活动来实现的。各族间的联姻越是频繁，越能促成民族与民族之间的交融。

在异族联姻中，大概要数晋国的故事最多了，其跨国婚姻的复杂程度也最高。晋献公原先娶了贾国的女子做夫人，因为没有生儿子，又娶这个国家的一名叫齐姜的女子为妻，生了一男一女，女的嫁给了秦穆公，男的叫申生，立为太子。以后，晋献公又娶戎国女子为妻，生了两个儿子，那就是重耳和夷吾。这样看来，后来的晋文公重

春秋青铜虎形灶(太原市金胜村赵卿墓出土,山西博物院藏)

耳本身就是华、夷婚配的产物了。再后来,晋献公在伐骊戎过程中,又娶骊国国君的女儿骊姬及其妹妹为妻。骊姬年轻漂亮,很得晋献公的宠信,很快就被立为夫人了。骊姬后来生了奚齐,其妹妹生了卓子,骊姬很想立自己生的儿子奚齐为太子。姐妹俩为了夺位,准备毒死献公,被识破后,又嫁祸于太子申生。太子申生无奈,被迫自杀。骊姬又诬重耳、夷吾两兄弟也参与暗杀晋献公事件,重耳两兄弟只得外逃。

这样,在晋献公一人身上就汇集了多重华、夷婚配。他的第一任妻子是贾国夫人——贾国是唐叔虞少子公明的封国(今山西省襄汾县东),后面几任国君都以戎族和骊戎族的女子为夫人——他又把与贾国夫人生的女儿嫁给秦穆公,那也是一种华、夷婚配。

晋文公重耳的婚姻也是华、夷相杂的。他在出逃中,在狄地一住就是十二年。狄君对这位晋公子很器重。狄君在伐狄的一个支族获取胜利后，就将俘获的两女叔隗（wěi）、季隗送给重耳。重耳自己娶了季隗，将叔隗嫁给赵衰，这样，晋的血脉和后来赵国的血脉中多了一分狄的血统。后重耳来到了东边的齐国，当政的齐桓公认为重耳是个大才，将齐女嫁给了他。齐是夷的地盘，这样重耳的子孙中又多了分夷人的血统。重耳出走到秦，秦穆公把几个女儿都嫁给了他。这样，重耳后裔中又加入了戎人的血脉。重耳本身就是华、夷结合的产物，他又分别与狄人、夷人、戎人的女子婚配，这样，谁还能说得清晋国公室的血统呢？

　　上面说到秦穆公上台以后，晋献公为了向秦示好，将女儿嫁给了秦穆公，还将百里奚作为女儿的陪嫁送给了秦，这就是所谓的"结

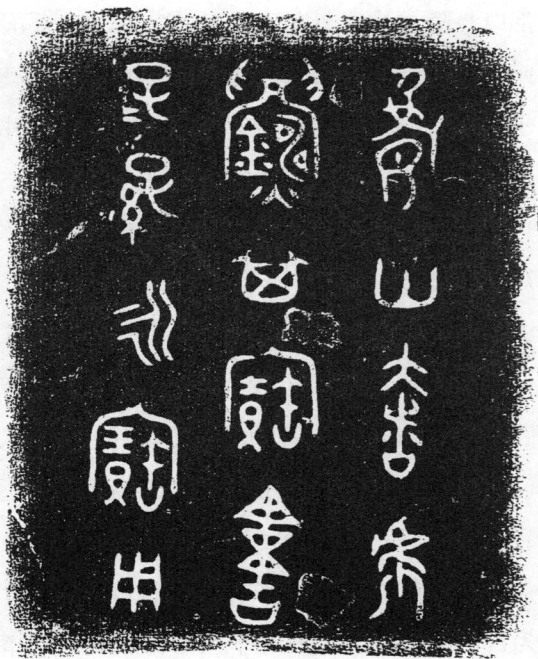

山奢虎簋器铭（春秋早期）。文曰"子孙永宝用"。

秦晋之好"。但是，好景并不长，后来双方交兵，晋军大败，而且晋惠公当了秦的俘虏。穆公夫人是晋惠公的姐姐，听说晋惠公被俘，就带了女儿登台，脚踏薪柴，身穿丧服，以要挟穆公，逼其与晋修好。这种形势下，穆公释放了惠公。惠公回国后，献河西地给秦并将太子送到秦国去。秦送还河西地，还将宗室女嫁给晋太子，以示亲上加亲。可见，这种华、夷之间的婚配对民族间的和解还是起了很大作用的。从长远看，对中华民族的形成起到了血缘纽带的作用。

楚国的北上中原过程中，也屡屡有血缘的交叉。据说，楚军到达郑、宋、蔡等国以后，不少的楚国士兵就在中原落地生根，几代一过，也就分不清是楚人还是中原人了。公元前638年，楚国与宋国之间有一场战争，最后宋大败。目睹此情此景的郑国慌了手脚，马上在郑都以最隆重的礼节宴请楚王，宴毕夜归，郑国的国君夫人亲自送楚王回军营，并将郑文公身边的两名侍妾送给了楚王，楚王乐意娶中原女子为妻，也就高兴地"笑纳"了。楚王北上中原，带回了中原女性的血统，这样，楚国人的血统比以前更"杂"了。

在周室大乱、大衰之时，周与郑国一度关系紧张。因领土纷争，郑国准备攻滑国。周襄王就派大夫伯服和游孙伯到郑国去为滑国说情。谁知这时的周王室已没有一点权威了。郑国非但不买账，还将周襄王派去的两位大夫拘留了起来。这对周襄王来说是极失颜面的事，一怒之下，就调动狄军攻郑。周的大臣富辰谏告襄王，切不可调动狄军攻打与周王室有宗亲关系的郑国，那样会后患无穷。周襄王根本听不进去，派人去让狄人出兵。狄人还是听周襄王的，一下把郑国的军队打败了。襄王很高兴，宴请了狄将，并决定立狄女为自己的王后。还是那个大臣富辰说："此事万万不可，娶了狄女不算，还要废中原血统的惠后，那周王室还成何体统？"周襄王还是不听，反而振振有词地说："我是天下之主，可以娶华族女子，也可以娶夷族女子。"结果真的娶了狄女为妻。因这件事，周王室内部还分裂成了两派呢！

通过上述这些事，说明了从民间，到官兵，到列国诸侯，甚至到周王朝的天子，经过春秋三百年的纷争和动乱，华、夷之分的观念已经淡薄多了，取而代之的是各种族之间更多的相互理解与融会。

"东西南北人"

春秋列国兼并，战乱频仍，造成人员的大流动。这种大流动本身就是打破氏族观念、促进民族融合的一大动因。没有这样一个人口的大迁徙、大流动，中华民族大家庭是不可能形成的。同时，除了被时势驱赶着流离失所地到处走动的人流大潮外，春秋之世还出现了另一种人流潮——这是一个特殊的群体，是类似孔子这样为

《礼记·檀弓上》有关"东西南北之人"的记载。这里的"东西南北之人"正反映出民族融合所出现的景象。

了拯救天下苍生而主动奔走四方的人们。

这种主动奔走四方的人，在历史上被称为"东西南北人"。

这种被称为"东西南北人"的人中，有一大批士人。所谓士人，也就是文化人。这些人有文化，有识见，有自己的政治主张，有自己的治国方略。孔子就是这些人中的杰出代表。他说"知者动"，也就是只有在活动中，一个人的智慧才能充分地发挥出来。他率先提出应破除中国人原有的恋家陋习，强调指出"士而怀居，不足以为士矣"（《论语·宪问》），意思是，如果一个士人，依恋于家室乡里之安，那就算不得是真正的士人了。他还说"君子怀仁，小人怀土"（《论语·里仁》），意思是，目光远大的君子走到哪里怀里揣着的总是仁德，只有那些小人才拘拘于自己的乡土。孔子是这样说的，也是这样做的，"孔子西行不到秦"，除了秦地没去之外，他跑遍了中华大地，为的是宣传自己的政治主张，为的是弘扬中国传统文化。母亲死了，他很伤心，但还是按照"墓而不坟"的古礼葬了，但要求建墓的人在

《孔子圣迹图·子路问津》

《孔子圣迹图·西河返驾》

墓前做一个特殊的标记，大家感到很奇怪，孔子说："我是个'东西南北人'，此一去还不知哪天能重回墓地看望亡母呢，如果不做个特殊的标记，怕将来回来找不到母亲的墓了。"（《孔子家语·曲礼公西赤问》）他真是"栖栖一代中"啊！孔子周游列国，碰了许多钉子，可没有被困难所吓倒。奔波了七八年，先后到过卫国、曹国、宋国、郑国、陈国、蔡国、楚国。最后他回到鲁国，把精力放到整理古代文化典籍和教育学生上面。

　　还有个大学者、大圣人墨子也是个了不起的奔走四方的人。他在《墨经》中写道："东、西、家、南、北。"乍然一读会感到他不知在说什么，实际上他是在说：士人有一个"家"，这是生命的中心点。但为了宣传自己的主张，必须离开这个"家"，外出周游，闯荡江湖。士人应该从家出发，走向东，走向西，走向南，走向北，这就是"东、西、家、南、北"一语的真谛。墨子的一生不正是这样做的吗？他为了阻止楚国对弱小国家的进攻，带着一大批各有所长的门徒，不远千里来到楚地，用自己的智慧和掌握的技能，阻止了一场即将爆发的恶战。正是有数以千百计的士人在各地奔走呼号，战乱中的春秋时代才显现出更多和平的希望。

奔走于东西南北的除士人外，还有一大批有为的政治家。他们从列国中的一国走向另一国，带去了异国风貌，带去了新的治国方略，对促成民族和解、地域融合以及人际认同起了十分积极的作用。

管仲，颍（yǐng）上（今安徽省颍上县）人。后来与鲍叔牙一起经商，奔走于列国之间，并结识了诸多朋友。后来到了齐国，帮助公子纠出逃国外。公子纠败亡被杀后，归附齐桓公，相齐桓公达四十年之久。"齐桓公并国三十，启地三千里"（《韩非子·有度》），他的功劳是最大的。在数十年间，他出使列国达八十多个，与众多的国君畅谈了自己的治国平天下的方略。他主持诸侯会盟二十六次，用兵二十八回。他的奔走四方，很大程度上是为了伸张正义。"葵丘之会"是齐桓公处于顶峰时期的与诸侯间的一次盛会，管仲在会上却提出"诛不孝"、"无易树子"、"无以妾为妻"、"尊贤育才以彰有德"、"士无世官"这样一些常理性的命题，可见他出游四方的主旨还是着眼于使列国形成共识的。他的最大的本事是"制礼义可法于四方"（《国语·齐语》），他把齐国成功的治国经验通过一系列出访，传播向"四方"。这应该说是他对国家形成做出的巨大贡献吧！

子产大家都知道他是郑国的大政治家，他是郑穆公的孙子，他的家族是郑国的"七穆"之一，也就是七大家族之一。他是个改革家，在郑国进行了一系列的改革，最著名的是"铸刑鼎"，就是把刑书铸在一只大鼎上，公布于众，让大家都知道。这是他对历史最大的贡献。但是，人们多知道他是政治家、改革家，却不知他还是位奔走四方的外事活动家。他当政期间，差不多走遍了列国。公元前529年，晋作为盟主会鲁、周、齐、宋、卫、曹、莒、邾、滕、薛、杞、小邾等国于平丘。盟会前一天，晋国作为霸主要求列国举行"朝晋礼"。子产要求郑国的与会者张起幄幕，虽礼晋但不失国之尊严。这种维护国之尊严的做法受到了与会国的赞许。后又发生了"争承"（对周王的贡献）问题，晋国以势压人，要郑多出，子产代表郑国强势发言："郑伯，男也，而使公侯之贡，惧不给也，敢以为请。"（《左传·昭公十三年》）话语绵中藏针，实际上是对霸权政治的一种有力回击，维护了列国间的平等。公元前544年，吴国的季札访问郑国，与子产像老朋友一样交谈。季札对子产即将"当政"作了预测，并要子产学习吴国的"慎以为礼"，后来子产的改革是吸取了吴国的经验教训的。第二年，子产访问了陈国，对郑大夫说："陈，亡国也，不可与也。"大夫问缘由，答案是其国不能"视民如子"，由此他得出了春秋时期最重要的思想成果——"天道远，人道迩"的伟大结论。奔走四方的政治家最后得出了要把"人道"放在一切首位的正确结论。

奔走于东西南北四方的，还有众多的走出官府、自由经商的大商人。

那位帮助勾践实现富国强兵、称霸中原的范蠡，相传在事成后"乃乘扁舟，浮于江湖"，当起了自由经商的商人来。他把经商的基地打造在陶地，"以为陶天下之中，诸侯四通，货物之四通也"。他把这个诸侯国的货物运到那个诸侯国，再把那个诸侯国的另一种货物运到其他诸侯国，巧加运筹，竟在"十九年间三致千金"。然后，他又把赚得的钱施予贫困者。商人作为四民之一，他们常经商列国，不只使各国间物畅其流，更为重要的是渐渐使天下连成了一体。

孔子的学生子贡是个不安分的学生。他在孔子那里学习了一段时间后，到卫国去做官，再过些时候又去经商。他奔走于齐、鲁、曹、卫等国之间，赚了不少钱，是孔子所有学生中最有钱的。他不只经商，也与官场打交道，"结驷连骑，束帛之币以聘享诸侯"。就是说，坐着四匹马拉动的阔气的大车子，带着丰厚的礼品去见各路诸侯。诸侯们看他那样懂得礼仪，也就热情地接

子贡像。子贡曾任鲁、卫两国之相。他还曾经商于曹、鲁两国之间，富致千金，为孔子弟子中首富。孔子去世前子贡未能赶到，孔子去世后，子贡守丧六年，是为孔子守丧时间最长者。

待他，见面后根本不要行什么君臣大礼，而是以待客之礼宴请他。有这样一个人在列国间穿行，当然对列国的交往和沟通是有好处的，实际上孔子也因为有这样一个学生而受益，他的名声由此远扬开去了。子贡不只是一个"家累千金"的大商人，还是个政治家、外交家。他"一出，存鲁、乱齐、破吴、强晋而霸越"，"十年之中，五国各有变"（《史记·仲尼弟子传》）。这是商人干政的生动材料。司马迁这样说，必有所据，可惜没有留下相应的资料。

公元前627年，秦国军队偷袭郑国，在滑国刚巧遇到准备到成周去经商的郑国商人弦高。他得悉秦军的来意后，一面假称是受郑国

国君的委托，以四张熟牛皮、二十二头牛犒劳秦军，一面派邮车紧急向郑报信。秦军以为郑早有准备，就不敢贸然进军了。这件事说明，商人弦高已经在郑国具有举足轻重的地位，不是这样他就不敢以郑国国王的名义与秦打交道，秦军也不会轻易相信他。

还有个叫乌氏倮的商人，养了很多的牲畜，卖掉后买进了不少上乘的丝织品。他把这些丝织品又通过某种渠道贩运到地处荒僻的戎地去，也送了相当部分丝织品给戎王。戎王见了喜出望外，以数十倍的价格奖励他，由此这个商人发了大财。这样一个"鄙人牧长"出身的人，竟然成了戎国与华夏族之间经济联络的纽带。

上面说的四出游说的文士，穿行列国的政治活动家，从事"诸侯四通，货物交易"的大商巨贾，他们都是有思想、有头脑、有能力的"东西南北人"。他们的作为是春秋时期民族融合的巨大正能量。华、夷之间频繁的联姻活动，大国争霸过程中长期的"华夷杂处"，华、夷之间的经济、政治、文化上的渐渐融会和趋同，到了春秋晚期，华夏族可以说已是初步形成了。

注释：

① [美] 斯塔夫里阿诺斯：《全球通史》，上海社会科学出版社1999年版。

② 顾德融、朱顺龙：《春秋史》，上海人民出版社2003年版。

③ 吴铎主编：《常用理论词典》，广东高等教育出版社1991年版。

④ 吕思勉：《中国民族史》，中国大百科全书出版社1987年版。

"天下一统"局面的打破

继夏、商以后，天下大一统的局面形成于西周。周人在用武力推翻了殷商的统治之后，在政治上实行了大分封。原先殷商的一些盟国、属国都接受了周人的统治，都承认周王是天下之共主，并向周王俯首称臣。周王为了巩固和发展自己的统治，实行了"封建亲戚以蕃屏周"（《左传·僖公二十四年》）的改革。"封"是分封土地，"建"是建立诸侯国，使那些战略要地都归属周王的血亲管理。其他一些受封者不是周王的功臣，就是前朝的王属，都是承认周王是其最高主宰的。"溥天之下，莫非王土；率土之滨，莫非王臣。"（《诗·小雅·北山》）这话一定程度地反映了西周早、中期列国奉周王为天下共主的局面。

说是早、中期维持了大一统的局面，那是从总体上说的，其实，这种靠"亲亲"之力维系起来的统一局面，到西周穆王时就有了裂痕，那时已是"王室遂退，戎狄交侵"，社会很不安定了。到懿 (yì) 王时更是矛盾重重。周懿王之孙周厉王暴虐又好利，"诸侯不享"，原先认为最靠得住的诸侯也不理睬王室了，最后厉王被国人驱走，死在了边远地区。周幽王更是一个昏庸之君主，烽火戏诸侯后，被攻打进镐京的戎人杀死了，也没有人同情他。

周平王东迁后，王室管辖的土地已经很小，王室简直没有什么财政收入。春秋三百年，大约可以分为三个百年：第一个百年是春秋开始到齐桓公元年，那百年间除有郑庄公"小霸"外，各路诸侯对王室还有一个表面尊重，因为诸侯间当时保持着一种相对均衡的状态，对周王朝的触动还不算大。有些史著称此时的周室是"苟安局面"，这种说法是恰当的。第二个百年起自齐桓公元年，即公元前685年，终于吴寿梦元年，即公元前585年，刚巧一百年。其间经历了齐桓公的霸业，晋文公的称霸，楚庄王的改革和问鼎中原，还有南方吴国国君带领东南蛮人兴盛吴国。可以说春秋争霸的大戏大部分在这百年间上演，而周王室只在这些大戏中扮演并不重要的小角色。至于时有人打出"尊王"的旗号，那也仅仅是旗号而已，与周王室本身的权威是不相干的。第三个百年是卿大夫专政的百年。公元前562年鲁国季孙氏、孟孙氏、叔孙氏"三分公室"而各有其一，诸侯都不管用了，王室在人们心中更是没有任何的价值和地位了。公元前514年，晋国"六卿掌权"，为日后的"三家分晋"打开了方便之门。公元前480年，齐国的田氏杀死不听话的齐简公，立简公之弟为国君，是为齐平公，此时"齐国之政归田常"（《史记·田世家》），可以说"田氏代姜齐"已成必然之势。此百年间王室已是可有可无，也少有人去利用"尊王"这面旗帜了。

与周王室权威全面失落相关的是，周王室原先建立起来的种种制度也全面崩溃了。

一是土地公有制的全面崩溃。

"溥天之下，莫非王土"，从根本上说，所谓公有，就是王有。周王把土地分封给诸侯，诸侯再把土地分封给大夫。然后实行所谓的"井田"——按孟子所说，比较理想的状态是，把土地像"井"字一样划成一块块的，其中一部分是公田，另一部分是私田。私田是国家分给每个家庭耕种的土地，收获的东西归私家所有。但是，每个家庭首先有义务把公田耕种好，那是大夫、诸侯、王室的财政来源。周平王东迁以后，一是由于铁工具的出现，农民除耕种私田和共同耕种公田外，还有不少的剩余劳力，他们就会去垦荒，这些地就成了他们真正的私田。更主要的是战乱造成的人口大流失和大迁徙，这使所谓的"井田制"根本实行不下去。让人哭笑不得的是，到了春秋中、后期，号称"天下共主"的周王自己的口袋里根本没钱，相反还要向下属的诸侯借钱、借粮、借物。

二是分封制的全面崩溃。

分封制的前提是周王的权威。周王分封给诸侯土地和人民，诸侯每年要朝觐周王和上缴一定的贡物。现在，通过春秋三百年的兼并战争，许多诸侯国都消失了，周王再到哪里去要贡赋？齐、晋这样的国家分封时都是"百里之国"，现在都兼并了三四十个小国，成了地连千里的超级大国，这些土地以及土地上的人民，都是这个国家通过战争"争"来的，他凭什么要向周王进贡？所谓"以蕃屏周"，到春秋时根本不存在了。分封制名存实亡，但是当下的统治者为了统治的需要总要寻求一种新的统治形式啊，最后人们还是找到了，那就是建立县制。最初是一些国君在新征服或新开发的地方建县，后来就推而广之了。最先建县的还是原先比较落后的秦国。"武公十年，伐邽（guī）、冀戎，初建县。"（《史记·秦本纪》）这是公元前688年的事，进入春秋时代已有近百年。

三是"工商食官"制度的全面崩溃。

原先周王朝的设计者想得很美，认为要把农业抓在王室和官府的手中，也要把商业和手工业抓在自己的手中，以所谓的"工商食官"加以控制。商人由国家设立的专门机构"商府"管着，户籍隶属于这个部门。手工业者也由国家设立的专门机构"工府"管着，户籍属于这个部门。"商、工不知迁业。"（《国语·晋语四》）不管是商人还是手工业者，工作岗位不能变，商人的子女一直当商人，手工业者的子女一直当手工业者。他们居住的地方也是有限制的，不能随便迁居。"处商就市井"，一般是在城市的某一区域专门辟出一两个区域让商人和手工业者居住和工作。

这一套制度显然只是在社会十分安定的条件下适用，像春秋这样的乱世根本行不通。一场大的战争下来，某座或某几座城市就会从地图上消失，这样原先聚居在城市一隅的手工业者和商人就会流离失所，自然地从"官府"中解脱出来。他们的出路只有两条：一条是改行从事农牧业；另一条就是走私营工商业之路。另外，随着手工业和商业的发展，人们越来越向往走个体私营发展之路。按照司马迁的说法，"人各任其能，竭其力，以得所欲"，"若水之趋下"（《史记·货殖列传》），这是人的本性，是改变不了的。人总是向往着自由自在地生活和就业，以满足自己更多的欲求，手工业者和商业工作者当然更是如此，他们希望用自己的一技之长赢得社会的尊重和更多的财富。

一些有着经商经历的贤人和官员进入了统治层，加速了"工商食官"制度的崩溃。齐相管仲，他原先就是"鄙之贾人"（《战国策·秦策》）。他一度做过出身卑微的商人，在齐地、吴地经商，业绩虽然说不上满意，但他从中体验到了自由经商对国家的意义。他当上齐桓公的相以后，第一件事就是要发展渔盐业，并减轻商税。管仲说："万乘之国，必有万金之贾；千乘之国，必有千金之贾。"在管仲看来，私营工商业的发展，是与一个国家的国力相对应的。郑桓公幼时有过一段经商的经历，即位后就鼓励自由经商，并与商人订立盟约："尔无我叛，我无强贾。"说得多好，只要商人不背叛郑国，国家就不会强制商人做这做那。后来晋国的大臣韩起想强买郑商的玉环，郑商不愿，郑执政子产便护了他。子产还说，这是郑祖先定下的规矩，是不可改变的。这件事记在《左传》一书中。事实上，我们看到春秋时期手工业的重大发展，包括冶铁业，铜矿开采业，青铜冶炼业，纺织手工业，漆器手工艺，玉、石、骨器手工业，大部分是在"工商食官制"外进行的。那些丝织品上的纹饰、图案是那样的别致，那样的千变万化，那样的有个性。据《史记》记载，就是冶铁、冶铜、开矿、盐业这样的大型工程，在春秋战国时期私人经营的也是比比皆是。《史记·货殖列传》载：鲁国有个穷读书人叫猗顿，早年很不得志，"耕则常饥，桑则常寒"。后来他来到陶朱公那里，请教致富之道。陶朱公告诉他："要想富，可以从饲养家畜开始，再搞商业经营。"这个叫猗顿的年轻人照着做了，经商十年后，"赀拟王公，驰名天下"。后来此人又经营盐业，成为齐、鲁间最大的盐商。而邯郸的郭纵是投资冶铁业的，经过数年的奋斗，成了大富大贵者，"与王者埒(liè)富"，比那时的国君还有钱呢。

春秋时期是大变革的时代，一是王权没落了，二是土地公有制全面崩溃了，分封制全面崩溃了，三是"工商食官"制度也全面崩溃，随着这些政治和经济方面的深刻变化，文化教育方面的变化也是势所必然的了。

学术下移和私学的兴盛

在西周时期，学术与前面讲到的井田、手工业、商业一样，都是官营的，名之为"学在官府"。这里说的"学"，就是我们通常说的"学术"，包括传授和学习统治方略，使整个社会能平稳发展。这是一个十分庞杂的系统，在《周礼·地官司徒》中称为"邦教之官"或"教民之官"，简称"教官"。这些教官有多少人呢？按《周礼》说的数一下，共有四万一千六百九十五人，列出七十八种职官。天下那么大，事情那么复杂，要那么多"教官"也在情理之中。这些教官都是由周王任命、由官府统管的。正如侯外庐所指出的："在生产资料国有的情况下，意识的生产只有在氏族贵族的范围内发展，不会走到民间。"[①]在当时社会条件下，土地国有、宗法制度和学在官府是三位一体的。

春秋时期的"高岸为谷，深谷为陵"（《诗·小雅·十月之交》），表面上看，写的是一种自然现象，经过"三川皆震"的大地震以后，有些原来是高山的地方，现在陷落为深谷了；有些原先为溪谷的处所，现在上升为丘陵了。实际上《诗经》中的这首诗暴露的是社会生活中的大变异：高高在上的王族塌垮下去了，而原先处于下层的人反倒居于上位。在社会大动乱中，土地国有也就是土地王有再也不存在了，原先相对严密的宗法体系也分崩离析了。《荀子》上说齐桓公一下就"并国三十五",《韩非子》上说晋献公数十年间就"并国十七,服国三十八",原先按宗法的"亲亲"原则组建起来的封国制度立马被打得乱七八糟。这些都是"学在官府"的社会基础。现在基础没有了,"学在官府"这一套上层建筑怎么还支撑得了?

"学术下移"是势所必然的事了。

"学术下移"首先表现为本来属于周王室掌控的"教官"的大量流失,流向了四面八方,流向了民间。如世代掌握周史的司马氏(也就是司马迁的先祖)流落到了晋国,以后又分散到了卫、赵、秦诸国。各诸侯国的史官也往往下到民间。他们把鲁国的史书《春秋》、郑国的史书《志》、晋国的史书《乘》、楚国的史书《梼杌(táo wù)》等都一股脑儿地带出了宫廷,一些原先鲜为人知的宫廷秘事也流向了民间。另外,还有大量的文化官吏和百工人士,带着宫廷的典籍、文档、礼器、乐器逃到了四面八方,他们在民间定居了下来,如果有人赏识他,就在那里传播文化,没人赏识就过起隐居生活来了。就拿乐师来说,"太师挚适齐,亚饭干适楚,三饭缭适蔡,四饭缺适秦,鼓方叔入于河,播鼗(táo)武入于汉,少师阳、击磬襄入于海"(《论语·微子》)。可以想见,乐宫中的头等乐官太师带头出逃,二等(亚饭)、三等(三饭)、四等(四饭)的乐官也就跟着出逃,下面击大鼓的(鼓方叔)、击小鼓的(播鼗武)、乐官的助手(少师阳)也一起出逃了。这样的集体出逃、分流四方的现象在春秋时期可以说是屡见不鲜。

促成"学在官府"体系衰亡的另一个原因是受教的官僚子女本身对学习的厌倦,他们养尊处优,不学习照样可以获取高官厚爵,因此根本就不想学习。鲁昭公十九年(前523),曹平公去世了。各路诸侯都齐集到曹国去参加葬礼,周大夫原伯鲁代表周王室参加了丧礼，鲁国国君也参加了曹平公的丧礼。丧礼毕，曹国新任国君曹悼公留各路诸侯住宿，使大家有一个聚谈的机会。周的这位特使原伯鲁是分管文教的，可是，他坐下来只谈吃喝玩乐，一点也不谈学习，"与之语，不说学"。鲁国国君回国后与大臣闵子马谈到原伯鲁的"不说学"，大臣闵子马感慨万千地说："这说明了周朝将要发生动乱了，甚至可以说要灭亡了。那些当官的只考虑怎样保住官位，根本不考虑学习问题。周王室有些人甚至说：'可以无学，无学不害。不害而不学，则苟而可。'一个王朝到了'苟而可'的地步，它还能维持多久呢？学习，就同种植树木一样，不加栽培，树木的枝叶就会落尽，长久了整棵树也会枯死。周王朝怕是不行了吧！"

这是一段关于一个王朝的文化建设极为重要的论述。周的贵族层面都认为不要学习，那主管学习的机构也自然会衰微了。

学术下移直接促成了私学的兴盛。有学者给私学下了这样一个定义："不是由政府主持，不纳入国家正规学校制度之内，由私人或私人集团来主持、经营、管理的教育活动。"② 这个说法还是可以接受的。下面我们对私学作一点简单的剖析。

办私学，就得有老师，而且这批老师又是不受官府控制的、有自由身份的人。这些人哪里来？大致有两个来源：一是原先"学在官府"中逃跑出来的官僚，现在流落民间了，因为他们有文化，因此有资格当私学的老师。另一来源是民间的一些文士走上了私学的讲坛，他们的学识往往是自学成材的。在同时代的文士中，孔子当然是最杰出的一个，其他可以与之比肩的还有不少人，如墨翟、叔向、史墨、关尹、孙武，等等，他们没有受过什么教育弟子的专门训练，是时代的大潮把他们推上了私学的教学岗位。

关尹像

也有相应的需要。原先贵族子弟在"官府"中学习，现在官府中的教育机构垮了，那些还想让子女成才的官僚只能把目光转向私学。另外，社会中广大中产阶层，甚至社会底层中那些有追求、有向往的人也希望自己或子女能有学可求。这样，可以说私学的兴盛是必然的了。孔子三十岁那年当上了老师，主要是时代的因素。鲁国的"三桓"当时是实权派，也有把鲁国搞上去的想法，他们希望自己的子女争气，接好自己的班。听说孔子是"圣人之后"，他自己又是个最知礼的人，"三桓"家族的孟僖子就找上门来，希望自己的孩子当孔子的学生。孔子从收这些学生开始，一发而不可收，这个私学老师就当定了。

私学的一大特点是"有教无类"。这个命题是孔子提出来的，但是，可以说所有私学的老师都是这样做的。我们可以来看一看墨子。据说，他的学生也是遍天下的，其中有来自齐国的，来自鲁国的，来自楚国的，来自宋国的，来自秦国的，覆盖的面十分的广大。他招收的学生也是从十多岁到五十来岁不等的。家境也不同，有务农的，有出自手工业者家庭的，也有以渔猎为生的，当然最多的是手工业者家庭出身的。其品性也不同，有比较老实规矩的，也有原先有一定劣性的。高石子、高何、县子硕这些孩子原先是"暴者",也就是老打群架的差生,后来被墨子收下,改造过来了。这样的"有教无类"实在好得很。

这里值得强调一下的是私学的人文色彩。西周的统治者是崇"天"的,用天命观来控制民众。到了春秋时代,由于"周王失德",人们对"天"的观念也淡漠了,甚至在《诗经》中出现大量"恨天"、"怨天"、"骂天"的篇章。人们的注意力从"天"转向了"人",转向了"民"。有人说:"夫民,神之主也","国将兴,听于民,将亡,听于神"(《左传·桓公六年》)。私学从教学内容到教学目标都体现了人文精神。从孔子到墨子,到孙子,都强调教学不只是学"文"(文化),而是以"成人"为本,这与培养官僚为本位的原先的"官学"是完全不同的。

"学在官府"之学是有一定的学制的。从一些文献资料看,不同地位的人,入学的年龄也不一样。比如,王太子的入学年龄是这样规定的,"八岁入小学,十五岁入大学",可见小学是七年制的,大学如果是二十岁毕业的话,那是五年制。至于公卿太子、大夫嫡子,则要求"十三岁入小学,二十时入大学"。这样推算起来,小学还是七年制,大学可能还是五年制,只不过年岁往后顺推了五年罢了。而私学是没有原先意义上的那种学制的,也不规定入学年限。谁要想上,都可以上。孔子的三千弟子,年岁最小的比他小五十多岁,是孙子辈的人物,年岁大的与孔子差不多,比如颜回的父亲就这样。读多少年也没规定,学了一段时间你自己感到已经可以了,或者有了职业上的某种趋向,就可以自我"毕业",一切以实用为准。这也是私学胜于官学的地方。

"士人"崛起和思想解放

春秋时期一个重大的文化现象是士人的崛起。一大批士人奔走呼号,引起了那个时代的思想大解放。

据传,"士"这个概念是古已有之的。从"士"的字形上看,它像是手执武器的人,因此它的初义很有可能为武人。不过,后来在长期的发展演化过程中,它的含义泛化了,人们把担任官职的人统称为"士",如"诸士"、"士庶子"等。从当时的情况看,"士"都是受过相当程度的良好教育的,这种教育周王朝称为"造士"。士的素养不是天然生成的,是通过教育打造出来的。"立四教,诗、书、礼、乐以造士。"(《仪礼·王制》)所以一般而言,说他是"士",总是与这人受过良好教育联系在一起的。

作为西周统治集团中的一分子,士的言论、行为、思想方式理所当然地要受到周王朝所制定的种种规范的约束。但是,一旦他们被解放出来,作为知识者,他们身上蕴藏的能量就会充分地发挥出来。春秋时期的"礼崩乐坏"和"学术下移",为这些士人的能量释放创造了用武之地。

学术下移和私学的兴起是相伴而行的。一般认为,孔子是中国古代私学的创始人。孔子生于公元前551年,属于春秋中晚期人。孔子、墨子、孙子、老子等私学大家培养出了大批的读书人,再与旧政权中分离出来的那一批文化人合流,汇集成了特有的、具有时代特色的士人队伍。也就是说,到春秋晚期,士阶层完全形成了。

这些新兴的士人在纷乱的春秋之世有何作为呢?韩非子在《显

学》篇中作了很好的归纳,他说:"(士人)藏书策,习谈论,聚徒役,服文学而议说,世主必从而礼之。"这里可以说是比较全面地道出了士人所做的四件大事:

一是"藏书策",也就是收藏历史典籍,分析列国史事,从中剖析利害得失。这十分重要。可以说,春秋时代,那些士人都是历史学家,孔子说自己"好古",就是指历史的研究,在历史研究中重点是三代史,但也研究一些黄帝时代的远古史。

二是"习谈论",也就是练习谈说之术。当时的权还是掌握在大小诸侯手中,士人是要通过谈说以达到"取合诸侯"的目的。士人的谈说艺术有时具有决定性的作用。可以说,各家士人都十分重视谈说的艺术,也就是后来所说的"演讲术"。重谈说艺术,以墨家为尤。在实践过程中,墨家创造了"墨辩",这是中国逻辑学的开创之篇,通过"明是非,审治乱,明同异,察名实,处利害,决嫌疑"达到说服对方的目的。列宁说:"逻辑学=关于真理的问题。"③中国的春秋时期是逻辑学生成并获得相当发展的时期。

三是"聚徒役",也就是招收门徒,扩大队伍,实际上也就是办私学。这是一支十分庞大的队伍。像孔子、墨子这样一些大师级的士人,第一代门人大约都在千人以上,门徒又传门徒,就拿春秋之世来说,孔子的门徒和墨子的门徒都已传了三代到四代,代代相传,该有多少士人被私学培养出来。

四是"服文学而议说",就是用文学书籍的典故来作为谈资,引经据典,以为说服人的资料。这里说的用以议论的"文学"指的是诗、书、礼、乐。这些是大家公认的先祖传下来的文学经典,引之是有说服力的。读一读《论语》和《墨子》,他们引诗、书、礼、乐之处多达数十处，为的是用这些公认的典籍说服人。

士人们这样做有没有用呢？有用的。连韩非子也承认"世主必从而礼之"，不少作为诸侯的"世主"见他们讲得头头是道，也就照着他们说的做了。在春秋之世，士人实际上是起到了左右局势的作用，并且影响了世风世俗。据记载，晋国的执政赵襄子，听了相关士人的动人心弦的谈话以后，在一天

也侈而惰者貧而力而儉者富今上徵斂於富人以布施於貧家是奪力儉而與侈惰也而欲索民之疾作而節用不可得也今有人於此義不入危城不處軍旅不以天下大利易其脛一毛世主必從而禮之貴其智而高其行以為輕物重生之士也夫上所以陳良田大宅設爵祿所以易民死命也今上尊貴輕物重生之士而索民之出死而重殉上事不可得也書策習談論聚徒役服文學而議說世主必從而禮之曰敬賢士先王之道也夫吏之所稅耕者也而上之所養學士也耕者則重稅學士則多賞而索民之疾作而少言談不可得

《韩非子·显学》有关"士人"的记载

之内就提拔了中牟县庶人出身的士中章、胥己两人为中大夫，从而使"中牟之人，弃其田耘，卖其宅圃，而随文学者邑之半"（《韩非子·外储说左上》）。说中牟地区有一半人是"随文学者"可能有些夸大，但士的兴起并被重用，那确是事实，也必然会吸引人们的眼球。可以说，士是私学发展的直接受益者。

士的崛起，引发了思想领域的大解放、大争鸣。这种思想大解放是全面的，从怎样看待天道，到怎样治理国家；从怎样关注民生，到怎样调动民力；从怎样培育人才，到怎样使用隽秀；从如何发展农耕，到如何利用农具；从如何理解礼治，到如何法礼兼治……墨子行走于列国之间，打出的旗帜是"一天下之和"，也就是一切要放在"和平"的前提下考虑国与国之间的关系。而孙子则主张战争不可

避免,力主"兵者,国之大事也,死生之地,存亡之道,不可不察也",并写出了被世人称为"万世兵经"的《孙子》一书。他们都按照自己的观念去理解世界,也都提出了属于自己的解释世界和改造世界的方案。

在辩论过程中,少不了要引经据典。在对经典的理解上,士人们也是各有各的理解,各有各的解说。史家称之为"蜂出并作,各引一端,崇其所善,以此驰说,取合诸侯"(《汉书·艺文志》)。这实际上是一件大好事。那些经典,原是西周时期的教学用书,解释权在王家手里,容不得谁人说三道四的。现在不同了,由于王权的败落,就再也无人干预经典如何解读了。这就给了士人自由解读以服务于现实斗争的机会。比如以前对经典上说的禅让制度,大家都是拍手称好,现在思想解放了的士人会有种种看法,甚至认为三代时势原本没有人们想象的那么好,在三代时就有种种阴谋和残杀,实际上"禅让"云云只是人们心造的幻影。有人甚至认为"禅让"制即使有,也没有书上说的那么好,尤其到了尧舜时期,这种制度已进入了衰亡期。这样解读经典,在"学在官府"时期是不可想象的。在思想解放和学术自由的氛围中,人们的认识更接近于真理了。

注释:

① 侯外庐等:《中国思想通史》第一卷,人民出版社1957年版。

② 吴霓:《中国古代私学发展诸问题研究》,中国社会科学出版社1996年版。

③《列宁全集》第38卷,人民出版社1986年版。

12

社会影响

显学及其

儒墨显学的渊源及其形成

　　春秋时期，学派蜂起，最终形成百家争鸣的壮观局面，是与当时相对宽松的文化环境分不开的。平王东迁以后，王权衰落，诸侯乃至大夫的实力增强，政治上的一元格局渐次打破，周天子对诸侯发号施令的权威已经荡然无存，"王道既衰，诸侯力政，时君世主，好恶殊方"（《汉书·艺文志》）。正是这种当政者的"好恶殊方"，造成了相对宽松的文化氛围，培育了多元文化勃兴的肥沃土壤。

《韩非子》书影

　　在相对宽松的文化环境中，涌现出了诸多学派，其中最具活力和影响力的就是儒、墨两大家。《韩非子·显学》中说："世之显学，儒、墨也。儒之所至，孔丘也。墨之所至，墨翟也。""显学"是韩非子的一种新的说法，在此之前没有这种说法，韩非子用它来形容显赫而影响力深远的学派，后来被大家认可了，就一直沿用下来了。

关于儒家显学，有这样一个掌故：鲁昭公十七年（前525），小国郯国的国君郯子到鲁国来访问，鲁国的国君昭公宴请了他。鲁昭公知道郯子是个有学问的人，就聊起了许多文化方面的事。宴席间鲁卿叔孙昭子突然问起一个怪问题："据说，古代的少皞(hào)氏以各种鸟命名官职，究竟是怎么回事呀？"郯子不慌不忙，从黄帝以云来命名官的名称，一直谈到少皞氏以鸟来命名官的名称的缘由，还历数了少皞氏所设各官的名称和职责。郯子讲起上古的历史掌故来，滔滔不绝、如数家珍，使鲁国君臣惊叹不已。那次酒会，二十七岁的孔子没有参与，但他很快听说了郯子博学多识的事。他决定要会一会

孔子像

孟子像

这位小国之君。一天，孔子特地专门去拜访了郯子，又从郯子那里听到了许许多多上古时期的历史故事。他慨叹地说："吾闻之，'天子失官，学在四夷'，犹信。"这段话记述在《孔子家语》中，意思是说，现今周天子的官吏都丧失职守了，本应由他们掌管的学术和文化，都流落到了天下各处去了。于是，他拜郯子为师，决心学习中国的古典文化。至于后来的周游列国，也是受郯子的启发，目的是在于搜寻散失在祖国各地的古典学术文化。

荀子像

对以孔子为代表的儒学的渊源问题，历来有多种说法，有"源于王官说"，有"源于六经说"，还有"源于史官说"，可能都有一定的道理，但从上述那个掌故可知，源于"六经"的理由更充分，也更符合孟子说的"孔子之谓集大成"的评述。可以这样说，孔子是集以"六经"为代表的中国古典文化之精华的第一人，也是弘扬和提升这种文化的第一人。

与后世的文人骚客不同，孔子是喜动不喜静的。他认为"动"是士的本色。他有一句名言："士而怀居，不足以为士矣！"（《论语·宪问》）老是在居室里盘桓，留恋安逸是办不了大事的。他的足迹走遍了鲁国的山山水水，也走遍了当时的列国大地。最长的一次"周游列国"，是发生在他的五十五岁到六十九岁之间，一去就是十四年。

老子像

墨子像

他带着学生从鲁国的曲阜出发，到了卫国，到了陈国，到了宋国，到了郑国，到了齐国，到了楚国。他那样不辞辛劳地四处奔走，是为了当官吗？是为了讨一份俸禄吗？是为了炫耀自己的身份吗？不是，都不是。他是为"追迹三代之礼"而进行文化寻根之旅。

这是在孔子生命历程中最具价值的文化行为。而这一周游行为又充斥着种种艰难险阻，因此我们完全可以称之为一次空前的"文化苦旅"。回到鲁国以后，他最重头的活儿就是整理"六经"。"吾自卫反（返），然后乐正。"先是编定《乐》，再编定《诗》，再编定《礼》，再编定《易》，最后是编定鲁史《春秋》，一直到他生命的最后。这样一看，儒家学派的渊源不是很清楚了吗？

那么，先秦时期的另一显学墨学的渊源是什么呢？这是值得研究的。

据《淮南子·要略》记载，墨子早年曾经"学儒者之业，受孔子之术",但是他后来发现"儒者其礼烦扰而不说(悦),厚葬糜财而贫民,久服伤生而害事",于是就断然地"弃周道而用夏政"。这里十分重要的一句话是"弃周道而用夏政"。孔子的文化背景是"周道",也就是周代形成起来的文化规程和文化典籍,"六经"就是周代文化规程的结晶。而墨子这一显学崇尚的是"夏政",夏政是尚朴、尚实的,夏王朝是客观存在的,已被相关文献资料和地下发掘资料所证明。李学勤认为:"夏、商、周已经有了统一的局面,秦不过是在春秋五霸、战国七雄并峙分立之后,完成了再统一而已。"他还说:"先秦史大致地划分为两大阶段:从远古以至唐、虞,是所谓的传说时期,与后来的夏、商、周三代有所不同。"[①]这就告诉我们,夏代已经走出了所谓的"传说时代",说墨子在思想上"用夏政"也就有了着落。

韩非子像

墨翟出身十分卑微,是个标准的体力劳动者。他本人精于技艺,他所组建的学派,成员大都是小手工业者、农夫,也就是史籍中说的"农与工肆之人"。这个学派既具有鲜明的学术性,又有着强烈的"行会"性质。他的学生遍天下,学生入学的条件除了要有一定的文化素养外,还一定要有相当的劳动技能,他的学生"禽滑厘子,事墨子三年,手足胼胝,面目黧黑,役身给使,不敢问欲"(《墨子·备梯》)。墨家不是禁欲主义者,但是主张节欲,主张节俭。

在诸子中，有姓孔的，有姓孟的，也有姓荀、姓孙、姓庄的，可怎么还有姓"墨"的呢？什么姓不好姓，为何偏偏要姓"墨"字呢？要知道，在一般情况下，"墨"可不是个好字眼啊！墨为黑色，它与大自然中的黑夜、黑暗相关联。在社会生活中，"墨"又一定意义上常常有着贬斥之义。人的气色晦暗，称墨面。刺字于脸面，称墨刑；玄色的丧服，称墨衣；水不洁的井，被称为墨井；不登大雅之堂的车

庄子像

乘，称墨车；连贪污腐化、不齿于世人的官吏，也以墨吏名之。既如此，就有理由产生这样一种怀疑，作为春秋时期显学领袖的墨子，真的是姓"墨"吗？如果不姓"墨"，那人们为何又众口一词地要呼之为"墨子"呢？

原来墨翟根本就不姓墨，考之于史书，在春秋之前也根本没一个人姓"墨"的。"墨"对墨子和他的门徒来说，只是一个生命的文化符号而已。从原本意义上说，"墨"可能代表人的一种肤色。墨子出生在一个手工艺高超而又贫困的家庭之中。从懂事起，就随父母一起学艺，在数年间，学得了一手好技艺，连当时的大学问家惠施也说"墨子大巧"。由于生活在"贱人"之家，常年出入于骄阳之下，肤色被晒得黑亮黑亮的，因此就有"墨子"之谑称和戏称。开初时，"墨"大约是"这黑皮孩子"的意思。这样晒得黑黑的孩子也不只是墨子

孙子像

一个，劳动者之家的孩子都是脸色苍黑的，他们都是"墨子"。因为墨子皮肤黑得厉害，又身后常带着一大群同样脸色黧黑的弟子出入于大众之中，因此后来"墨子"倒是成了对墨家师徒的专称了，连他们自己也认可了。笔者认为，墨家是代表着普天下的劳动者的。

在姓氏问题上，还有一种被人视为"离奇"的说法，认为"'墨'疑为'貊'之转音，或'蛮'之转音。而'翟'即'狄'也，古多通用"（胡怀琛：《墨翟为印度人辨》）。这样，"墨翟"转眼间成了"貊狄"或"蛮狄"了。其实，这种说法虽然有些"离奇"，但却"离奇"得不无道理。一种可能是墨子确实是蛮狄人，只是现在足以证明的资料还不充分，有待考订；另一种可能是从墨子代表的利益层面上说的，他口口声声说要为受苦受压迫的人们谋利益，为什么不可以也把"蛮狄"包括在里面呢？

兼爱天下，是墨家的伟大理想，也是其追求的崇高境界。作为公认的"平民圣人"，墨子兼爱的重心当然是"工与农肆之人"，也就是天底下的劳苦大众，但也不排斥对其他人有所关爱。他在《小取》中说了一段众所周知的话："获，人也。爱获，爱人也。臧，人也。爱臧，爱人也。""获"是女奴。"臧"是男奴。在墨子看来，不管是男奴还是女奴，只要是人，都该兼而爱之。墨子的兼爱比起孔子的仁爱来，心胸更坦荡，视野更开阔，它不分亲疏，不分贵贱，不分贫富，不分古今，兼而爱之。在春秋战国时期，"天下"所指的是列国，这是一种超越国界的大爱精神，是面向华夏整个民族的挚爱之情。更为可贵的是，墨子的兼爱也包括爱己在内，这是他比同时期的诸子百家更高明的地方。一个连自己都不懂得爱的人，他可能真正懂得爱他人、爱社会、爱群体吗？正是在兼爱这一点上，毛泽东称道墨子为"比孔子高明的圣人"。

儒墨显学的社会价值

儒、墨显学无论是从队伍的壮大、思想的深刻、社会的认同角度看，还是从当时的社会价值和日后的历史发展影响视角看，其影响都是极为巨大的。可以说，正是儒、墨两大学派的互补，完整地体现了中国社会的主流价值观。

在春秋之世，在诸多的学术流派中，儒、墨两个大家的学术队伍是最庞大的，阵容也是最整齐可观的。《吕氏春秋·有度》写道："孔墨弟子徒属，充满天下。"这不是虚言。所谓"充满天下"，是说在天下的各诸侯国中，到处都有儒、墨门徒的身影。在春秋时代，像孔、墨这样弟子队伍如此庞大的，除此两家外，没有别的哪家可以与之匹敌的了。

"孔子以诗、书、礼、乐教弟子，盖三千焉，身通六艺者，七十有二人。"（《史记·孔子世家》）这是对孔门弟子状况的概述。从实际考虑，孔子从三十岁开始招收学生，到七十三岁病殁，在这四十余年间，从来没有停止过教学活动。三千学生之数，有过之而无不足。孔子办学的总的原则是"有教无类"。你只要好学、想学，就"有教"，至于你原先和现今的情况怎样，是不必过问的，那叫"无类"。从出身上讲，颜回居陋巷，原宪贫于穷闾，仲弓之父为贱人；而子贡身为商贾；孟懿子身袭大夫，上层下层都有。从资质上看，"柴也愚，参也鲁，师也辟，由也喭"（《论语·先进》），各各不同。从性格上讲，子路性鄙，司马牛多言而躁，颜回温顺随和，各有特点。就是外貌也很不一样，有的相貌堂堂，有的长不盈五尺，且状貌甚恶。总之，孔子的学生，从出身到个人的生理心理条件都是不同的，但出于"有教无类"的教学准则，孔子对他们是一视同仁的。孔子的学生来自列国，在国别上无歧视。可以说孔门私学是标准的"国际学校"。学生中有的是鲁国人，如颜渊、曾参；有的是卫国人，如子贡；有的是陈国人，如颛孙师；有的是齐人，如公冶长；有的是宋人，如司马牛；有的是楚人，如公孙龙；有的是吴人，如言偃、燕思；有的是秦人，如秦祖、壤驷。这里

《孔子行教图》

特别值得注意的是，如南方的吴国，西方的秦国，孔子都没有到过那里，但也有学生慕名而至。后世教学都分出年龄段，而孔门私学，在年龄上也是"有教无类"的。

事实上，在当时的条件下，不可能划分年龄段进行教学。在孔门学子中，有的差不多是孔子同龄人，如有一个名叫秦商子丕的学生，只比孔子小四岁。还有子路，只小孔子九岁，也基本上是同龄人。有的则是孔子的子字辈人物，小二十到三十岁不等。比较著名的有颜回、闵子骞、子羽等。还有一大批人小孔子四十到五十岁，甚至小五十岁还多的学生，那是孙字辈人物了，如子思小三十六岁，子游、子夏小四十五岁，曾参小四十六岁，子张小四十八岁，子鲁、子循、子析都小五十岁，公孙龙小五十三岁。他们共学于一堂，教学的科目也差不多，当然深浅是不一样的。

墨家的师生队伍也十分庞大。就社会基础而言，墨家是最广大的，它涵盖了农、工阶级的广大层面，也就是说他在手工业者、农民中广收门徒。"子（墨子）遍从人而说之，何其劳也！"（《墨子·公孟》）为了发展学员，甚至于墨子亲自出马到农、工者中去"说之"，这是何等劳神的事。墨子之徒的"充满天下"、"显荣于天下"可能是实际的情况。"止楚攻宋"也许是中国历史上最悲壮动人的一幕。当听到楚军准备出动去灭宋时，墨子带领三百弟子，徒步十天十夜，赶去见公输盘和楚王，一是晓之以理，二是动之以情，三是演之以艺，最后终于让楚国放弃了灭宋的念头。这里要说的是，墨子一下子拿得出三百弟子实施止楚攻宋，如果说墨家弟子十倍于此的话，那就是三千弟子，这个推理该是合理的吧！从方授楚先生梳理出的《墨学传授表》看，春秋时期墨家已传三代以上，还有众多的墨者"钜子"，由此可见其学派队伍一定是很浩大的。

当然，作为一种显学，最可贵的还不在于队伍的庞大，而是在于思想观念的深刻，足以成为民族文化宝库中的珍品。

从一定意义上说，夏、商、周"三代"文化是我国传统文化之源，而儒、墨文化正好从不同侧面承继和发展了"三代"文化。

墨子文化代表的是典型的夏文化，甚至可以说是涵盖了夏之前的五帝文化。在墨子的身上，有着太多的古圣人尧、舜、禹的思想印记。在墨子的心目中，不，在不少史家的心目中，尧、舜、禹也是"墨子"。尧自己就是个制陶的能手，因此号为"陶唐"，同时，还要带领大家制定历法，治理洪水，视察四方，是个"墨子"那是毫无疑问的了。舜耕历山，渔雷泽，陶河滨，作什器于寿丘，"舜徽黑"（《淮南子·修务训》），"徽"通"霉"，就是脸上长满了疮斑、布满了伤痕，而且黑苍苍的。可见，舜是个标准的"墨子"。至于墨家重点学习的禹道，那禹更是以黑闻名的。禹是一个"劳身焦思，居外十三年，过家

《孔子讲学》

门不敢入"(《史记·夏本纪》)的人，不只脸黑，怕是周身都黑透了吧！墨子要学的，正是简朴、勤劳、刻苦、勇敢的夏文化精神。

孔子文化则是典型的商、周文化。商、周文化与夏文化是血脉相连的，但又有着明显的差异。孔子常说，"吾殷人也"，"郁郁乎文哉，吾从周"。孔子是商、周文化的继承者和发展者。孔子在齐国住了好长一段时间，闻韶乐，达到了"三月不知肉味"的痴迷程度。他并不爱齐国这个国家，但是他从齐地保存的韶乐中透视到了周文化的信息。他说过："齐一变，至于鲁。鲁一变，至于道。"这里说的"道"，与老子说的"道"完全是两码事。他要的是周道，也就在周王朝初期实现的那种具体而微的礼治之道，"君君、臣臣、父父、子子"那种周密而严格的等级之道。在"孔子西行"的十四年中，把卫国定为出游的第一站，又把卫定为出游的终点站。那是因为卫国是个足以"追迹三代之礼"的文明之所。这是殷商旧址的一部分，被周征服后，由于主政的周公采取原先殷民宗族不变的统治手法，这里有着比较浓郁的殷商的文明传统，同时又深深地烙上了周文化的印记，即所谓的"启以商政，疆以周索"(《左传·定公四年》)。相对而言，卫可能是更"足征"商文化与周文化结合的所在。同时，卫国比较的繁荣，比较的富足，比较容易对民众进行教育。"子适卫，冉有仆。子曰：'庶矣哉！'冉有曰：'既庶矣，又何加焉？'曰：'富之。'曰：'既富矣，又何加焉？'曰：'教之。'"(《论语·子路》)很明显，到卫国去是想对人口众多（庶）、经济繁荣（富）、文化发达（教）三者的关系作一番深入的考察，从而弄懂周代"郁郁乎文哉"的由来。

从历史的流程来看，体现夏文化的墨学有墨学的长处，它的简朴、勤奋、勇敢永远是民族精神中不可或缺的环节，而体现殷、周文化的儒学也自有自己的长处，井然有条的礼仪制度、尊卑分明的等级观念、彬彬有礼的和平气象，这些也是社会安定所需要的。问题是怎样把二者有机结合在一起。

从一定意义上讲，人文传统和科学技术是民族文化的两翼，缺少了哪方面都不行。在这点上，儒、墨又刚好是互补的。

在孔子的身上，可以说是处处闪耀着人文精神。他常说的一句话是"文质彬彬"，就是一个人的文化修养和他的内部气质要相当。在出游过程中，孔子考虑得最多的也是文化。孔子把卫国之旅看作是一次文化之旅。史有"卫多君子"之说（《史记·吴太公世家》）。孔子利用蘧伯玉这个家，广泛接触卫国的君子，了解他们的思想、品性和生活习俗。与卫邑的仪封人交谈，双方谈得很开心，临别，仪封人称孔子为警世的"木铎"。孔子甚至对卫公子荆的"善居室"（善于布置和美化居室）作出自己的判断，津津乐道，谈兴颇浓。孔子对卫大夫史鱼作出了"邦有道，如矢；邦无道，如矢"的高度评价。孔子还从卫国的一些历史人物身上吸取了思想养料。应该说卫大夫孔文子的"敏而好学，不耻下问"（《论语·公冶长》）的精神，对孔子的影响是难以估量的。孔子还利用卫国之旅，广泛接触了那里的农夫、渔民、樵者、士大夫、隐者，这对了解那里的民情风俗是有很大好处的。

在墨子身上却是另一番情状。墨子身上当然有人文气质，但是，在他身上更多的是科学胸怀和科学素养。墨子的教育对象是普通劳动者，因此传授的当是实用的知识和技能，自然科学技术的教育成为教育内容的主体。在《墨子》一书的《经上》、《经下》、《经说上》、《经说下》、《备城门》等十余篇文稿中，包容了天文、化学、数学、物理学、机械学等方面的丰富知识。比如，在数学方面，论及了几何学的基本定义，论及了有穷与无穷的问题，论及了点、线、面、体等几何概念。在物理学上，论及了力学、光学、热学等问题。墨子私学所创造的科技知识和实验的教学内容、方法，开创了中国古代科技教育的先河，在当时世界教育领域中也是先进的。

社会文明进步需要科学与人文的联姻。中国社会客观上需要儒学与墨学的互渗互融，这是一个民族发展所必须的。曾经显赫一时的墨学，秦汉以降却突然变得沉寂了。这一沉寂啊，就是二千余年。原先的"显学"，一下沦为"绝学"。墨学的传人，不见于史乘；墨学的经典，难登大雅之堂。墨学的中绝，太史公说的"俭而难遵"，可能就是一因。当然，"绝学"不绝，它的余韵犹在——在民众的心目中，在劳苦大众的践行中。墨子说的"俭节则昌，淫佚则亡"，以及墨子的守护之道，怎么"绝"得了？到得近世，墨学否极泰来，走上了再生之路。到得当今之世，墨学的现代价值更是让人动心不已。正如胡德平先生所说："墨子是一位最不应该被今天的劳动大众和企业家们所遗忘的卓越人物。把爱和利统一起来的伦理观，在我国的经济思想史上是罕见的。"②

梁启超先生说得好，中国社会既需要"孔家店"，又需要"墨家店"，如果二者能得以联姻，互补短长，那一定是大有利于中国社会发展的。

老子和先秦道家的创始

其实，"显学"之说，不见于春秋当世。这一说法首见于《韩非子·显学》篇中。韩非子是生于公元前三世纪的人，离孔子等思想大家生存的年代至少有两三个世纪的间隔。他是从历史回眸的视角来评述春秋时期的思想大家的。应当说，他提出的"显学"云云，基本上还是正确的，也被后世的学者认可。因为儒墨两大家，不论是其思想的深刻程度，还是其社会影响，尤其是这两大家创建的私学队伍之浩大，都是同时代的其他各家各学派难以与之比肩的。但是，百密必有一疏，在韩非子提出"显学"一说时，忘记了另一思想大家——道家的创始人老子。从中华文明的整个历史流程来看，道家与儒、墨一样，绝对当得起"显学"的名号。

如果说孔子是中国历史的"形象代言人"的话，那么，老子则是中华民族民族智慧的化身。孔夫子是"述而不作"，而老子则是又"述"又"作"，"述"中有"作"。他撰写的《道德经》五千言，可以说是阅尽人间后留存下来的民族智慧的深层积淀。《道德经》的"道"通"导"，"德"金文是"直"和"心"的合成字，也就是"正道"。正像古希腊大哲学家苏格拉底把自己的学说称为"引产术"一样，老子把

《问礼老聃》

自己的哲学体系看成是引导大众走正道的学问，这无疑是有积极意义的。由此可见，尽管远隔万水千山，难通音信，古代大哲的心是相通的。他们所表达的终极观念是一致的。

老子留给我们的是民族的智慧，一种非同一般的大智大慧。如果说孔子的身上总是散发着"不知老之将至"的青春气息的话，老子的所言所行，留给我们的则是一个庄重而厚实的"老"字。他出生在一个以长寿闻名于世的老氏家族之中，这个家族中的诸多人物，在史书中都被尊称为"老子"。这样看来，"老子"并不是作为《道德经》一书作者的那个老子的专称，这个老子是不是真姓"老"，也成了古今学者一直在不倦深究的热门课题。据《史记》记载，老子"身长八尺六寸，黄色美眉，长耳大目"，"鼻有双柱，耳有三门"，从外部形象看，那是很"帅气"的。

从现有的资料看，作为《道德经》一书作者的那位老子，姓李，名耳，字聃，是比孔子年岁要大那么一点，但还是属于同时代人（大约是年长了二十来岁吧）。老子曾担任过周守藏室之史，负责管理王室图书，这个职务又称"柱下史"。《史记》上说："老子修道德，其学以自隐无名为务。"因为崇尚"自隐无名"，在当世《道德经》的影响也许不太大，但是它思想的

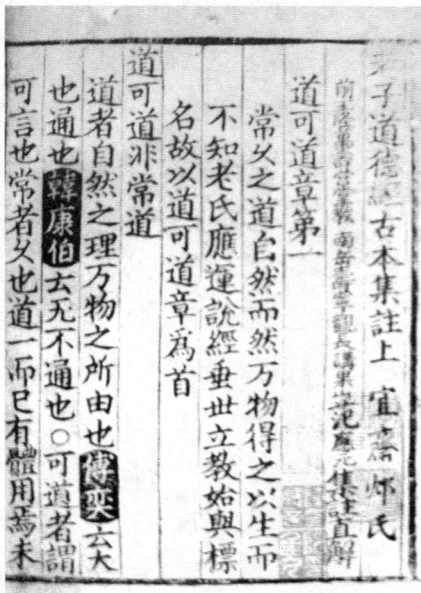

《道德经》书影

历史文化价值，是不容低估的。

儒道互渗，这是历史的定论。孔子三十多岁的时候，带着他的一些弟子西去向老子问礼，大约当时孔子也已是小有名气的学者了，因此老子热情地接待了他，带着他在周都遍观古迹、古籍与文物。老子还向孔子详尽地阐释了周礼的主要内容，包括丧礼应如何举办，办丧礼时如遇到日蚀应该怎么回避，办完丧事后死者的神主牌应怎么安放，所谓"三年之丧"该怎么理解，很多礼的细节都讲到了。这对孔子礼学思想的形成产生了重大影响。老子还跟孔子讲了不少人生哲理，最重要的讲到了："去子之骄气与多欲，态色与淫志，是皆无益于子之身。"又说："良贾深藏若虚，君子盛德，容貌若愚。"（《史记·老庄韩非列传》）这些都对孔子的人生观和价值观产生了影响。孔子回到鲁国后，对弟子说："我以前见过鸟在空中飞，鱼在水中游，兽在地上走，可从来没见过龙。这次西行见老子，我算是见到龙了，老子是一条乘风云而上九天的巨龙。"可见，孔子对老子是十分崇敬的。这以后，孔子还有多次面见老子，从一定意义上说，老子曾经是孔子的老师。

老子的一大创造就是提出了以"道"为核心的那个思想体系。这是春秋时期思想意识领域发生重大变革的一个标志。老子用"道"的观念，取代了长期以来统治思想界的"天命观"和"上帝观"，实现了一种思想上的大解放。在《老子》一书短短的五千余言中，"道"字出现七十余次，还不包括一些与"道"相关的概念。可以这样说，老子是言"道"的大师，求"道"的始祖，践"道"的真人。

"道"，本来是很实在的东西，它一是指人们日常行走着的道路，人为了达到一定的去处，就得有道可走；二是指道理，为何此路可走，而彼道不通，其中有着某种必然之理，这就是老子所谓的"大道"。可是，"道"的学说，经老子一编织，一渲染，变得既精妙、又神秘了起来。尤其那开宗明义的"道可道，非常道"一语，一下把人们抛到了云里雾里。其实，老子在这里讲辩证法，天下大道，看起来简单得很，是"可道"的，但细一思之，又是精妙万状的，又有许多未知和不可知的东西，这就是"非常道"。老子总体上是乐观的，认为人们经过努力以后，可以"几于道"。《尔雅》注释："几，近也。"人们在实践的基础上可以接近于"道"，也就是接近于真理，这是一个十分积极而有价值的观念。学界对老子的评价极高。詹剑峰先生指出："老子生活于春秋时代，他是登上中国哲学舞台的第一个大哲学家，他著的《上下篇》是中国古代哲学史上最杰出的著作。他的'道论'是光彩夺目的唯物论的哲学体系，而他的'人法自然'——遵循自然规律以行之、以治国——自有其光辉的一面。"③

儒、道思想在春秋时期并不是强烈冲突的两个思想体系，而是互补互济的。正如有学者指出的："儒、道早期原典文本的思想比较接近，都是为能解决社会动荡所引起的人与社会、人与人、国与国、君与臣、父与子之间的现实冲突提出的不同方案。因此，老子与孔子一样，具有入世的情怀。"④事实正是这样，孔子是积极有为的，而老子是"无为而治"的，治国的方略不同，但目标还是一致的。中国历史上汉代的"文景之治"、盛唐的"贞观之治"，不都是儒、道并用的典范么？

显学以外的文化大家

春秋时期是百家蜂起的时代，除了儒墨道这些显学外，还有诸多文化大家，如管仲、晏婴、史墨、子产、孙武等。

管仲是春秋时期的大改革家和大思想家。他的改革成果影响了齐国，也影响了一个时代。他是春秋早期人，没有他的改革实践就不会有齐国的强大和"九合诸侯"这样的壮举，更不可能称霸。他的改革是全面的，涉及整顿吏治，变革军制，发展以渔盐业为中心的经济，救助贫困者等。在这些改革中，显然经济是中心，经济不搞上去，什么都还是空的。他的经济思想就是后来被司马迁写在《货殖列传》里作为总纲的那句话："仓廪实而知礼节，衣食足而知荣辱。"这话学者称其为"管仲哲学思想的理论核心"，这是十分精当的。管仲没有留下什么理论作品，现在行世的《管子》，有八十六篇，但其中十篇仅存目录。这是一部托名之书，是后人托其名的伪书，大部分是战国时期稷下学者的作品，其中当然也有体现管仲思想的作品在里面。其实，管仲只要有"仓廪实"、"衣食足"两语，就足以名传千古了。

晏婴是春秋时期齐国人，字仲，又称晏平仲，《论语》中孔子多次提到过他的名字，并表示了对其人格的敬仰。晏婴是与孔子同时代人，年岁比孔子略大，与孔子有过较为密切的交往，孔子到齐国去考察，就是他接待的。他历仕齐灵公、齐庄公、齐景公三朝，前后从政五十六年，他是个政治实践家，也是个思想家。他主张"修文德，轻鬼神"，这是具有进步意义的，也体现了那个时代文化精神的正

晏子像

能量。齐景公生了病，叫祝史向天求助，但病还是不见好，齐景公就想治罪祝史，晏婴作为三朝元老勇敢地站出来讲话，告诉景公："如果一个国君所有的老百姓都在诅咒谩骂你，就是有再好的祝史也是没有用的。"这话也只有晏婴敢说。他的"修文德"的思想影响了春秋时期许多的国君。晏婴这个大政治家没有留下任何作品，现在行世的《晏子春秋》是后人辑录的，真伪难以分辨。

史墨，春秋末期的大思想家，姓蔡名墨，曾任晋国的太史，因此被人们相沿成俗地称为史墨。周敬王九年（前501），鲁昭公被季平子逐出鲁国，并在流亡中死于乾侯。晋国的赵简子就此事问讯于史墨，认为季氏把国君逼上死路，难道不值得责备吗？史墨以"物生有两"作答，认为鲁君与季氏也是物的"两"方面，君臣间存在这样那样的矛盾有其必然性，不值得大惊小怪。史墨的思想在当时具有"反叛性"，不认为臣一定要忠于君，问题只在于是否"亲民"。他所创导的"社稷无常奉，君臣无常位，自古以然"的思想，有着鲜明的历史发展观和辩证观，为后世广泛接受和认可。他还主张设立"五行之官"，即所谓的木正、火正、金正、水正、土正之类，这种思想正确反映了当时生产发展的迫切需要。他提出的"水能胜火"说，为"五行相胜"说开了先河。

子产也是个与孔子并世的了不起的政治家、思想家。姓公孙，字子产，是郑国的贵族，是郑穆公的孙子。公元前554年为卿，公元前543年任执政，相郑定公、郑简公二十多年。子产最伟大的思想是明确提出了"天道远，人道迩"的哲学命题，强调人道原则，这是春秋时期思想领域最大的成果之一，对孔子以人为本的思想也有影响。子产执政的时候，正是郑国经济最困难的时候。子产环绕"人道迩"这个命题开展了一系列行之有效的工作：任用忠诚俭朴的大夫，惩办骄横奢侈的官吏；开放言论，在乡校中提倡国人可以议论执政之得失；实现了"铸刑鼎"，把法律条文公之于众。实施了这样一些人文化的举措后，郑国的面貌发生了很大的变化，据说郑国一度进入了小康之境，"门不夜关，道不拾遗"。不久子产去世，"郑人皆哭泣"。子产是一个实践家，他也没有留下什么著作。

春秋时期兵家的杰出人物有孙武，大约与孔子同时。如果说，孔子是华夏民族前无古人的"文圣"的话，那么，孙子则是中国古代当之无愧的"武圣"。他给世人留下的那部《孙武兵法》，公认为是中国古代最早最杰出的兵书，也是世界军事史上硕果仅存的第一部价值连城的伟大军事理论著作，有着"兵学圣典"、"百世兵家之师"的美誉，有识见的学人和政治家称之为"东方兵学的鼻祖"、"世界古代第一兵书"。英国名将蒙哥马利读了该书后，曾经深情地说："世界上所有的军事院校，都应该把《孙武兵法》一书列为必修课。"

《在齐闻韶》

孙子在《孙武兵法》中提出的"安国全军"的慎战观、"因形任势"的制胜学、"不战而屈人之兵"的全胜论、"兵贵神速"的作战思想，成为永不凋谢的思想之花，时日愈久，愈呈现出它的艳丽和色泽。这部作品博大精深的思想内涵，犹如一座发掘不尽的富矿，不同时代的人们都可以从中开采到需要的矿源。

孙子的治军思想重在一个"严"字。在孙子看来，治军不严，有再好的军事思想和战争武装也是白搭，也是空把式。有一个故事是极为著名的：

阖闾当了吴王以后，很想富国强兵，于是在伍子胥的力荐下，准备用孙武为大将。吴王见了孙武后，说："先生的兵法十三篇，我读过了，可以试验一下吗？"孙武说："可以的。"吴王又问："可以妇人作为试验吗？"孙武回答："也是可以的。"此事在《史记·孙子吴起列传》有详细的记载。

在吴王与孙武的两相承诺下，一场富于戏剧性的悲喜剧出演了：孙武从吴王的后宫嫔妃中选出一百八十人，分成两队，以吴王的两个爱妃为队长进行操练。孙武把如何列队，如何操练，如何伏地隐蔽，讲得很具体，很细致，并对相关军令，三令五申。可是，妇人们根本不当回事，"妇人大笑"，状如儿戏。开始时，孙武总是自责："约束不明，申令不熟，将之罪也。"但是，看到妇人们仍然把军事当儿戏时，孙武就毅然决然地发布命令："斩杀左右队长！"斩杀的军令一下，吴王看到要杀的是他的两个爱妃，就出来求情。孙武铁面无情，大声宣布："将在外，军令有所不受！在此时，我说了算！"立马就将吴王的两个爱妃斩了。这样一来，剩下的嫔妃宫娥个个都严肃训练，谁都不敢玩忽了。

吴王阖闾虽然失去了两个爱妃，但得到的是全军的士气大振。后来吴国能争霸中原，全赖孙武的治军以严。"治军必严"、"操练如实战"，这是孙武留给我们的精神财富。

　　二千多年来，整理和研究《孙武兵法》的专著，在世界上已有千万种之多。人们已经大大超越纯军事论著的范畴，进而探究这部作品中蕴含着的丰富而深刻的哲学、文学、政治、经济元素，从而运用到自己的现实生活中去。当市场经济主宰世界的时日到来之时，又有人将它视为"商战经典"，以为商战中的时间观念、效益问题、经营策略、组织原则、选才用人等，都可以从中寻找到指南。市场经济牵动着当代所有人的每一根神经末梢，看来，这部作品的步入"寻常百姓家"，只是个时日问题了。

注释：

① 李学勤：《中国古代历史与文明》，上海科学技术文献出版社2012年版。

② 蔡尚思主编：《十家论墨》，上海人民出版社2004年版。

③ 詹剑峰：《老子其人其书及其道论》，湖北人民出版社1982年版。

④ 顾德融、朱顺龙：《春秋史》，上海人民出版社2003年版。

至圣先师孔夫子

圣人之后

那是孔子十七岁那年。鲁国大权在握的大夫孟僖子得了重病，自以为将不久于人世。他把自己的两个儿子懿子和南宫敬叔叫到跟前，语重心长地叮咛道："孩子，你们俩都长大了，我死以后，要好好读书，将来做一个有出息的人。"懿子匍匐在父亲的病榻边，哭泣着说："记住了，我们一定认真读书！"南宫敬叔拉着父亲的手，问道："我们是想好好读书，可是，叫我们到什么地方去找好老师呢？"孟僖子打起精神对孩子们说："我早就想过了，你们最好的老师该是孔丘。"两个孩子惊讶了，异口同声地问："孔丘那么年轻，比我们也大不了几岁，为何非拜他为师呢？"孟僖子有点生气了，大声地说："你们怎么不懂事呀，拜他为师，一是因为他的'年少好礼'，现在士人中再也找不到第二个像他这样懂礼的了；二是因为他是'圣人之后'，圣人的后代中，必有大闻大达的人。你俩只有拜孔丘为师，将来才有希望。懂吗？"两个孩子忙说："我们懂了，我们一定照父亲说的做。"想不到那次孟僖子没有死，病好后又活了十六年。但他病重时说的那番话，儿女们是记住了。他死后，懿子和南宫敬叔成了孔丘最早的入室弟子，也就是说此时孔子成了这个贵族家庭的家庭教师。此事记述在《史记·孔子世家》中。

说孔子是"圣人之后"，那倒是确实的。

孔子家族的先世是商代的王室。周灭商，封微子启于宋，微子启遂从王室降为诸侯。从微子启到孔子，大约传了十六代，其中最值得一提的重要人物是弗父何，他是微子启的第五代子孙。当时宋室矛盾犬牙交互，弗父何是长子，按"父子相传"的惯例他本该当政，可是他偏不，他让位给了自己的弟弟，自己当臣下。这样，孔门家族又从诸侯下降为卿。到孔子的六代祖孔父嘉时，宋国发生内乱，孔父嘉被杀，孔氏处于十分困难的境地。到孔子的三代祖孔防叔时，始奔鲁，为防大夫，地位又降为大夫。到孔防叔的孙子叔梁纥（孔子父）的时候，只是一名以勇敢著称的士了，也差不多是既无权，又无势，更无财的一介平民了。这就是孔子祖上发展的一个大致脉络。

孔子祖上至少有四位圣人。

孔子祖上第一位圣人指的是契。孔子在许多场合常说自己是"商人也"，那不是从一般意义上说的。商的始祖是契。这契可是让孔子感到荣耀得不得了的千年远祖。契帮助舜帝治理国家，主管刑狱，成绩卓著。后来辅佐

契像

大禹治水，劳苦功高。于是，封于商，赐姓"子"。为何赐姓"子"呢？这也有讲究。"子"是"卵"的雅称。传说中契因玄鸟"卵"而生，姓"子"是影射契的身世的。祖上有契这样一位大圣人，是孔子的荣耀。

正考父像

孔子祖上的第二位圣人指的是正考父，他是孔子的七世祖。他辅佐宋戴公、宋武公、宋宣公三代君主，功业卓著，因此被封为上卿。但是，他很懂得自律，每一受命，益添其恭，并以礼仪严格要求自己，自己在生活上也十分俭朴，成为当时宋国传为佳话的"圣人"。在他死后，宋国的君主在一只鼎上刻下了这样的铭文："一命而偻，再命而伛，三命而俯，循墙而走，亦莫余敢侮。饘于是，粥于是，以糊于口。"意思是：第一次受命时，曲身而受命；第二次受命时，折腰而受命；第三次受命时，俯身而受命。地位越尊，态度越谦，走路时循着墙边走，生怕碰撞到了哪位，他是个极为谦恭的人，对谁也不敢怠慢。生活俭朴得很，常常一家人喝的是粥，不追求什么享受。这位祖上的"圣人"对孔子的影响太大了。他的谦恭、他的自律、他的敬重众人、他的节俭，对孔子的一生都产生了重大影响。

孔子祖上第三位圣人是孔父嘉。在漫长的岁月流程中，世事变迁，"子"姓家族也由盛而衰，由衰而盛，几度夕阳红。正考父晚

孔父嘉像

年得子，生下玲珑乖巧的一个大胖儿子。这使作为父亲的正考父高兴，连宋君也高兴。宋君一高兴，就热热闹闹地为孩子举行了一个"赐族之典"，赐孩子为"孔父嘉"——当时"孔父"是字，"嘉"是名。孔子家族的这个"孔"字第一次浮出水面。中国历史上有个说法，叫做"五世乃迁"，意思是经历五代就可以另立新姓了。从弗父何到孔父嘉刚好五世，于是这个家族的这一支就将"孔父嘉"这个名字的第一个字眼"孔"定为姓了。这姓一定下来就是数千年，再也不愿"迁"了。"孔父嘉"这位圣人给这个家族带来了一个"孔"姓。

说到宋君赐姓"孔"，本意大概是从祖系沿革角度着眼的。"孔"这个字由两部分组成，左边是一个"子"字，右边是一个"乙"字。"子"，很清楚，是孔子远古家族的姓，孔子是子姓家族的后代。"乙"是什么呢？我们的民族是富于想象力的，说那是一只迎着朝阳展翅而飞的燕子，也就是《诗经》中说的"玄鸟"。这不就是佐大禹治水的那位契的形象吗？

后来，社会发展了，人们的思维也有了长足的发展。我们的祖先早在一万年前就创造了龙文化，到孔子那个时代，龙文化已经为民众广为接受。于是，有人说，"乙"字的字形曲曲弯弯的，上为首，下为尾，不就是一条活灵活现的中华龙吗？以"乙"配"子"，不正好应了"龙的传人"的说法吗？

商为黄帝子孙，孔为龙的传人，这样的读解，不是挺有诗意的吗？

孔子祖上第四位圣人是他的父亲叔梁纥。孔子父亲在世时大约是孔族迁鲁的第三代，没有什么根基。《史记·孔子世家》中说："孔子生鲁昌平乡陬邑。"这"陬"又可写成"邹"（与邹国的"邹"

叔梁纥

完全是两码事），是山脚、山角落的意思，说明当时孔家居住的地方不一定是穷乡，但肯定是僻壤。父亲叔梁纥当着陬邑的大夫，不是诸侯属下的那种大夫，而是地方基层干部，相当于一个大村庄的安全保卫干事。在一次逼阳人与晋人的战斗中，叔梁纥大显了身手。逼阳城有两重门，一为晨夕开关出入之门，一为战时用的重门。晋人攻来，逼阳人先是开晨夕之门诱对方入内，当晋人队伍进入一半时，逼阳的重门突然放下，欲将入内的与未入内的队伍一切为二，分而歼之。这时，随晋军而至的叔梁纥挺身而出，两手托起重门，让进城的队伍顺利退出。这一事件使原先没有多少名望的叔梁纥一下成了历史人物，这对孔子后来形成"知、勇、仁"的道德观大有助益。按理说，叔梁纥只是一介平民。但是，他的"勇托城门"之事，一旦上了《左传·襄公十年》的记载，那他无疑也成了书之竹帛的圣人了。

《孔子世家》在说到一个家族的传承时，写下了这样的话："圣人之后，虽不当世，必有达者。"意思说，圣人的后代，虽然不一定大富大贵，不一定担当高官，但一定会有道德崇高、人格高尚的"达人"。再加上他早年的"贫且贱"，使孔子成为了一个早熟的思想家、哲学家，成为为整个社会垂范的道德榜样，正如胡适在《论儒》一书中指出的："我们可以说，孔子壮年时，已被一般人认作那个应运而生的圣人了。"①

千秋学人

有着两个孔夫子。

一是充分政治化了的孔夫子，即是维护"君君、臣臣、父父、子子"那一套等级体制以及盛赞"郁郁乎文哉，吾从周"的那个孔夫子；另一是充分学术化了的孔夫子，也就是坚持"学而不厌、诲人不倦"、坚持"自行束脩以上，吾未尝无诲矣"宗旨的那个孔夫子。当然，这里说的"两个孔夫子"只是代表了后世的人们对孔子的理解以至期盼，至于客观的、真实意义上的孔夫子当然只能是一个，那就是作为千秋学人的孔子。

众所周知，什么人都离不开政治，孔子也不例外。但是，人人需面对政治不等于说什么人都得成为"政治人"。"政治人"是以政治为轴心铺陈自己生活的人，俗称吃政治饭的人。孔子是政治人吗？不是。孔子自己也说不是。不能说孔子对政治毫无兴趣，有时，他在政治问题上还表现得兴致勃勃。但是，最重要的是，他在政治问题上是讲求原则和知进退的。"以道事君，不可则止。"（《论语·先进》）

"可"与"不可"的前提条件是"道","道"同，才谈得上"事君"，不然就不干。这话孔子说了不止一遍。"不仕无义"（《论语·微子》），对那些虐待老百姓的不义之君，孔子是决不合作的。"用之则行，舍之则藏"（《论语·述而》），你肯用我，我就干一点事，不用，我就干我自己的，讲求的是一个"义"字，耍的还是读书人脾气。在其晚年总结自己的一生时说，"吾不试，故艺"（《论语·子罕》）。大有庆幸之心态，认为还好一生没当什么官（不试），才牢固地掌握了"六艺"。孔子的个性、学识和志向使之不可能成为一个政治人。钱穆先生说得好："孔子一生为人，即是悦于学而乐于教，即其自述的所谓'学不厌、教不倦'。"②

孔子是"学习"一词的发明人。在他之前，没有人讲过或用过"学习"这个词。在儒家经典《论语》的首篇、首章、首句就是"学而时习之，不亦说（悦）乎"，把"学习"这一观念毫不含糊地推了出来。应该说，它就是整部《论语》的纲，也是提升人的精神生活水准的纲。

中国有许多重要的字眼之初始，都是比附自然现象、生物现象的。"学习"一词亦然。孔子是在反复观摩了雏鹰飞向蓝天的历程以后，才形成"学习"的观念的。看，当雏鹰第一下扇动稚嫩的翅膀的时候，动作是那样的不协调，那样的不熟练，这就是所谓"学"

司马迁像

吧。然后是翅膀的第二下,第三下、第四下扇动,不停地、反复地、无数次地扇动,那称之为"习"。在"学"与"习"的过程中,最后雏鹰成长为雄鹰,展翅高飞,终于成为蓝天的主人。

这是一种启示,生命和生命力的启示。

人不也是这样的吗?人一开始接触自然,接触人世,接触自我,接触每一个具体的感知领域,还有接触文化,都会感到陌生,这是"学";然后,是一而再,再而三,三而四地接触,这是"习",于是有了感觉,有了知识,有了成就。人的终其一生,不就是"学"而"习","习"而"学"的无终无始的循环吗?

雏鹰之翔,是一种伟大的学习。难道人生之翔,不是一种更为伟大的学习吗?作为雏鹰学飞过程的"学习"一词,首见于《礼记·月令》,孔子的贡献在于将"学习"一词转义为人认识事物的一种过程。

孔子是一个伟大的智者,他将"学而时习之"置于《论语》的首篇、首章、首句,是要告诉人们:该书谱写的就是"学习篇",人生谱写的也该是"学习篇"。

孔子不只是终身学习的倡导者,还是终身学习的践行者。他自小跟着母亲学文化,学礼仪,学交往。"十五而志于学",到十五岁时已立下了一定要学出一些成就来的志向。到三十岁的时候,在学习上已经很有成就了,那就是所谓

董仲舒像

的"三十而立"。三十岁以后，他创立
了儒家私学，一边是教学，一边是学
习。他向社会学，甚至向老农、老
圃学习。向身边的一切人学，
所谓"三人行，必有我师"。他
是当老师的，他也向教育的对
象学，有时还谦虚地说自己不
如学生。他到处走动，周游鲁国
国内，也周游列国，所到之处就是
他学习之处。在多贤人的卫国，他
与几十个贤人交谈，学习人家的长处。
他不断拓展学习领域，五十岁的时候

朱熹像

开始学《易》，把《易》书的韦编都翻断了三次。晚年，他的学习劲头
更足，《诗》、《书》、《礼》、《乐》、《春秋》等经典都是在他的晚年整
理出来的。

　　孔子有一句名言叫做"古之学者为己，今之学者为人"（《论
语·宪问》）。他是提倡"学者为己"的。作为孔门后学的荀子解释
说："古之学者为己，今之学者为人。君子之学也，以美其身；小人之
学也，以为禽犊。"（《荀子·劝学》）重要的是，荀子点明了，所谓"古
之学者"，孔子指的是"君子"；所谓"今之学者"，孔子指的是"小
人"。君子的"为己之学"，就是学以"美其身"，说白了，就是把学习
看作完美个人身心的必由之路，似乎与时下流行的素质教育有某种
相似之处。荀子说得很是有趣，说只有"小人"才会把学习看成是可
供吃喝的家禽牛犊呢，而君子是不会那样实惠、那样肤浅、那样近视、

那样俗气、那样不得要领的。

"学者为己",就是为"美其身"。这个解释可以成立。

下面我们可以对"学者为己"作一点分析了。

其一,"学者为己"其旨在于"修己"。

有这样一段文字:"子路问君子,子曰:'修己以敬。'曰:'如斯而已乎?'曰:'修己以安人。'曰:'如斯而已乎?'曰:'修己以安百姓。修己以安百姓,尧舜其犹病诸!'"(《论语·宪问》)修己,就是修养自己。孔子这里一连用了三个"修己",强调了只有修己,才能养成恭敬谦逊的态度,才能安乐他人,才能使百姓安康。孔子还在多种场合说过,他的教育学生学诗、学礼、学乐,目的都是为了更好地让年轻人自我完善。"修己"是"为己"的一个重要内容。

其二,"学者为己"其旨在于"洁己"。

其实,修己本身就兼有修养自己和修正自己的意思。在原有的正道上前行,是修养;一度走上歪道或邪道觉醒后重返正道,是修正。孔子在《论语》中给修正自己取了个很有色彩的名词,叫做"洁己",即清洁自己,或者说是纯洁自己。孔子给弟子们讲了个故事:互乡(不知在何处)这个地方的孩子都十分的难弄,不少孩子由于缺乏应有的教育而走上邪道,人们也不愿与这个地方的孩子接触。可是,孔子却接见了这些孩子们,并对他们进行了教育。孔门弟子都感到大惑不解。针对这种情况,孔子说了一番十分有价值的话:"与其进也,不与其退也,唯何甚!人洁己以进,与其洁也,不保其往也。"(《论语·述而》)孔子的话的意思是:我们要赞扬(古文中的"与"有赞扬、赞同的意思)人家的进步,而不让他们往后退,何必做得太过分呢?如果他们自己洗干净自己身上的污浊要求进步,我们就要赞许他们,而不去追究其以往的污点。可以说,孔子为我们提供的是传统教育中最为经典的一个案例,也可作为"学者为己"的最佳注释。

其三,"学者为己"其旨还在于"律己"。

学习的目的还在于以种种道德规范和其他社会行为准则约束自己,达到"律己"的目的。孔子说过:"以约失之者鲜矣!"(《论语·里仁》)"约",指的是约束,这是一种文化的要求,有了文化的约束,就会少犯过错。孔子的大徒弟颜渊说,老师要求于自己的就是"博我以文,约我以礼"(《论语·子罕》)。这就告诉我们,不管是学文,还是学礼,都有约束自己的意思在里面。孔子在答颜渊问时,说到"非礼勿视,非礼勿听,非礼勿言,非礼勿动"(《论语·颜渊》),也是指律己而言的。

除了修己、洁己、律己外,孔子还常常要求弟子们正己、求己、保己,这些都是通过学习实现的,也就是都是"学者为己"的内涵。

孔子坚决地反对"读书当官论"。孔子曾经对学生说:"吾不试,故艺。"(《论语·子罕》)朱熹对此是这样解释的:"试,用也。言由不为世用,故得以习于艺而通之。"孔子这话说得冷静、实在,也相当的入情入理。孔子是一个对世人(包括对学生)说实话的人。卜商(字子夏)是"孔门十哲"之一,以"文学"著称。孔子逝后,

卜商像

他到魏国西河进学，主张国君要学习《春秋》，吸取教训。以防止臣下篡权。提出过"仕而优则学，学而优则仕"的思想，还主张做官要先取信于民，然后才能使其效劳。李悝、吴起都是他的弟子，魏文侯也尊以为师。相传《诗》、《春秋》等书，均是由他传授下来。

对士人之当官，孔子取十分辩证的观念。当时的学子也都很想当官，"三年学，不至于谷，不易得也。"（《论语·泰伯》）读了点子书，就都想当个官儿，这样就有收入，就可以养家活口。对此，孔子一般并不反对，有时还鼓励学生去当官呢！"雍也可使南面。"（《论语·雍也》）"南面"是说可当大官。就连孔子自己也很愿意出仕为官。但，不管怎样，他始终守住了一条底线："学者为己。"学习从根本上说是为了提高自己的素养和健全自己的人格，而不是为了别的什么。"不患无位，患所以立。"（《论语·里仁》）意思是说，君子是不愁没有职位的，愁就愁在没有站稳脚跟的本领。因此，一旦在官场失利后，孔子就会心安理得地研究起学问来。

孔子的一生在官场中并不得意，这也许本身不是件好事。但是有一弊必有一利，孔子不当官，就少了许许多多的应酬，少了许多政界的烦心事，这样，学习的时间多了，学艺的时间也多了。孔子的"吾不试，故艺"一语，正是在这样的背景下说出来的。

孔子十分重视学习态度的端正，所谓"绝四"。即："毋意，毋必，毋固，毋我。"（《论语·子罕》）文字虽少，但其意蕴却是十分深刻的。

"意"，通"臆"，也就是主观猜想。这是孔子最为反对的。在孔子看来，不管是对人的了解，还是对社会和世界的认识，都必须通过自我的接触、观察才能达到。人的知识来自"食无求饱，居无求安"（《论语·学而》）的苦学，而不在于带有很大随意性的苦思冥想。"思而不学则殆。"(《论语·为政》) 如果只是在那里主观臆想,最后仍然是疑惑不解。

"必",有人解为"期必",有人解为"独断",笔者认为都没有说到点子上。实际上,"必"是指肯定、断定、必定。《韩非子·显学》:"无参验而必之者,愚也。"为何"必"就"愚"呢?因为你认为事物的结论只能如何如何,但实际上不少事物的结论是多元的。"必"是把丰富多彩的客观世界简单化和标本化了。孔子深知这一点,你看,孔子在回答学生同一问题时,会有这样或那样的不同的答案,因为情况不同,对象不同,答案也就会不同,这本身就是一种"毋必"。

"固",是顽固、固执、不通脱。世界在变,世事在变,人也在变,可是有些人对此一概不看到,他固守于一点。朱子认为"意必常在事前,固我常在事后",应该说,有那么一点儿道理。"必"还有一定的定见,而"固"是守旧,是固执己见,是不思进取,实在不可救药的。

"我",就是自我。孔子说的"毋我"内涵倒是十分丰富的。一、似乎是在说,学习虽然是极为自我的事,但学习过程的完成却离不开他人,离不开群体,甚至也离不开整个社会。"毋我",反对的是独学无友。二、"毋我"还是在警示学子们,不要总以为真理都在自己手里了,不要自以为是,不要排斥他人。三、也是不少学者已经指出了的,"毋我"还包含有不要把学问当作谋私、营私、利私的手段,那样做也实在是太"小人"了。

孔子说,一个人只有杜绝了上述四端以后,才能够谈论学习,才能成为一个名副其实的"君子儒"。而要做到"绝四"中的某一"绝",也是很不容易的呵,读者诸君,您以为呢?

学习不只有观念问题,有态度问题,还有方法问题。孔子是"问题式学习"的积极倡导者。他强调"学"与"问"的有机结合。在孔子很年轻的时候，就注重于把"学"与"问"结合在一起。"孔子入太庙，每事问。"(《论语·八佾》)这事还引起了一场不大不小的误会。孔子当时已以知礼远近闻名，有人看孔子问得那样起劲，而且"每事问"，就怀疑道："谁说孔子知礼啊，看，他入太庙，什么都要问！"孔子当时回答得很巧妙，也很幽默，说："每事问，那才是知礼的表示啊！"孔子这样回答，使持怀疑论的人们为之语塞。所谓"每事问"可能有三种情况：一是对有些事物的确是不知的，"不知则问"，这样的"问"，是一种老实的态度。二是知道一点，但对所知还有所怀疑的，问之为释疑。《论语正义》解释道："云每事，容亦有所已知者，今犹复问于人，故为慎也。"这是一种认真的态度，负责的态度，谨慎细心的态度。三是知道一点，但还不知道更深层面的东西。事物之理是不能穷尽的，因此"问"也就没完没了了。

除了"每事问"，孔子还提倡"不耻下问"，实际上就是提倡"每人问"。比自己"下"的人可问，比自己"上"的人更可问了，这不就是"每人问"了吗？"不耻下问"这里也有三义：一是"问"于地位比自己低的人不为耻，孔子本身算是个士人，可是，他常向鄙人问鄙事，这有什么可耻的呢？因为鄙人们确是有许多比自己高明的地方。二是"问"于年岁比自己低的人不为耻，孔子常说的一句话是"后生可畏"，在后生小子身上的确有许多可贵的东西，为何不向他们学一学呢？三是"问"于知识水平比自己低的人不为耻。有些人总体知识水平比你低，并不等于说一切都比你低，可学的东西多着呢！

在学习上，孔子强调了"有恒"二字。

"有恒"，当然可以指生活的全部，其中也包括一个人的学习生活和文化生活。孔子常用一句南方俗语来教导学生："人而无恒，不可以作巫医。"孔子对这句话的评价是"善夫"(《论语·子路》)，意思是好得很。巫医是以祝祷为主兼用一些药物来为人消灾治病的人。他们可能是中国最早的文化工作者，又是最善于和肯于学习的人。韩愈在《师说》中说"巫医、乐师、百工之人，不耻相师"。可见，巫师是可列为学习者之首的。孔子拿上面这句话教育学生，是要他们好好地学习，做一个学习上的有恒者。

《易·恒》有言："不恒其德，或承之羞。"这里将"恒"看作是一种高尚的道德，不然只能招致种种羞辱。对此，孔子也取赞同态度，并将"恒"这种德具体化了。"亡而为有，虚而为盈，约而为泰，难乎有恒矣。"(《论语·述而》)这里当然既是讲生活的全部，也指学习生活——也许更多的是指学习生活。孔子是在开导学生们：在知识上，如果明明没有而硬说有，明明不多而硬说很充盈，明明很贫乏而硬说很通达并显得很骄纵，这样的人怎么可能成为有恒者呢？

在学习上要"有恒"，思想上也要持之以恒，要有一辈子学习的准备。孔子最厌恶的是那种急于求成的人。他以为那种"欲速成者"，不可能是真正的"求益者"(《论语·宪问》)。他一再告诫弟子："欲速则不达。"(《论语·子路》)有恒是学习者的必由之路。

民族良心

孔子是我们民族的良心。他的学说有人曾归结之为"仁学"。从一定意义上说，是有道理的。"仁者人也，亲亲为人。"(《礼记·中庸》)只有怀有仁心的人，才是真正意义上的人。"仁"这个字本身就很有人文内涵，一个"人"字，一个"二"字，合在一起就是"仁"字。这个字告诉人们，单个的一个人无所谓"仁"，二人或二人以上的人生活在一起，如果能融洽，能友好相处，能亲亲相待，这就产生了"仁"的问题。"仁"是在群体相处之中一点点产生出来的。

孔子强调这个"仁"字，功德无量。"樊迟问仁，子曰：'爱人。'"（《论语·颜渊》）在孔子看来，"仁"的最基本含义就是"爱人"二字。人与人能去除隔阂，能消解敌意，能友善相处，这比什么都可贵。这就是他对我们民族的最美好的馈赠，也是他的民族良心的最充分的体现。

孔子不是个狭隘的种族主义者，他很希望列国都能富强起来。他看到邻国齐国是那样的富强，他打心眼里高兴。他在齐国居住了好些个年头，他盛赞齐桓公和管仲的富国强兵政策。他到了卫国，看到卫国发展得不错，就与学生议论起这个国家来。在他看来，一个国家的发展要看三个方面：一是要"庶之"，就是要有众多的人口。春秋之世战争频繁，人口一直增长不起来。人是生产力中最具决定性的因素，因此他主张保护人口的增长。二是要"富之"，让国家富起来，让民众富起来，让一切能够富的人都富起来。三是"教之"。单单富还不行，要教育，让民众都知书达礼，懂得如何富和怎样才

比干像

能富。孔子说的"庶之"、"富之"、"教之"那一整套强国理论，记述在《论语·子路》中。孔子当然希望自己的母国鲁国能富强起来，因为这究竟是他的生身之地啊！不过，他也愿意生活到"九夷"去，去帮助那里改变落后面貌。孔子说的这一套与管仲说的"仓廪实而知礼节，衣食足而知荣辱"有点相似。孔子的思想中有管仲思想的影子。

箕子像

孔子的"爱国"是泛化的，他"爱"的是天下"列国"，爱的是华夏文明覆盖的所有疆域。这也进一步证明中华民族的共同意识在当时"先进"、"先觉"(都是孔子当时的用语) 的一些中国人中已经形成。

孔子以极大的热诚赞扬了"殷有三仁焉"(《论语·微子》)。这"三仁"以不同的方式维护了国家民族的利益。商代末年，纣王腐败之极，把一个好端端的国家拖向败亡的深渊。这时，作为忠臣的比干冒死强谏。不听，再谏，并且表白说："为人臣者，不得不以死争。"在朝廷上表白自己的赤诚和忠贞，与纣王争得面红耳赤。最后纣王以"剖其腹，观其心"杀死了这位大忠臣。微子也是位大忠臣，他也是"数谏不听"，知道这个纣王已是无药可救的了，但又不愿与这个昏君同流合污，就约了大师、少师一起出走了。箕子看到这样的局面，"乃佯狂为奴"，这也表示了对祖国的一种忠贞。孔子在多种场合说到了

"殷有三仁"，告诉人们，不管情况是何等的恶劣，你的祖国不可背叛，要用自己认可的方式表达自己对祖国的忠贞和热爱。

孔子所说的"殷有三仁"，三人的情况是很不相同的，对时政的态度和处置方式也很不相同，把他们同视为"仁"，后人多有不解。而钱穆先生解释道："孔子有'杀身以成仁'之说，然仁不在死，三人之仁，非指其去与奴与死。以其能忧乱、求欲安民，而谓之仁。"③钱先生说的是对的，仁者的本真处在于"忧乱"、"安民"，从这样的视角看，比干、微子、箕子三人都可说是"仁人"了。

孔子把人看得比什么都重。他是最注重人本的。有一次，孔子家的马房着火了，孔子急匆匆赶回家，第一句就问"伤人乎"，压根儿"不问马"（《论语·乡党》）。照当时的规矩，马房是养马的地方，也是搁置马车的地方。他一不问马，二不问马车，只问"伤人乎"，说明他把人看得比车和马重得多。另外，在有人要他对齐桓公的霸业作出评价时，他只说了一句话："人也。"什么意思呢？在他看来，管仲和齐桓公发展了齐国的经济，实现了齐国的强盛，这是对民众有好处的事。再说，齐桓公在争霸中，"不以兵车"，而是通过"盟会"的和平方式协调解决问题，这样大大减少了士兵和百姓的伤亡，孔子认为齐桓公做的的确是"人"该做的。

微子像

孔子很希望社会和谐发展。他的一句十分有名的话是："礼之用，和为贵。"不只上层贵族与下层民众之间要和谐，就是民众之间也要和谐，族与族之间、列国与列国之间都要和谐。"和"不是做表面文章，而是要从根本上解决问题。他力主"和而不同"，反对"同而不和"。人与人之间，族与族之间，列国与列国之间，总是有不同的，这不可怕，应该求其"大同"，存其"小异"，在"不同"之中求"同"，这就要求有宽广的胸怀。

孔子很希望人与人之间能赤诚相待。他主张："泛爱众，而亲仁。"(《论语·里仁》) 爱人不是一句空话，他要求人们从爱自己的亲人做起，如果连自己的父母、兄弟都不去爱，那怎么可能要求他去爱他人呢？除了爱亲人外，还要爱身边的人，爱与自己偶遇的人，也就是爱陌生人，爱一切的人，这才叫"泛爱众"。大爱无疆，孔子提倡的是一种人间大爱。

孔子很希望社会的弱势群体能得到切实的救助。对那些为富不仁的人，孔子嗤之以鼻。他要求人人有救助之心。能出多少力，就出多少力。不在于出了多少力，而在于你尽力了没有。"齐景公有马千驷，死之日，民无德而称焉。"(《论语·季氏》) 齐景公是个昏君，是个"无德"之君，当时在他管辖下的民众吃不饱、穿不暖、出行无车，可是，这个国君却在那里藏有那么多马，供他玩乐，这种人，死了谁还会记得他呢？

可以说，孔子是古代慈善的第一人。他有一次回故乡，故乡有一个平时不怎么熟的朋友病逝了，家中穷得很，没法出殡。正当全家人围着尸体团团转时，孔子亲自到这个朋友的家中。他问候了死者的亲友，向死者行了磕头大礼。然后就为丧家料理起丧事来，从死者穿

《三教图》(明代)

的衣衫到棺材，到丧仪所需的一切费用都由他出。办完朋友的丧事，他就默不作声地走了。这件事就记在《论语·乡党》中，用的话是"朋友死，无所归，于我殡"。说得很坦然，好像这就是他的分内事。孔子一生都不是个富有者，可是为了救助贫弱，他可以付出自己的一切。这就是可贵的慈善精神。

儒、佛、道三教有诸多共识，尤其都重于仁，由此渐而趋于融汇调和，融汇调和的一大表现在于三教都讲述《论语》，用自己的观点注解《论语》，其根源在于能为各学派认同的孔子的"仁学"。有学者在对唐代"三教讲论"具体考察（罗香林《唐代三教讲论考》）后指出，三教归一之旨，在唐代"久已普遍朝野"。"三教讲论"导致了学者以释道义理解释儒家经义，从而促进了儒家思想的发展。后世也出现了多种"三教图"，正反映了唐宋之后"三教合一"思想的呼唤。

有人总以为孔子是不谈物质上的富足的。不是的，完全不是这样的。其实，他的"仁民"政策，说白了就是一种"富民"政策。他说："所重：民食、丧、祭。"（《论语·尧曰》）国家重点要办的就是这样三件大事：一是让民众有所食；二是让民众安安心心地办好丧事；三是让民众能有财力祭祀祖宗。孔子是那样的体察民情，老百姓追求的不就是这三大件大事吗？当子贡问他如何"为政"时，孔子的回答是"足兵、足食"，足兵是为了强盛，足食是为了富民。当子贡问这两件事哪个更重要时，孔子毫不犹豫地选择了"足食"。民以食为天的思想就是从"足食"观中演绎出来的。

有一个故事：鲁哀公一次问孔子的学生有若："这些年老是闹灾荒，饥民遍地，国库里的收入也不足，你看该怎么办啊？"有若回答说："为何不减轻一点税赋呢？现在是收'什二税'，何不恢复到古代的'什一税'呢？"鲁哀公摇着头说："我现在收'什二税'还感到不足，你要我收'什一税'不是更不足了吗？"这时，有若说了一段极为有名的话："百姓足，君孰与不足？ 百姓不足，君孰与足？"（《论语·颜渊》）很明确，一个国家的治理，关键在于"百姓足"，人民吃饱穿暖了，什么事都解决了。在孔门弟子中，大家公认的从容貌到思想最相似于孔子的是有若。有若的这段话是体现了孔子的重民、富民思想的。

还有一个故事：孔子认为，当时各国统治者对民众的过度搜刮，是造成民众贫困不堪的根本原因。从"富民"和"足食"的观念出发，他坚决主张"敛从其薄"，从国家的层面上减轻民众的负担。鲁哀公十一年（前484），鲁国执政季康子对正在充当他的幕僚的冉有说，"欲以田赋"，也就是增加对农民的田税剥削，要冉有征求一下"国老"孔子的意见，孔子明确表示反对。也许是冉有出于私利的考量吧，冉有没有去劝阻。为此，孔子大为恼火，《论语·先进》是这样记述的："季氏富于周公，而求也为之聚敛而附益之，子曰：'非吾徒也，小子鸣鼓而攻之，可也！'"在孔门的十大弟子中，冉有位列"政事"之首，这是孔子认同了的，可是，不管哪个弟子，当他违背了孔子的"富民"、"足食"理念时，他是会毫不客气地动员广大弟子"鸣鼓而攻之"的。

孔子的确是中华民族的良心。他的仁爱精神，他的富民理念，他的"庶之、富之、教之"的治国方略，永远是我们民族文化宝库中的珍宝。

近世以来，人们对"仁学"进行了深入的探究。徐复观先生认为，仁学的内核是忧患意识，这也是"中国文化精神"的内核。他说："忧患心理的形成，乃是从当事者对吉凶成败的深思熟虑而来的远见，在这种远见中，主要发现了吉凶成败与当事者行为的密切关系，及当事者在行为上所应负的责任。"④这种把孔子的"仁者爱人"与忧国忧民的"忧患意识"和责任情怀串联起来考量的研究，应当说还是很有价值的。

万世师表

孔子是一个老师。从正式一点算起，他从三十岁开始办私学，当老师，一直当到七十三岁去世，当了四十三年的教师。教龄是够长的了。

在世时，他是个名至实归的好教师。他带着那三千弟子学六艺，学文化，学礼仪，学为人之道，学处世之术。或在鲁国国内，或奔走于列国之间。孔子以个人之力，培育、带领和支撑了这支庞大的士人队伍。

孔子在世的时候，就是学界"师表"。他是他那个时代当之无愧的为师之表率。"学者宗之"。大家都认为他是开一代新风的宗师。

孔子去世后，很快就被推崇为"万世师表"。司马迁在《史记》中说："'高山仰止，景行行止。'虽不能至，然心向往之。""中国言六艺者折中于夫子，可谓至圣矣！"无论是作为一个师者，还是作为一个圣者，孔子都是伟大而不朽的。

孔子是真正意义上的"天下第一师"。

"天地第一师"的提法也许会引发异议。不是说在孔子之前有两千五百年的中华文明发展史吗？有文明就有教育，有教育就有教

万世师表匾额

师，怎么可以说孔子是"第一师"呢？笔者的回答是：不错，在孔子之前，也有悠长的教育发展，也一定有某种意义上的"教师"，但，此教师非彼教师，应该承认，真正意义上的、独立而成之为一种自由行业性的教师是起始于孔老夫子的。

有了学校，就有教师。但是，那时的教师并不是专业化的。在氏族制度下，氏族中的首领、长老兼任着教师。一方面是行政首长，一方面又是教师，一身而二任焉。《尚书》所谓的"天佑下民，作之君，作之师",说的就是这样一种兼职情况。《礼记》中说的"有虞氏养国老于上庠,养庶老于下庠","夏后氏养国老于东序,养庶老于西序","殷人养国老于右学,养庶老于左学",这些教师都是"老",他们都是将要退休或业已退休的官员,仍旧不是专职意义上的教师。正如教育家顾树森先生所言:"在三代,统治者为了保证政策的推行,教育不能不与政治结合起来,以增强它的力量,于是形成了政教不分、官师合一的制度。"后来李斯搞的"以吏为师"(《史记·秦始皇本纪》)继承的就是这样一种传统,当然在秦代它是一种倒退。

我们称孔子为"天下第一师"那是因为:

首先,孔子所兴的私学及由此产生的教师制度,是一种独立的、自由的、行业化的创新行为,与传统的官府举办的教育完全是两码事。孔子的先世为王族,为诸侯,为卿大夫,及降至祖辈父辈,已与当时的行政官僚机构完全脱离,已沦为贫困的士族之家。孔子自述"吾少也贱"(《论语·子罕》),正说明他的平民身份。他的办私学,实际上是开辟出了独立的学校系统和独立的教师行业,他这个教师是破天荒的,是史无前例的,说孔子是"天下第一师",当之无愧。"自行束脩以上",好就好在"自行"二字上,私学的创办是"自行"的,孔子的执教是"自行"的,学生的就学是"自行"的,要来则来,要去则去,自由得很,谁都管不着,孔子的办学具有开创性的意义。

其次,孔子打破了门第观念极重的官府之学,让更多的平民子女能接受良好的教育。

"学在官府"的教育是上等人的教育,入学者只能是各个层面上的官宦子弟。而孔子顺应了"学术下移"的大势,大胆地打出了"有教无类"(《论语·卫灵公》)的招生广告,为各地普通民众的入学大开了方便之门。孔子的弟子有来自鲁的(如颜回),有来自吴的(如子路),有来自齐的(如公冶长),有来自陈的(如子张),有来自楚的(如子石),有来自宋的(如司马牛),有来自秦的(如子南),有来自晋的(如子期)。孔子说,"有朋自远方来,不亦说乎",这里的"朋",指的主要是他的学生。从身份看,贵者、贱者、富者、贫者,都有。从年岁上看,颜路比孔子小六岁,子路比孔子小九岁,颜回比孔子小三十岁,公孙龙比孔子小五十三岁。当时有人评述:"夫子之门何其杂也。"(《荀子·法行》)而这正是孔子着意打破学习上的门第等级制度所致。"孔子以诗、书、礼、乐教,盖三千焉,身通六艺者,七十有二人。"(《史记·孔子世家》)孔子在发展士人阶层、普及平民教育上,有着不世之功。

再次,他利用办私学的机会,整理和留存了大量的文化古籍,编订了不少文献,作为孔门私学的教材。他将西周以来的诗歌整理加工,精选出三百零五首定名为《诗》。他从三千多篇文献中精选足以"弘道"之文,而编成其为《书》。他将卜筮用的书简,加工成了《易》。他还编出了《乐》、《礼》、《春秋》。这些对中华文明的贡献不可估量。有学者指出:"无孔子则无中国文化。自孔子以前数千年文化,赖孔子而传;自孔子之后数千年之文化,赖孔子而开。"⑤这是极中肯的说法。

最后,值得一提的是,是孔子率先打破了"老"而为"师"的旧观念。"老而为师"观念源远流长,连大学问家荀子也一再强调"耆艾而信,可以为师"(《荀子·致士》)。古称六十岁为"耆",五十岁为"艾",不到这个年限,再有本事也当不了教师。孔子是开放的,勇敢的,他不信那个邪!孔子说:"年四十而见恶焉,其终也已。"(《论语·阳货》）他以为,人到四十岁还不怎么样,他的一生也就完蛋了。据《左传·昭公二十年》记载,孔子是三十岁那年开始招生为师的。他这个当老师的好年轻啊！这对中国旧传统是一个大的突破。

有人会说,就这样的话,孔子也只能算是"中华第一师"啊,怎么说是"天下第一师"呢？那样说是否把话说大了呢？

不,一点儿也没说大。

我们承认,在西方世界也有师界"巨匠",为人们熟知的有苏格拉底,有柏拉图,有亚里士多德。得承认,他们都是人类的文化巨匠,可是,如果要排一排年岁,诸位比起孔老夫子来,都只能算是后生小子。孔子比苏格拉底长八十八岁,比柏拉图长一百二十四岁,比亚里士多德长一百六十七岁。出道在先,看来孔子"天下第一师"的地位坚不可摧。

以学识论,孔子也占尽了上风。孔子与苏格拉底两人都是平民出身,都是终身以教师为业,甚至都活了七十三岁,可说十分的巧合。可是,就教育体系和观念论,孔子显然要高出许多。苏格拉底口口声声告诉他的学生:"人中最高贵的是雅典人。"孔子会这样说吗？孔子是尊重人的,包括华夏人和四夷人,他都尊重,而苏格拉底只尊重统治者雅典人,那境界上不知比孔子低了多少。孔子言必天下国家,以"成人"为己任,而亚里士多德等则拘拘于地域,眼界狭小,在气概上是不能同日而语的。"天下第一师"的桂冠,非孔氏莫属,只不过我们对世界宣传得还很不够罢了。

学者似乎都忽视了这样一个现象:在《论语》中,孔子罕言"教",而多言"学"。"教"字在《论语》全书中仅五见,而且大多在论及政治教育和社会教育时才用上,用于文化教育的仅"有教无类"

《三圣图》，中为孔子，弟子颜回、曾参侍立两侧，三人衣服上满书小楷，文为《论语》。经鉴定，此图系明代前期作品，现藏曲阜孔府。右为三圣图局部（孔子像）。

和"四教"二例。而"学"字在书中则铺天盖地，在《论语》的二十篇四百九十八章中有百余次。在孔子看来，不好好学习，即使主观上想当一个仁人，到头来还会干蠢事，还只能算是"愚人"一个。这话说得何其痛快，何其痛切！这话是对学生说的，更是对当教师的说的，你当教师的不学习，岂不成了"愚人"？

孔子是颇得"学"之古意的。《尚书》云："惟斆学半，念终始典于学，厥德修罔觉。"意思是说，学是教的一半，教也是学的一半，二者是密不可分的。一个人只有把学习作为生活的根本准则，终身坚持学习，道德上才会不知不觉地走向完善。孔子是《尚书》的最后编定者，他是深得其中奥蕴的。

经我们研究，孔子是主张"学而优则'师'"的。大致而言，有下述几层相互关联的意思值得思考。

第一，"学"是取得教师资格的前提。

在"学在官府"时期，教师的资格是由"官府"认定的。它会有资历上的限制，有德才方面的考衡，还有年龄上的要求。从一定意义上说，孔子创办私学的兴起，把教师资格上的要求单一化了，那就是除了品德上的要求外，就是学业、学识、学问方面的要求了。教师资格不是由任何行政部门赐予的，而是由民众认定的。在《左传》中可见，不只那些王公大人可以对教师有所臧否，就是田夫野老也可对教师评点议论。作为私学的创始人，怎样的人可以为师，他的观念是明确的。他说："温故而知新，可以为师矣。"（《论语·为政》）在他看来，只有在不断学习中能"知新"、"出新"的人，才有资格成为老师。

第二，教师学习的心态：知之、好之、乐之。

取得了教师资格以后，并不是说就可以万事大吉了，你既然选择了教师这一行，你就得不停步地学，无怨无悔地学。

这里有一个学习的心态问题。孔子说："知之者不如好之者，好之者不如乐之者。"（《论语·雍也》）这知、好、乐，就是指不同层面的心态，这里的三个"之"，指的都是学习。

"知之者"比之"不知之者"当然心态上要好得多。它知道学习是生活的应有之义，不学习是不行的。但只是停留在"知"（知道必须学习）的心理水准上，因此往往会感到学得很吃力，甚至会感到学得很苦。这种人不只古代有，现代也有。

"好之者"，就是把学习当作是一种喜好、一种向往，一种追求。孔子一再要弟子们"盍各言尔志"，就是要把他们的学习心理提升到"好之者"的高度。对学习的喜爱，是一种有志者的心态。"好学"这词在《论语》中出现了十余次，对"好学"最权威的解释是孔子的这样一段话："君子食无求饱，居无求安，敏于事而慎于言，有道而正焉，可谓好学也已。"（《论语·学而》）好学的心态，反映着崇高的志向。只有不把吃、穿、住、用放在第一位的人，勤勤恳恳办事又不说大话的人，只有大道直行的人，才能算是"好学"者。孔子的要求极高，在三千弟子中，认为只有颜回才算得上是真正的好学者，颜回死后，孔子叹道："未闻好学者也。"（《论语·雍也》）

"乐之者"，是学习者心理水准的最高层次。学习过程中不管有多少艰难险阻，有多少困顿曲折，"乐之者"总是乐此不疲，一往无前。孔子是真正的乐学者。"子在齐闻《韶》，三月不知肉味，曰：'不图为乐之至于斯也。'"（《论语·述而》）"其为人也，发愤忘食，乐以忘忧，不知老之将至云尔。"（《论语·述而》）"乐之者"的心理水准达到了出神入化、物我为一的境界。

第三，教师——永远的学习者。

在《论语》一书中，孔子三次在不同场合说到了"学而不厌，诲人不倦"。这是他的整个思想体系的支撑点。他不只要求学生"学而不厌"，他自己也身体力行。他是一个永远的学习者。

教师的"学"为何应该是"不厌"的呢？对任何一个人来说，面前永远有无数的未知存在着，只有终身以学，才能取得较为丰富的知识。孔子虽说年轻时就以"博学"著称，但是他在学习上仍然不懈不怠，采取"每事问"的务实态度。我们注意到，孔子在答弟子或他人问时，竟是回答"不知"的时候比"知"还多。卫灵公问他军事方面的问题时，他说："俎豆之事，则尝闻之矣，军旅之事，未之学也。"（《论语·卫灵公》）当樊迟请学稼时，他回答："我不如老农。"请学为圃，说："吾不如老圃。"（《论语·子路》）在学生问及古代的禘礼时，他明确回答："不知也。"（《论语·八佾》）他对自己的如实评价是："吾有知乎？无知也，有鄙夫问于我，空空如也。"（《论语·子罕》）一个世所公认的大学问家，一个名世的大圣人，自己说自己的肚中是"空空如也"，这是何等的气度，何等的眼量啊！

作为教师，学习为了什么？学习归根到底是为了育人，用孔子的话来说就是"成人"。对未成年人要进行"成人教育"，这是孔子提出来的。

孔子是一个脚踏实地的现实主义者，又是一个热情奔放、目标远大、视野开阔的理想主义者。他有一个伟大的思想，认为：人不能生而为"人"，必须经过教育、经过学习，才能"成人"。在《论语》一书中一再提到了这个问题。"成人"者，作为一个过程，是指个体在学习中不断完善自我的漫长历程。"成人"又是教育者追寻的目标，是要培养出完美无缺的、具有崇高人格精神的完人来。俗语说"人无完人"，可作为理想主义者的孔子，他说他办教育就是要培养出至善至美的完人来。孔子有三千弟子，他要把这些弟子培养成为社会中流砥柱的"成人"，然后再去影响他人，影响社会，这就是孔子教育的全部。对于"成人"，孔子有一段完整的表述：

> 子路问成人。子曰："若臧武仲之知，公绰之不欲，卞庄子之勇，冉求之艺，文之以礼乐，亦可以为成人矣！"曰："今之成人者

何必然？见利思义，见危授命，久要不忘平生之言，亦可以为成人矣！"(《论语·宪问》)

从这段文字可以看出，其时孔子已是一个成熟的教育家，关于"成人"，他既给出了理想观念上的准则，又给出了现实（文中说的"今"）意义上的要求。在论及理想观念上的成人准则时又以人们耳熟能详的典范人物加以比附，在言及现实要求时又不忘结合社会热点（贫富、利义之类）加以阐述。这是孔子思想上成熟的反映。

孔子所说的知、不欲、勇、礼、见利思义、见危授命、不忘平生之言，重点讲的是德。

"知"，是智慧，是懂得人生前进的方向。"不欲"和"见利思义"是在物欲面前的理智态度，强调了一个义字。"见危授命"是为人处世的重要准则，当见到别人处于危难中的时候，应该伸出自己的援手。"不忘平生之言"是讲说话要算数，属于"信"的范畴。在德的要求上，很具体，要求相当高、相当严。

"德"之外，还有智育方面的要求。"冉求之艺"，冉求是孔子的学生，是学习"六艺"的标兵。他要求大家像冉求那样把六艺学深、学透、学活。六艺是孔子教学的六门主科，《礼》、《乐》、《书》、《诗》、《易》、《春秋》六本经典，是理论知识和行为实践的结合。智育方面的要求也不低。另外，孔子说的"知"的要求中，也有智育的成分。

"体"的要求。孔子本身是个体育家。他人高马大，身体健康得很。他的学生也不是后世的那种文弱书生。他一再强调"勇"的培养。"勇"是一种精神气质，同时又是一种体质上的要求。他拉着一大批学生在鲁国跑来跑去，后来又领着他们周游列国，被列国的人们称为"东西南北人"。这样的学习方式，没有个好身体，行吗？

归根到底，是要学做人。

在《论语》一书中，孔子多次得意地谈到自己的"多能"问题。孔门弟子以及与孔子有交往的人，全都会赞扬孔子的"多能"。看来，多能问题是一个颇为值得一议的教育学课题。如果说，"学而优"是取得教师身份的资格证书的话，那么，多能则是世所公认的名师的一块金字招牌。"夫子圣者与？何其多能也。"（《论语·子罕》）当时，"圣"字的涵义还比较宽泛，在当时的许多人看来，孔子是圣者中唯一一位以多能见长的人。

"多能"是孔子师论中重彩浓墨的一笔。可以说，在诸子百家中，唯有儒家学派如此重视教师的多能，确切地说，唯有儒家学派的创始人孔子才敢直言自己的多能。也只有孔门弟子才在那里坦荡颂扬自己老师的多能。孔门弟子曾赞孔子为圣者、仁者、贤者，孔子一概拒之不受，唯有对"多能"一说，往往觉得受之无愧，有时还表现得洋洋自得呢！

孔子"多能"之"多"，是全方位、多领域的。

孔子在礼仪领域是多能的。"夏礼吾能言之"，"殷礼吾能言之"。此外，他对早已失传了的"禘礼"也略有所知，并不断追寻。他懂得最为崇敬的周礼，懂得在周公庙举行的"太庙礼"，懂得"事君尽礼"，懂得"礼之本"，懂得"八佾之礼"。对乡礼，对日常生活和日常交往中的礼节也是熟知的。孔子在当时就被公认为是礼学大师。主政鲁国的孟氏就是因为孔子是礼学大师，才把儿子送到孔子那里去就读的。

孔子在音乐领域是多能的。他平时经常弹奏乐曲，自娱自乐。

孔府外景

周游列国时也总是带着乐器。他能与专门主管音乐的鲁大师研讨乐理,而且十分内行地说"乐其可知也"(《论语·八佾》)。他走向民众,从民众的乐曲中吸取养料,"子与人歌而善,必使反之,而后和之。"(《论语·述而》)孔子和别人一起唱歌,如果听到别人唱得很好听,一定会叫人家再唱一遍,然后和着一起唱。孔子简直是个歌手,音乐家,诗人。

孔子在游艺领域是多能的,而且是个高手。他自己说:"志于道,据于德,依于仁,游于艺。"前面三个方面孔子用的是"志"、"据"、"依",说到"艺",他轻松自如地用了个"游"字。一些注家说:"游者,游泳也。"他认为自己在"艺"的领域里像游泳一样自由自如、游刃自如。这是的确的,"六艺"的整理者为何不是别人,偏偏落到孔子头上了呢?就因为他是"六艺"的无可争议的、最大的权威。

孔子在社会政治领域也是多能的。他说不上是社会实践家,但

孔庙外景

他的脑中有理想化的社会政治蓝图，这是最可贵的。"苟有用我者，期月而已可也，三年有成"（《论语·子路》）。这不是说大话，也不是吹牛，而是一种政治的自信。

孔子在生活保健领域是多能的。"食不厌精，脍不厌细。"在生活实践中他为自己制定了"八不食"的饮食准则，"食不语，寝不言"，就是在两千五百年后的今天来看也还是正确的。"康子馈药，拜而受之，曰：丘未达，不敢尝。"这里说的"药"大概是指滋补品，出于礼貌他收下了友人送来的"药膳"，但绝不随意食用，在这点上也了不起。在两千五百年前活到七十三岁，这大约与他懂得生活懂得保健是有关的吧！

师之多能引发了弟子的多能。据说，"孔门受业身通者七十有七人，皆异能之士也。"（《史记·仲尼弟子列传》）"异能"者，即多能也。后来孔子把这些"异能"弟子分为四大类：德行、政事、言语、文学。其实，哪里只是这四大类呢，这些学生走上社会以后，各有自己的才能发挥，能量可大着呢！

孔子是圣人之后，孔子是千秋学人，孔子是民族良心，孔子是万世师表。春秋时期最值得我们大书特书的，是它为中国历史甚至可以说是世界历史，贡献了一个孔子。这个二千五百年前的古圣人，教会了我们民族的每一个民众该如何生活、如何律己、如何处世、如何待人，一句话，如何做一个真正意义上的大写的"人"。后世雕塑了数以万计的孔子像、兴建了数以千计的孔子庙、出版了无以计数介绍孔子的图书，这一切都是为了纪念孔子，为了学习孔子。

注释：

① 胡适：《说儒》，引自王元化主编《释中国》第二卷。

②③ 钱穆：《论语新解》，生活·读书·新知三联书店2002年版。

④ 《徐复观新儒学论著辑要》，中国广播电视出版社1996年版。

⑤ 柳诒徵：《中国文化史》，中国社会科学出版社2008年版。

附
录

附录一　春秋大事记

前771年，犬戎和申侯杀周幽王于骊山，西周灭亡。

前770年，诸侯共立幽王之子宜臼为王，即为平王。鉴于镐京已在战乱中破坏殆尽，周平王在秦襄公、晋文侯、郑武公、卫武公护送下东迁洛邑（今河南洛阳）。

前722年，周平王四十九年，鲁史《春秋》纪事自此年始。郑庄公会同周及虢师伐卫，开始了诸侯征伐他国之始，也是郑国称霸的发端。

前714年，周桓王六年，宋不朝周，郑国以周王的名义伐宋。

前711年，周桓王九年，郑、鲁易田结盟，周天子失去了封禅泰山的专地，王权进一步衰微。

前707年，周桓王十三年，周桓王夺去郑庄公的部分权力，郑庄公为此不朝王。周以王师及虢、陈、蔡、卫国之师伐郑，大战于繻葛，郑师大胜。郑庄公的霸权形成。

前701年，周桓王十九年，齐、卫、郑、宋盟于恶曹。同年，郑庄公死，春秋第一阶段的结束。

前689年，周庄王八年，南方的楚文王登上王位，迁都于郢。

前685年，周庄王十二年，齐公子小白入齐即位，这就是著名的齐桓公。齐桓公用管仲为相，进行"相地而衰征"的改革。

前684年，周庄王十三年，春，齐伐鲁，战于长勺，齐国战败。这就更坚定了齐桓公改革的决心。

前679年，周僖王三年，齐桓公会宋、陈、卫、郑之师于鄄，周王为之派人祝贺，这是齐桓公称霸的开始。

前678年，周僖王四年，曲沃武公被周王室命为诸侯，这就是晋武公，始建一军。秦武公死，仍旧用人殉。

前672年，周惠王五年，陈国公子完奔齐，为工正，这是田氏的开始。

前671年，周惠王六年，楚成王派使者聘问鲁国，这是楚国与北方国家建立关系的开始。

前667年，周惠王十年，齐会鲁、宋、陈、郑之君，盟于幽，周王派代表赐齐桓公侯伯之称，可随意征讨他国。

前656年，周惠王二十一年，齐桓公以齐、鲁、宋、陈、卫、许、曹伐蔡攻楚，会盟于召陵，齐国势力达到最盛。

前655年，晋献公杀太子申生，公子重耳出奔。

前651年，周襄王元年，齐桓公与宋、鲁、卫、郑、许、曹之君及周王使者会盟于葵丘。

前643年，周襄王九年，齐桓公死，齐国的霸业立即衰落。

前639年，周襄王十三年，宋襄公会楚、齐于鹿上，欲为盟主。

前638年，周襄王十四年，宋楚大战于泓，宋师大败，襄公伤足，不久死去。

前636年，周襄王十六年，秦穆公送晋公子重耳回国即君位，是为晋文公,不久,晋建立了三军。

前632年,周襄王二十年,晋会合宋、齐、秦之军与楚师会战于城濮,楚师败。晋文公盟诸侯于践土,周襄王参加了会议,命晋文公为侯伯。

前628年,晋文公死。

前621年,周襄王三十一年,晋国的赵盾始掌国政,这是大夫专政的开始。之后在晋与齐、宋、卫等七国盟于扈,主盟人是赵盾。

前613年,周顷王六年,晋赵盾会鲁、宋、卫、郑、陈、许、曹之君于许城,代表晋国与这些国家结盟,并作为公证人处理周王室内部的纠纷。

前606年,周定王元年,楚庄王伐陆浑之戎,兵至于洛阳,陈兵于周境。周王在不得已的情况下协派使者劳军。楚庄王"问鼎之轻重"。

前595年,周定王十一年,鲁国实行"初税亩"。过后又"作丘甲"。

前585年,周简王元年,吴国的寿梦立,称王,吴国始强。

前583年,周简王三年,晋国发生内乱,大夫与大夫之间相互残杀,赵氏一门的赵同、赵括等被杀尽。只有"赵氏孤儿"、赵朔之子赵武被藏在民间幸存,二十余年后成为赵氏复兴的杰出人物。

前580年,周简王六年,宋国的华元顺应时代要求提出"弭兵"口号。促成晋、楚、秦数国和好,可是,秦归而背盟,战乱复起。

前562年,周灵王十年,鲁国三桓作三军,三分公室。

前554年,周灵王十八年,郑国人暴动,杀执政子孔,子展掌国政,子产为卿,实行大刀阔斧的改革,最大的事件是"铸刑鼎"。

前551年,周灵王二十一年,孔子出生。

前546年,周灵王二十六年,宋大夫向戎"弭兵",晋、楚盟于宋,使中国有了半个世纪的和平。

前544年,周景王元年,吴攻越。吴季札聘于鲁、齐、郑、卫、晋等国——季札是南方贵族在北国游历最广、时间最长的一位。

前522年,周景王二十三年,楚平王杀伍奢、伍尚,伍员奔吴。郑子产死。

前506年,周敬王十四年,吴军攻入楚都郢,楚昭王出逃,伍子胥实现了"十年归报楚王仇"。

前500年,周敬王二十年,齐、鲁夹谷之会,孔子代表鲁国出席。

前494年,周敬王二十六年,吴攻入越,越王勾践降吴,开始了"卧薪尝胆"的艰苦历程。

前481年,周敬王三十九年,鲁《春秋》绝笔。齐田常杀齐简公,立齐平公。

前479年,周敬王四十一年,孔子卒,年七十三岁。

前476年,周敬王四十四年,周敬王卒。是年齐国之政皆归田常。

前473年,周元王四年,越破吴都,吴王夫差自杀,吴国亡。勾践北上会诸侯于徐州,周元王命之为侯伯。这是春秋时期的最后一霸。

附录二 春秋时期周王室及霸国世系

周王室世系		
谥 号	姓 名	在 位 时 间
周平王	姬宜臼	前 770—前 720
周桓王	姬 林	前 719—前 697
周庄王	姬 佗	前 696—前 682
周僖王	姬胡齐	前 681—前 677
周惠王	姬 阆	前 676—前 675 前 673—前 652
周襄王	姬 郑	前 651—前 619
周顷王	姬壬臣	前 618—前 613
周匡王	姬 班	前 612—前 607
周定王	姬 瑜	前 606—前 586
周简王	姬 夷	前 585—前 572
周灵王	姬泄心	前 571—前 545
周景王	姬 贵	前 544—前 520
周敬王	姬 匄	前 519—前 477

齐 世 系		
谥 号	姓 名	在 位 时 间
齐庄公	购	前 794—前 731
齐釐公	禄甫	前 730—前 698
齐襄公	诸儿	前 697—前 686
齐桓公	小白	前 685—前 643

齐 世 系		
谥 号	姓 名	在 位 时 间
齐孝公	昭	前642—前633
齐昭公	潘	前632—前613
齐懿公	商人	前612—前609
齐惠公	元	前608—前599
齐顷公	无野	前598—前582
齐灵公	环	前581—前554
齐庄公	光	前553—前548
齐景公	杵臼	前547—前490
齐晏孺子	荼	前489
齐悼公	阳生	前488—前485
齐简公	壬	前484—前481
齐平公	骜	前480—前456

宋 世 系		
谥 号	姓 名	在 位 时 间
宋戴公	白	前799—前766
宋武公	司空	前765—前748
宋宣公	力	前747—前729
宋穆公	和	前728—前720
宋殇公	与夷	前719—前711
宋庄公	冯	前710—前692
宋闵公	捷	前691—前682
宋桓公	御说	前681—前651

宋 世 系		
谥 号	姓 名	在 位 时 间
宋襄公	兹甫	前650—前637
宋成公	王臣	前636—前620
宋昭公	杵臼	前619—前611
宋文公	鲍	前610—前589
宋共公	瑕	前588—前576
宋平公	成	前575—前532
宋元公	佐	前531—前517
宋景公	栾	前516—前477

晋 世 系		
谥 号	姓 名	在 位 时 间
晋文侯	仇	前780—前746
晋昭侯	伯	前745—前740
晋孝侯	平	前739—前724
晋鄂侯	郤	前723—前718
晋哀侯	光	前717—前710
晋献公	诡诸	前676—前651
晋惠公	夷吾	前650—前637
晋文公	重耳	前636—前628
晋襄公	欢	前627—前621
晋灵公	夷皋	前620—前607
晋成公	黑臀	前606—前600
晋景公	据	前599—前581

晋 世 系		
谥 号	姓 名	在 位 时 间
晋厉公	寿曼	前580—前573
晋悼公	周	前572—前558
晋平公	彪	前557—前532
晋昭公	夷	前531—前526
晋顷公	弃疾	前525—前512
晋定公	午	前511—前452

秦 世 系		
谥 号	姓 名	在 位 时 间
秦文公		前765—前716
秦宪公	立	前715—前704
秦出公	曼	前703—前698
秦武公	说	前697—前678
秦德公	嘉	前677—前676
秦宣公	恬	前675—前664
秦成公	载	前663—前660
秦穆公	任好	前659—前621
秦康公	罃	前620—前609
秦共公	稻	前608—前604
秦桓公	荣	前603—前577
秦景公	石	前576—前537
秦哀公	籍	前536—前501
秦惠公	宁	前500—前491

秦 世 系		
谥 号	姓 名	在 位 时 间
秦悼公	盘	前490—前477
秦厉共公	刺	前476—前443

楚 世 系		
谥 号	姓 名	在 位 时 间
楚若敖	熊仪	前790—前764
楚霄敖	熊坎	前763—前758
楚厉王(楚蚡冒)	熊眴	前757—前741
楚武王	熊通	前740—前690
楚文王	熊赀	前689—前672
楚成王	熊恽	前671—前626
楚穆王	熊商臣	前625—前614
楚庄王	熊侣	前613—前591
楚共王	熊审	前590—前560
楚康王	熊招	前559—前545
楚愍王(楚郏敖)	熊员	前544—前541
楚灵王	熊围	前540—前529
楚平王	熊居	前528—前516
楚昭王	熊轸	前515—前489
楚惠王	熊章	前488—前432

附录三 主要参考书目

杜预:《春秋经传集解》,上海古籍出版社1978年版。

《春秋三传》,中国书店1994年版。

左丘明:《国语》,上海古籍出版社1990年版。

司马迁:《史记》,中华书局1982年版。

周予同:《群经概论》,中国书籍出版社2006年版。

白寿彝主编:《中国通史》,上海人民出版社1998年版。

郭沫若:《青铜时代》,科学出版社1965年版。

徐杰舜:《汉民族发展史》,武汉大学出版社2012年版。

顾德融、朱顺龙:《春秋史》,上海人民出版社2001年版。

童书业:《春秋史》,山东大学出版社1987年版。

孙军:《春秋十九霸》,光明日报出版社2011年版。

张彦修:《春秋战国文化问学录》,中国社会科学出版社2012年版。

孟岩岭:《春秋霸业》,首都经济贸易大学出版社2013年版。

晁福林:《春秋战国的社会变迁》,商务印书馆2010年版。

罗运环:《出土文献与楚史研究》,商务印书馆2011年版。

彭裕商:《春秋青铜器年代综合研究》,中华书局2011年版。

李学勤:《东周与秦代文明》,文物出版社1984年版。

吕文郁:《春秋战国文化志》,上海人民出版社1998年版。

吕思勉:《先秦史》,上海古籍出版社1982年版。

李学勤:《李学勤说先秦》,上海科学技术文献出版社2009年版。

钱穆:《先秦诸子系年》,河北教育出版社2002年版。

钱穆：《孔子传》，生活·读书·新知三联书店2002年版。

张岱年主编：《中华的智慧》，上海人民出版社1999年版。

郭志坤：《先秦诸子宣传思想论稿》，福建人民出版社1985年版。

春秋时期中心区域图

结束语

春秋三百年间，出现了诸多"二律背反"的现象。

在政治军事领域里，春秋时期是权力不断下移的时代，周天子是不行了，先是诸侯的专政，一些强大的诸侯国成了"侯伯"，代替周王室行使了"天下共主"的职能。后来又是诸侯羽翼下的大夫壮大起来，取而代之，实现了大夫专政。这是权力下移，也可以说是权力的进一步分散。另一方面，通过楚、晋、秦、齐这些大国的不断蚕食、兼并，中小国家大量减少，到春秋末期时，实际上只有区区数十国了。权力的下移和中小国的被兼并，成为一种"背反"态势。

在经济领域内，一方面是战争对人民生命、财产以及生产事业的极大破坏，在史书记载中，常常可以看到好战者滥杀无辜和被围困城中人吃人的现象。但是同时在这动乱的岁月里，经济总体上是在发展，最主要的标志是大型城市的出现和铁器时代的到来，这在世界上是大为领先的。战乱造成的破坏和经济的高速发展又成为一种"背反"态势。

在文化领域内，由于周王室的实际文化控制权的丧失，"学在官府"陈规的被打破，文化下移了，也混乱了，反正各种文化状态都有。

而恰在春秋中晚期"显学"横空出世。何为"显学"？显赫之学也，主流文化之学也。精神文化生活的混乱和主流文化的横空出世也成为了一种"背反"态势。

历史总是在曲折迂回中前进的。春秋时期的种种"二律背反"现象的出现，告诉我们，不管历史的进程如何曲折，发展和前进总是主旋律。到得战国时期，孟子就预言："天下定于一。"如何"定于一"？且听下一部《战国史》细讲。

图书在版编目（CIP）数据

大国争霸与士的崛起：春秋 / 陈雪良著. -- 上海：
上海人民出版社，2018
（细讲中国历史丛书 / 李学勤，郭志坤主编）
ISBN 978-7-208-15088-1

Ⅰ.①大… Ⅱ.①陈… Ⅲ.①中国历史－春秋时代－
通俗读物 Ⅳ.①K225.09

中国版本图书馆CIP数据核字（2018）第064655号

总 策 划	郭志坤
策　　划	上海文柏文化传播有限公司
出 版 统 筹	孙　瑜
责 任 编 辑	邵　冲
装 帧 设 计	范昊如　夏　雪　等
地 图 绘 制	陈伟庆
地 图 审 图 号	GS（2014）1228号

细讲中国历史丛书
李学勤　郭志坤主编

大国争霸与士的崛起——春秋

陈雪良　著

出　　版	上海人民出版社
	（200001　上海福建中路193号）
发　　行	上海人民出版社发行中心
印　　刷	江苏苏中印刷有限公司
开　　本	890×1240　1/32
印　　张	10
插　　页	5
字　　数	214,000
版　　次	2018年6月第1版
印　　次	2019年5月第2次印刷

ISBN 978-7-208-15088-1/K·2726

定　　价	68.00元